Kohlhammer
Urban
-Taschenbücher

Band 204

Ulrich von Alemann/
Erhard Forndran

Methodik der Politikwissenschaft

Eine Einführung in Arbeitstechnik und Forschungspraxis

Siebte Auflage

Verlag W. Kohlhammer

Siebte Auflage 2005
Sechste, erweiterte Auflage 2002
Fünfte Auflage 1995
Vierte, überarbeitete und erweiterte Auflage 1990

Umschlag: Data Images GmbH
Gesamtherstellung:
W. Kohlhammer Druckerei GmbH + Co. KG, Stuttgart
Printed in Germany

ISBN 3-17-018964-6

Inhalt

Vorbemerkungen zur ersten Auflage

Erst vom Ende der sechziger Jahre datiert ein sprunghaftes Anwachsen des Interesses an den Sozialwissenschaften – in der Öffentlichkeit und unter den Studenten. Das läßt sich leicht am ebenso sprunghaften Zuwachs der Publikationen nachweisen, besonders auf dem Sektor der Einführungsliteratur. Warum nun schon wieder eine Einführung in die Politikwissenschaft? Die Antwort darauf scheint uns klar aus der Erfahrung in der Arbeit mit zunächst nur vorsichtig und vorläufig an Politikwissenschaft Interessierten hervorzugehen – an der Hochschule und in der Erwachsenenbildung: es fehlt ein tatsächlich propädeutischer Text, der unter der meist viel zu hohen Schwelle der übrigen Einführungen angesiedelt ist. Ein Text, der Anspruch und Arbeitsweise des Fachs nicht nur Proseminar-Studenten (und auch denen unzulänglich), sondern wirklichen Erstsemestern, Kollegstufenabsolventen, Fernstudenten und anderen vielleicht zunächst nur peripher Interessierten verständlich vermitteln kann. Ein Text also, der sich nicht als Konkurrent, sondern als Vorstufe und Ergänzung zu anderen Einführungen versteht und der besonders als orientierende Begleitlektüre für Kurse geeignet sein soll, die exemplarisch an Einzelproblemen in die Politikwissenschaft einführen.

Auch die übrigen Bücher dieser Reihe »Grundkurs Politik« – zur Theorie (Schlangen), Innenpolitik (Günther) und Außenpolitik (Hütter) – können manches an Arbeitstechniken und Argumentationen voraussetzen, was hier entwickelt wurde, ohne daß freilich irgendein Band dieser Reihe nicht auch für sich abgeschlossen konzipiert und verständlich wäre.

Da nach unserer Überzeugung eine wesentliche Komponente von Wissenschaft die Kritik von Wissenschaft ist, scheint uns eine methodenpluralistische Einführung unerläßlich. Denn nur so kann die Basis für die zu entwickelnde eigene kritische Position des Lesers gelegt werden, der eben nicht nur Konsument eines Ansatzes sein soll. Das schließt den kritischen Kommentar und die Klärung unseres eigenen Standpunktes an geeigneter Stelle nicht aus.

Dies Buch ist in drei Teilen konzipiert, die aufeinander aufbauen und deshalb auch in dieser Reihenfolge gelesen werden sollten. Der erste Teil bietet einen allgemeinen Überblick zur Situation des Fachs in der Bundesrepublik und zu seinen wichtigsten materiellen (Studiensituation), methodischen und theoretischen Problemen. Dann schließt sich ein Teil über Aufbau und Ablauf von Forschungsprozessen an, der auch die grundlegendsten Arbeitstechniken, bis zum Aufbau von Referaten, Bibliographien, Benutzung von Quellen, Zitierweisen usw. vermittelt. Der dritte Teil gibt einen Überblick über Probleme der Benutzung von empirischen Daten und Möglichkeiten ihrer Sammlung und Analyse – immer unter Berücksichtigung unterschiedlicher theoretischer Positionen. Je nach Voraussetzungen und Interessen können die Teile II und III aber auch gesondert gelesen oder zurückgestellt werden. Die Bibliographie am Schluß – nach den drei Teilen gegliedert – sammelt die gesamte benutzte Literatur (es wird der Kürze halber »amerikanisch« nur mit Autorenname und Publikationsjahr zitiert), ergänzt durch Hinweise auf weitere einführende und grundlegende Literatur.

Das ganze Buch ist aus der Bonner Seminar-Praxis der beiden Autoren hervorgegangen – einem »Grundkurs Methodik«, der zuerst von E. Forndran konzipiert, dann von beiden gemeinsam und schließlich von U. v. Alemann allein weiterentwickelt wurde. Wie auch anderswo zu beobachten, wurden im Grundstudium die Universal-Einführungen zugunsten von exemplarischen, problemorientierten abgelöst. Um so wichtiger schien uns jetzt eine solche Begleitlektüre, auch für Tutorien oder Selbststudium. Genauso kooperativ wie der Kurs wurde auch dies Buch konzipiert, dann arbeitsteilig entworfen (v. Alemann Kap. 1–3,7; Forndran Kap. 4–6) und am Schluß wieder gemeinsam diskutiert und modifiziert. Wir stellten aufs neue fest, daß kollektives wissenschaftliches Arbeiten das Sprichwort von den vielen Köchen Lügen straft. Wir hoffen, der Leser tut es auch.

Vorbemerkungen zur vierten Auflage

Als wir im Jahre 1974 zum erstenmal diese Einführung vorlegten, ging es uns um einen propädeutischen Text, der Studenten in Anfangssemestern, aber auch sonstigen Interessierten einen ersten Überblick über Anspruch, Wissenschaftsverständnisse und Arbeitsweisen der Politikwissenschaft gibt. Die Einführung war bewußt methodenpluralistisch angelegt, um dem Leser die Möglichkeit zur Bildung einer eigenen kritischen Position einzuräumen. Diese Anlage des Buches schloß kritische Kommentare und die Klärung unseres eigenen Standpunktes nicht aus.

Das Buch ist in den eineinhalb Jahrzehnten seit Erscheinen erfreulich nachgefragt worden, so daß der Verlag uns zu einer weiteren Auflage drängte. Sollte, ja müßte diese nicht ganz neu konzipiert werden? Oder würde eine intensive Überarbeitung nicht besser die bisherige Linie beibehalten und fortsetzen können? Der Blick in zwei jüngere, umfangreichere Einführungen in die Politikwissenschaft ermutigte uns, die zweite Alternative zu favorisieren. Denn sowohl das sehr nützliche Studienbuch von Carl Böhret u. a. Innenpolitik und Politische Theorie (1988), als auch der materialreiche Grundkurs Politikwissenschaft von Bellers/Robert (1988) stützen sich noch auf manche von unseren Thesen und Schaubildern.

So haben wir – abgesehen von kleineren Änderungen und Ergänzungen – in der neuen Auflage vor allem ein neues viertes Kapitel aufgenommen, das die Entwicklung der Theoriediskussion und der neueren Forschungsrichtungen der Politikwissenschaft aufzeigen soll. Im übrigen haben wir auf den Austausch von Zitaten aus älterer Literatur weitgehend verzichtet, da sie – auch wenn sie teilweise durch neuere ersetzt werden könnten – die angesprochenen Sachverhalte und Kontroversen weiterhin verdeutlichen. Außerdem wurde ein Unterkapitel zum Einsatz von Personalcomputern bei der wissenschaftlichen Arbeit eingefügt, bei dem uns Wolfgang Tönnesmann sehr geholfen hat, dem wir hiermit herzlich danken.

Genauso kooperativ, wie wir arbeitsteilig, aber gemeinsam das ursprüngliche Buch entworfen haben, haben wir auch die Überarbeitung vorgenommen. Für Hinweise über Erfahrungen mit dem Band in Studium und Lehre bleiben wir dankbar.

Hagen/Braunschweig, März 1990

Ulrich v. Alemann
Erhard Forndran

Teil I: Praktisch-theoretischer Orientierungsrahmen

1. Kapitel: Politikwissenschaft – eine chaotische Wissenschaft?

1. Urteile und Vorurteile

In der öffentlichen Diskussion kommt die Politikwissenschaft nicht gut weg. Sie muß sich eine ganze Reihe von Vorurteilen gefallen lassen, die dazu noch in sich widersprüchlich sind. Einerseits wird sie als Revolutions- oder *Subversionswissenschaft* denunziert. Eine Wissenschaft also der permanenten negativen Kritik, vorgetragen in einem bewußt unverständlichen Jargon bzw. einer Geheimsprache, die schließlich der Geister, die sie rief, nicht mehr Herr wurde. Auf der anderen Seite, und das meint hier wörtlich die andere Seite der politischen Spektrums, wird die Politikwissenschaft als reine *Herrschaftswissenschaft* abgetan, die im bestehenden politischen System gar nicht anders könne, als affirmativ, bestätigend und stabilisierend zu wirken.

Als dritter Vorwurf schließlich – und der trifft einen Wissenschaftler vielleicht am härtesten – läßt sich das Etikett der *Modewissenschaft* für die Politische Wissenschaft bzw. im Verein mit der Soziologie für die Sozialwissenschaften allgemein ausmachen. Es handele sich hier im Grunde um eine Art intellektuellen Snobismus mit seiner typischen Arroganz. Durch die fehlenden Verbindungen zu Praxis und Beruf, dazu ohne Berufschancen, stelle sich schnell die große Frustration ein. So wurde dem Berliner Professor Richard Löwenthal vorgeworfen, er sei »als Politikwissenschaftler blind für die Tatsache, daß die ›Diskussionsfächer‹ an unseren Universitäten schrecklich überhandgenommen haben und daß nur dort die Auflösung von Lehre in Reden, die Verweigerung des Leistungsprinzips ... überhaupt möglich war« (R. W. Leonhardt, *Die Zeit*, 26. 11. 1971, S. 11). Heißt das, daß die Politikwissenschaft nicht nur Mode-, sondern auch eine »Diskussions-Wissenschaft« ist?

Vorurteile existieren gegenüber vielen Wissenschaften – man braucht sich nur die einschlägigen Karikaturen über Psychiater zu vergegenwärtigen. Schaut man sich freilich die drei Vorurteile über die Politologie – Subversionswissenschaft, Herrschaftswissenschaft, Modewissenschaft – näher an, dann läßt sich leicht ein realer Zusammenhang mit der intern geführten Diskussion um Aufgabe und Anspruch der Politikwissenschaft erkennen. Die Vorurteile werden so zu Urteilen über bestimmte Auffassungen, diese Wissenschaft zu betreiben.

»Subversionswissenschaft« zu sein, hat man der Politikwissenschaft nicht erst seit der Studentenbewegung vorgeworfen. Bereits zwei Jahrzehnte früher, als sich die deutsche Politikwissenschaft an den Universitäten neu etablierte, argwöhnten konservative Staatswissenschaftler und Historiker den Einbruch einer kritischen Wissenschaft in ihre Domänen. Auch dieses Mißtrauen war nicht neu, sondern hat seine Tradition in der Weimarer Republik und im Kaiserreich – und natürlich am krassesten im Nationalsozialismus. Aber wir reden nicht nur von Vorurteilen, sondern von in ihnen oft nur versteckt bewahrten Urteilen. Im Gegensatz zu einer nur am positiven Recht orientierten Staatslehre oder einer auf den Nationalstaat bzw. die Herrscherhäuser und die bürgerliche Klasse fixierten Geschichtswissenschaft verstand sich ein beträchtlicher Teil der Politikwissenschaft schon immer als eine *kritische Wissenschaft*, die unter vorherrschend feudal-monarchistischen Lehren einen aufklärerischen Liberalismus verfocht (wie im 19. Jh.) oder neben einer überwiegend konservativ verpflichteten Staatslehre für die republikanische Demokratie eintrat (wie in der Weimarer Republik). So kann der abwertende Name Subversionswissenschaft positiv gewendet als *Oppositionswissenschaft* durchaus das Selbstverständnis und die Tradition eines Teils der Politikwissenschaft richtig beschreiben.

»Herrschaftswissenschaft« ist die Politikwissenschaft sicher dann, wenn man davon ausgeht, daß bestimmte sozio-ökonomische Strukturen, wie z. B. die hochkonzentrierte privatkapitalistische Wirtschaftsordnung der Bundesrepublik, die in ihr betriebene Wissenschaft so stark determinieren, daß sie gar nicht anders kann, als bestandssichernd und systemstabilisierend zu wirken. Selbst Detailkritik wirkt dann noch bestätigend, da sie als »repressive Toleranz« zum Beweis der angeblichen Offenheit herhalten muß. Auch dies ist kein neues Vorurteil. Der Vorwurf, daß Sozial- und Gesellschaftswissenschaften im weitesten Sinne, was auch Nationalökonomie und Philososphie etwa einschließt, die jeweilige Ideologie der herrschenden Gesellschaft produzieren und absichern, ist weder völlig neu noch völlig unbegründet. Er geht mindestens zurück auf die Entwicklung des Ideologiebegriffs, der in die französische Aufklärung reicht und von Karl Marx oder auch Max Weber aufgenommen wurde. Aber auch dieser Vorwurf ist nicht einfach als bösartige Unterstellung abzutun. Denn Tradition und zum Teil noch heutiges Selbstverständnis belegen die Affinität zu dem, was mit »Herrschaftswissenschaft« gemeint ist. Wird sie doch noch heute als »Ordnungswissenschaft« (H. Maier, Voegelin) bezeichnet, die eine lebendige Kontinuität von der Staatskunstlehre eines Machiavelli über die Verwaltungs-

und »Polizei«-Wissenschaft des 18. und 19. Jahrhunderts bis etwa zur technokratischen Planungs- und Systemtheorie heute verkörpert.
Womit freilich schon ein erster widersprüchlicher Anspruch formuliert ist: Politologie eine *Oppositionswissenschaft* oder eine *Ordnungswissenschaft?* Oder anders ausgedrückt: ist sie (soll sie sein) eine kritische oder konservative Wissenschaft? Natürlich läßt sich das nicht entscheiden, da beides möglich ist. So kann man dann darangehen, wie es Reinhard Kühnl (1973) in einem »Kritischen Studienführer« versucht, hier eine Abteilung kritischer Wissenschaftler und dort eine Abteilung konservativer aufzustellen, jeweils mit gewissen Untergruppen und unsicheren Kantonisten dazwischen. Tatsächlich ist die Frage kritisch oder konservativ zentral für die Auseinandersetzungen um und in diesem Fach. Sie wird uns noch weiter beschäftigen. Fraglich ist aber, ob die einfache Zweiteilung immer ausreicht, um das ganze Spektrum, gerade auch die, die Kühnl nicht so recht einzureihen weiß, in den Griff zu bekommen.
Wenn wir einmal vom Vorwurf der »Diskussions-Wissenschaft« absehen, der durch den gesamten Inhalt dieses Buches widerlegt werden müßte, bleibt als drittes (Vor-)Urteil noch das der »Modewissenschaft«. Sicher gibt es eine ungleichzeitige und ungleichmäßige Entwicklung der Wissenschaften, gerade wenn sie sich nicht als reine Wissenschaften im Elfenbeinturm verstehen wollen. Warum werden aber nun die sich offensichtlich in letzter Zeit expansiv entwickelnden Sozialwissenschaften als Modewissenschaft bezeichnet, während die ebenso expandierende Informatik oder Biochemie sicher nicht so apostrophiert werden? Zweifellos liegt der Grund im fehlenden oder nur begrenzt vorhandenen Wissen über den Nutzen der jeweiligen Wissenschaft. Bei der Informatik scheint das der Öffentlichkeit klarer zu sein als bei den Sozialwissenschaften. Kennt man die Aufgaben und hält man sie für notwendig, dann wird man wissenschaftliche Expansion kaum als Mode deklarieren. Andererseits ist sich der Laie darüber klar, daß er nicht ausreichend Kenntnisse besitzt, um ernsthaft über die wissenschaftlichen Probleme der modernen Naturwissenschaften mitzudiskutieren. Bei den Sozialwissenschaften ist dies anders. Hier glaubt jeder, auf der Basis seines Alltagswissens mitreden zu können.
Auch mit diesem Vorwurf wird sich dieses Buch auseinandersetzen müssen. Allerdings liegt auch hier wieder im Etikett »Modewissenschaft« eine nicht unwichtige Bedeutungsnuance verborgen. Denn sich mit aktuellen Zeiterscheinungen zu befassen und durch sie eigentlich motiviert und aktiviert zu werden, das ist ein wesentliches Charakteristikum einer Auffassung von Wissenschaft, die am Bezug zur politischen und realen Praxis festhält. Wird dieser Praxisbezug in den Vordergrund gestellt, so kann man so weit gehen, die Politikwissenschaft als eine

»Krisenwissenschaft« anzusehen, die aus krisenhaften gesellschaftlichen Entwicklungen heraus überhaupt erst entsteht, da sie dann als notwendig gilt. Ihre Aufgabe besteht dann in der Bewältigung und Überwindung politisch-sozialer Krisen.
Aus drei Vorurteilen der öffentlichen Diskussion über die Politikwissenschaft haben wir drei wirkliche Ansätze oder Ansprüche, diese Wissenschaft zu betreiben, ableiten können. Aber das führt für den Anfang nicht weit. Oppositionswissenschaft widerspricht Ordnungswissenschaft, Krisenwissenschaft schließt weder das eine noch das andere aus. Eine Oppositionswissenschaft kann bewußt in und mit Krisen an der Überwindung bestehender Zustände arbeiten, während eine Ordnungswissenschaft sich hier für Bewahrung und Wiederherstellung einsetzen würde. Für einen Einstieg in die Problematik der Politikwissenschaft ist damit zwar einige Information über öffentliches Mißtrauen und interne Uneinigkeit gewonnen. Aber die einfachen Etikette Ordnungs-, Oppositions- oder Krisenwissenschaft helfen noch nicht viel weiter. Ein Blick auf die Art und Weise, wie Politikwissenschaft tatsächlich in der Bundesrepublik betrieben wird, kann vielleicht konkretere Information darüber geben, ob es sich wirklich um eine total diffuse, chaotische oder um eine »normale« Wissenschaft handelt. Das »Chaos« ist übrigens in jüngster Zeit zu einem besonders expandierenden Zweig für Informatiker bis zu Philosophen avanciert. Warum soll die Politikwissenschaft nicht auch der Chaosforschung Tribut zollen?

2. Wissenschaft ohne Identität?

Nähern wir uns für den konkreteren Eintieg den materiellen Bedingungen, unter denen diese Wissenschaft an den Hochschulen der Bundesrepublik betrieben wird. Offensichtlich ist man sich schon über die Fachbezeichnung nicht einig, wie auch die bis hierhin benutzten Namen gezeigt haben: Politikwissenschaft, Politische Wissenschaft oder Politologie? Dies sind die heute gebräuchlichsten Namen, von denen uns der erste am sinnvollsten und vernünftigsten erscheint; der zweite hat »offizielleren« Charakter, da ihn beispielsweise die Fachvereinigung benutzt, die »Deutsche Vereinigung für Politische Wissenschaft« (DVPW).

Die DVPW wurde 1951 als ein Verband der im Fach wissenschaftlich Tätigen gegründet. Die Mitgliederzahl wuchs in den letzten Jahren stark an (1964: 203; 1974: 608; 1989: 915). Neben den Arbeitskreisen und Sektionen veranstaltet die Vereinigung regelmäßig einen wissenschaftlichen Kongreß, dessen Referate neuerdings meist in Sonderheften der »Politischen Vierteljahresschrift« – von der DVPW herausgegeben – veröffentlicht werden.

Aber diese Bezeichnung besitzt nicht nur den Nachteil, sich schlecht personalisieren zu lassen (»Politischer Wissenschaftler«?), sondern zeigt gerade hier die Ambivalenz des Adjektivs: wenn keiner ein »unpolitischer Wissenschaftler« sein will, betreibt dann nicht fast jeder »politische Wissenschaft«?

In den achtziger Jahren hat sich neben der DVPW eine freilich sehr viel kleinere Gesellschaft gebildet, die die Bezeichnung Politikwissenschaft gewählt hat: Die Deutsche Gesellschaft für Politikwissenschaft (DGfP). Ihr gehörten im Jahre 1989 175 Wissenschaftler an. Ihre Hauptaufgabe sieht diese Gesellschaft in jährlichen wissenschaftlichen Konferenzen.

Der dritte Name, Politologie, scheint als Neologismus – analog zur Soziologie – besonders »wissenschaftlich«, aber deshalb auch etwas künstlich. Nach ihm ist eine kleinere Fachvereinigung der mehr außeruniversitär arbeitenden Fachkollegen, der »Deutsche Politologenverband«, benannt.

Damit erschöpfen sich die Namen dieser Wissenschaft freilich noch nicht. Ein Blick in Vorlesungsverzeichnisse, Einführungsliteratur usw. zeigt neben »Politischer« noch »politische« Wissenschaft, neben »Politologie« noch »Politikologie« – nicht zuletzt wegen der philologisch akkurateren Form – und im übrigen noch »Wissenschaft von der Politik«, »Wissenschaftliche Politik« und »Politische Wissenschaften«.

Diese Vielfalt der Namen ist nicht zufällig oder beliebig. Sie macht, wie schon die Urteile und Vorurteile oben zeigten, die Identitätsprobleme deutlich, mit denen sich das Fach plagt.

Gerade die Bezeichnung »Politische Wissenschaften« steht für ein bestimmtes Programm, das eine Zusammenschau der Ergebnisse aus Einzelwissenschaften (wie Geschichte, Staatslehre, Soziologie, Wirtschaftswissenschaften, Philosophie) anstrebt, ohne eigentlich einen eigenen Gegenstand oder eine eigene Methode angeben zu können.

Damit sind wir wieder auf die zentrale Frage gestoßen, die den Einstieg in die Beschäftigung mit einer Wissenschaft ermöglichen sollte, die Frage nach dem *Gegenstand* (Was ist Politik?) und der *Methode* (Was ist Politikwissenschaft?) des Fachs. Das Problem wurde bisher nur umkreist, statt mit einer klaren Definition diese Einführung zu beginnen. Nicht nur an dieser Stelle wird es nötig sein, die Hoffnung auf eindeutige und abschließende Definitionen zu enttäuschen. Denn damit würde ein beachtlicher Teil der Wissenschaft selbst im Vorgriff entschieden, die gerade in der Klärung dessen, was Politik und was die Methode ihrer Analyse ist, ihre Aufgabe sehen muß. Zu dieser Klärung sind Definitionen ungeeignet, wollen sie nicht dogmatisch eine bestimmte Sichtweise vorprogrammieren.

Zurück zu den materiellen Bedingungen dieser Wissenschaft an den

Hochschulen. Nicht nur die Namen des Faches divergieren, sondern, was wichtiger ist, auch die Einbeziehung in Fakultäten und Fachbereiche. Das hat sehr praktische Auswirkungen auf Forschung und Lehre; besonders betrifft es Aufbau und Abschluß des Studiums. Politikwissenschaft gehörte nach der alten Fakultätseinteilung einmal zur *Philosophischen* (z.B. Bonn, Freiburg, Heidelberg), dann zur *Rechts-* und *Staatswissenschaftlichen* (z.B. Münster, Saarbrücken) oder ein anderes Mal zur *Wirtschafts-* und *Sozialwissenschaftlichen* (z.B. Köln, Kiel) oder auch zu *mehreren Fakultäten* gleichzeitig (z.B. München). In den neugebildeten Fachbereichen wurden diese Unterschiede nicht etwa aufgehoben, sondern eher vervielfältigt. Es gibt kaum zwei Universitäten im selben Bundesland, an denen Politikwissenschaft im gleich zusammengesetzten Fachbereich gelehrt wird. Hier zusammen mit Philosophie, Pädagogik, Soziologie und Ethnologie im Fachbereich »Gesellschaftswissenschaften« (Marburg), dort zusammen mit Philosophie, Religionswissenschaften und Soziologie (Paderborn, Siegen) oder im Tübinger Fachbereich »Sozial- und Verhaltenswissenschaften, Pädagogik« im Verein mit Erziehungs-, Sportwissenschaft, Psychologie, Soziologie und Empirischer Kulturwissenschaft. In Berlin bildet die Politikwissenschaft schließlich einen eigenen Fachbereich und ist zusätzlich in einem anderen Fachbereich vertreten.
Aus dieser ziemlich chaotischen Situation ergeben sich Konsequenzen für Studium und Forschung. Daß die Studiengänge an jeder Universität bzw. Hochschule anders aussehen, ist noch das wenigste und zu bekannt aus der gesamten Hochschulmisere. Wichtiger ist, daß auch die möglichen *Studienabschlüsse* stark voneinander abweichen. Es existieren im wesentlichen vier, der Doktor, der Magister Artium, das Diplom und verschiedene Staatsexamina.

1. Der *Doktor* kann an fast allen Hochschulen erreicht werden, je nach Fakultätszugehörigkeit als Dr. phil., Dr. rer. pol. usw. Konnte man noch bis in die siebziger Jahre an vielen Universitäten direkt auf die Promotion hinarbeiten, so wird heute in der Regel einer der folgenden Abschlüsse als Voraussetzung verlangt:
2. Der *Magister Artium* (M. A.) schließt ein Studium an einer philosophischen Fakultät oder ähnlichem Fachbereich ab und wird meist mit zwei frei wählbaren Nebenfächern studiert;
3. Das *Diplom* (Dipl.-Politologe) gab es früher nur an wenigen Universitäten, wo die Politikwissenschaft so stark vertreten ist, daß darauf allein ein integriertes Studium aufgebaut werden kann (Berlin, München, Hamburg, Marburg). In Verbindung mit anderen Fächern kann man in Konstanz zum Dipl.-Verwaltungswissenschaftler und an einer Reihe von Hochschulen zum Dipl.-Sozialwissenschaftler graduieren. In den letzten Jahren hat das Diplom aufgeholt und in bezug auf die Studentenzahlen das Magisterexamen sogar überholt (Hartwich 1987: 230).

4. Das *Staatsexamen* ist Voraussetzung für den Lehrerberuf; es kann an den meisten Universitäten nach Bundesländern unterschiedlich für das Fach Sozialwissenschaften (zusammen mit Soziologie und Volkswirtschaft, z. B. in NRW) oder für das Fach Politik allein (z. B. Baden-Württemberg) erworben werden.

Diese Diskrepanzen der Studienmöglichkeiten schlagen naturgemäß auch auf die Ausrichtung der Forschung durch. Vorläufig sehr grob kann man sagen, daß die Einbeziehung des Fachs in philosophische Fakultäten meist mit einer mehr historischen und/oder philosophischen Orientierung sich verbindet, in rechts- und staatswissenschaftlichen Fakultäten mehr der Bezug zur Staats- und Regierungslehre vorherrscht, während in Wirtschafts- und Sozialwissenschaftlichen Fakultäten bzw. Fachbereichen eher die Verbindung zu empirischen Gesellschaftswissenschaften gesucht wird.

Was kann in dieser Lage als gemeinsame Aufgabe des Fachs übrigbleiben? Daß man sich über Forschungsmethoden und -ziele nicht einig ist, dürfte nicht nur offensichtlich, sondern auch begrüßenswert sein – und ist ein Merkmal auch anderer Wissenschaften. Denn eine wichtige Bedingung für den Fortschritt von Wissenschaft ist die Kritik von Wissenschaft. Diese unterschiedlichen Forschungsziele und -methoden zu zeigen, macht sich dieses ganze Buch zur Aufgabe.

Aber müßte man sich in der Politikwissenschaft nicht wenigstens in der Ausbildungsaufgabe des Fachs einig sein? Existiert eine gemeinsame Basis für die Berufsorientierung des politikwissenschaftlichen Studiums? Hier ist man sich eigentlich weder einig noch uneinig: denn zu häufig fehlt die Bereitschaft, sich überhaupt über die Berufsorientierung des Fachs Gedanken zu machen (vgl. Grottian 1985).

Auch dieses Desinteresse ist kein Privileg der Politikwissenschaft, sondern ein nur allzu bekanntes Phänomen der deutschen Universitätslandschaft. In diesem Fall kommen allerdings noch die besonderen Umstände der (Wieder-)Begründung des Fachs nach 1945 hinzu. Man hatte in der Bundesrepublik um 1950 gar nicht den Ehrgeiz, »Berufspolitologen« auszubilden, sondern zielte auf die politische Bildung aller Studenten neben ihrem Fachstudium.

»Die heutigen Lehrstühle und Institute verdanken ihre Existenz allesamt der Sorge um die politische Bildung der studentischen Jugend, sind kein normales Produkt wissenschaftlichen Fortschritts, fachwissenschaftlicher Spezialisierung, sondern Ergebnis bewußter pädagogisch-politischer Planung« (Hennis 1957 in 1968: 213).

Die »Bewältigung der Vergangenheit« durch Propagierung der demokratischen Normen des Grundgesetzes und damit die Stärkung der Widerstandskraft gegen jede Art des »Totalitarismus« war das erklärte Ausbildungsziel.

Der »Berufspolitologe« in Politik, Verwaltung, Schule mußte da eher Nebenprodukt bleiben, der sich nach dem Studium selbst in freier Wildbahn eine Stelle zu schaffen hatte. Neben der politischen Bildung wurde zunehmend der Fachwissenschaftler an den immer zahlreicheren Universitätsinstituten ausgebildet, der als Hochschullehrer und Wissenschaftler mehr oder weniger hochspezialisierte Forschung und Lehre betrieb. Ausbildung für den eigenen Nachwuchs, also Produktion für die eigene Reproduktion prägte so noch lange als meist unreflektiertes Ziel die Studiengänge.

Diese Berufssituation hat sich in den achtziger Jahren grundlegend gebessert. Das Berufsbild der Politikwissenschaftler ist zwar weiterhin sehr vielfältig, aber durchaus nicht völlig diffus oder gar desolat.

Die Bundesanstalt für Arbeit unterscheidet sieben große Tätigkeitsfelder für Hochschulabsolventen/innen mit der Hauptfachrichtung Politikwissenschaft:

»a) Die politische Bildungsarbeit: Hierzu gehören zunächst die allgemeinbildenden und berufsbildenden Schulen, wo Politologen überwiegend in der Lehre und als Lehrer tätig sind; sodann die politische Jugend- und Erwachsenenbildung, wo es nicht nur um die Lehre geht, sondern auch um eine Vielzahl organisatorischer Aufgaben wie Seminarplanung, Referentenkontakte, Tagungs- und Seminarleitung, Studienberatung der Hörer, Lösung von Finanzproblemen, Koordinierung der Mitarbeiter.

b) Die Arbeit in Massenkommunikationsmitteln, z. B. Nachrichtenredakteur bei einer Rundfunk- oder Fernsehanstalt, Korrespondent von Tageszeitungen, Redakteur für ein Politikfeld bei einer Tageszeitung, Parlamentskorrespondent einer Rundfunkanstalt, Assistent eines Intendanten u. ä. Der Medienbericht der Bundesregierung 1985 zeigt dabei nach dem neuesten Stand die Vielzahl der Medien und Arbeitsfelder in Medien, die in diesem Bereich beachtet werden müssen.

c) Die Arbeit in Parteien und Parlamenten, die von der Ausübung politischer Wahlämter über Funktionen der wissenschaftlichen Beratung und Entscheidungsvorbereitung, der Öffentlichkeitsarbeit und der journalistischen Tätigkeit, einschließlich der Organisations- bzw. Verwaltungsarbeit bis hin zu Referenten, Fraktionsgeschäftsführern, Arbeitskreisgeschäftsführern reichen. Bei den Parteien werden Politologen u. a. als Mitarbeiter in der allgemeinen Organisation, als Fachreferenten oder als Referenten für Presse- und Öffentlichkeitsarbeit verwendet. Hinsichtlich der Parlamente sind vor allem die wissenschaftlichen Dienste beim Bundestag und bei den Landtagen und die wissenschaftlichen Assistenten bei den Abgeordneten, Fraktionen und Arbeitskreisen der Fraktionen zu nennen.

d) Die Arbeit in Verbänden, vor allem die großen Wirtschaftsverbände, d. h. Arbeitgeberorganisationen und Gewerkschaften, aber auch die Fachverbände der Wirtschaft und die wissenschaftlichen Institute der Arbeitgeberverbände und der Gewerkschaften.

e) Die Tätigkeit im öffentlichen Dienst (d.h. Regierung und Verwaltung in Bund, Ländern und Gemeinden sowie internationale und supranationale Institutionen und Organisationen; U.v.A./E.F.).
f) Die Tätigkeit in der Wirtschaft: Hier sind vor allem die größeren Unternehmen zu nennen, in denen spezialisierte Funktionen für Entscheidungsvorbereitung, Aus- und Weiterbildung, innere und äußere Informationsarbeit benötigt werden.
g) Die wissenschaftliche Tätigkeit: Hier sind die vielfältigen Tätigkeitsbereiche in Universitäten, technischen Hochschulen, Gesamthochschulen, Fachhochschulen und Forschungsinstituten zu nennen« (ergänzt zitiert nach Wittkämper 1988: 296ff.).

Und wo verbleiben die ausgebildeten Politikwissenschaftler tatsächlich auf dem Arbeitsmarkt? Das ist nicht einfach herauszufinden, weil solche Verbleibsstudien aufwendig sind und deshalb flächendeckend für die Bundesrepublik kaum existieren. Besonders sorgfältig hat eine Studie über die Berliner Absolventenjahrgänge 1974–1988, von Rolf Ebbighausen, Peter Grottian u.a. erstellt, die Tätigkeiten und Einsatzbereiche dokumentiert (zitiert nach Wittkämper 1988: 303):

Tabelle 1: Verbleib von Berliner Politikwissenschaftlern auf dem Arbeitsmarkt

Forschung	43,5%
Verwaltungstätigkeit	33,1%
Planungstätigkeit	32,2%
Lehre	26,6%
Bildungsarbeit	25,0%
Journalistische Tätigkeit	13,7%
Management	10,5%
Öffentlichkeitsarbeit	8,9%
Beratungstätigkeit	8,1%
Dokumentationstätigkeit	7,3%
Sozialarbeit	4,0%
Personalführung	1,6%.

Sicher sind für diese Verteilung die besonderen Berliner Verhältnisse, aber auch der Arbeitsmarkt der siebziger und achtziger Jahre mitverantwortlich. Die Absolventen anderer Hochschulen werden ein unterschiedliches Muster ihrer Tätigkeitsfelder aufweisen. Der Arbeitsmarkt der späten achtziger und der neunziger Jahre sieht anders aus: mindestens die Tätigkeiten in Forschung und Lehre gehen zurück.
Insgesamt kann dieser Abschnitt mit einem positiven Zwischenfazit zur gewachsenen Identität der Politikwissenschaft an den Hochschulen der Bundesrepublik abgeschlossen werden. Dieses geschärfte Profil der Politikwissenschaft in Forschung und Lehre dokumentieren drei Bände

exemplarisch: Hartwich (1985) zum Selbstverständnis der Disziplin, von Beyme (1986) zur Entwicklung des Faches Politikwissenschaft sowie Hartwich (1987) zu Lehre und Studium.

3. Königs- oder Hilfswissenschaft?

Mit ihrer in den letzten beiden Jahrzehnten spürbar gewachsenen Identität ist die Politikwissenschaft durchaus auf dem Weg zu einer »normalen Wissenschaft« (Th. Kuhn) im Sinne einer anerkannten, in Aufgaben und Selbstverständnis abgeklärten Disziplin. Die Identitätsprobleme gibt es dennoch immer wieder – wie bei den übrigen Kultur- und Humanwissenschaften auch. Das Verhältnis zu diesen anderen Wissenschaften ist durchaus mit manchen Komplexen beladen. Etablierte Fächer wie Geschichte, Zeitgeschichte, Staatslehre und Völkerrecht fühlen sich von dem neuen Fach beeinträchtigt. Dem leistet die Politikwissenschaft selbst Vorschub, wenn sie sich als »Meisterwissenschaft« über andere erheben will.

Gehen wir die Nachbarfächer einmal durch und fragen nach den Berührungspunkten zur Politikwissenschaft, um damit gleichzeitig Hinweise für das Spektrum und die verschiedenen Perspektiven des Faches selbst zu bekommen.

Die *Philosophie* ist mit der Politikwissenschaft eng verbunden über das gemeinsame Interesse an politischer Theorie, Ethik und Erkenntnistheorie; die *Rechtswissenschaft* über das öffentliche Recht, das sich mit Verfassung, Parlament, Regierung und Verwaltung genauso, wenn auch aus anderer Perspektive, befaßt wie die Politologie, und über das Völkerrecht, das die Internationale Politik beeinflußt; selbstverständlich müssen die *Wirtschaftswissenschaften* in enger Verbindung zur Politikwissenschaft gesehen werden, da wirtschaftliches Handeln direkter – als oft geglaubt wird – politisches Handeln bedingt; *Soziologie*, Sozialpsychologie und Ethnologie als Kern der Wissenschaften vom sozialen Verhalten lassen sich in Gegenstand und Methode oft kaum von einer Politikwissenschaft unterscheiden, wenn beispielsweise die psychischen, sozialen und politischen Bedingungen einer Wahlentscheidung untersucht werden; und natürlich ist die historische Forschung der *Geschichtswissenschaft* Teil und Bedingung politikwissenschaftlicher Arbeit.

Aus dem engen Verbund zu den Nachbarwissenschaften stellt sich für manche die Frage, ob eine eigenständige Politikwissenschaft überhaupt gerechtfertigt oder notwendig sei. Besitzt die Politikwissenschaft, so wird gefragt, denn überhaupt einen eigenen Gegenstand und eine eigene Methode, die nicht schon durch die angrenzenden Fächer abgedeckt sind? Tatsächlich wurde nicht selten aufgrund dieser Fragestellung eine

Tabelle 2: Konkurrenz oder Kooperation der Sozialwissenschaften: Die Beziehung von Teilgebieten der Politikwissenschaft zu ihren sozialwissenschaftlichen Nachbarfächern

Nachbarfach	zeigt besonders im Sektor	Bezug zu politikwissenschaftlichem Teilgebiet
Philosophie	Philosophiegeschichte Staatsphilosophie Ethik Erkenntnis- und Wissenschaftstheorie	Politische Philosophie Geschichte der politischen Theorien, Ideen und Ideologien Erkenntnis- und Wissenschaftstheorie
Rechtswissenschaft	Staatstheorie Staatsrecht Verwaltungsrecht Völkerrecht	Regierungslehre Innenpolitik als Lehre von den politischen Institutionen Vergleichende Regierungslehre, Verwaltungslehre Außen- und Internationale Politik
Ökonomie	Volkswirtschaft Betriebswirtschaft Statistik	Politische Ökonomie Wirtschaftspolitik Organisationstheorie Statistik in der empirischen Sozialforschung
Soziologie Sozial-Psychologie Sozialpädagogik Ethnologie	Politische Soziologie alles soziale Verhalten als Bedingung des politischen	Politische Verhaltenslehre, »Behaviorismus«, Parteien-, Wahl-, Organisationssoziologie, Vermittlungsprobleme
Geschichtswissenschaft	Politische, Wirtschafts-, Sozial-, Verfassungs- und Zeitgeschichte	alle politikwissenschaftlichen Forschungen in historischer Dimension

eigenständige Politikwissenschaft für überflüssig gehalten, da sie besonders durch Geschichts- und Rechtswissenschaft und die Soziologie eigentlich obsolet sei. Lediglich die Rolle einer Hilfs- oder Residualwissenschaft könne ihr zugebilligt werden.
Umgekehrt gingen Politikwissenschaftler daran, die Berechtigung ihres Fachs dadurch aufzuwerten, daß sie zwar einräumten, keinen eigenen Gegenstand oder eigene Methode zu besitzen. Aber aus der Not wurde eine Tugend gemacht, indem die Politikwissenschaft als »synoptische« oder »Integrationswissenschaft« die Aufgabe der Zusammenschau der Einzelwissenschaften unter politischem Aspekt erhielt oder gar als »Meister«-, »Königs«- oder »Führungswissenschaft« über die übrigen erhoben wurde. Gerade die neuen Entwicklungen der Politikwissen-

schaft in den achtziger Jahren haben den Eindruck eines »Führungsanspruches« in einer Hinsicht noch bestärkt, da mit dem »Policy Approach«, den Politikfeldanalysen, man eine Allzuständigkeit in der aktuellen Gesellschaftsanalyse zu reklamieren schien: Sozialpolitik, Gesundheitspolitik, Technologiepolitik, Bildungspolitik, Medienpolitik, Strukturpolitik, Arbeitsmarktpolitik, Familienpolitik, Ausländerpolitik, Städtebaupolitik usw. usw. Wie die Bindestrich-Soziologien zu jedem Kongreß eine neue Subdisziplin hecken, so scheinen die Policy Politologen vor nichts mehr zurückschrecken. Nach einer anfänglichen Euphorie über die Allkompetenz der Politilogen ist allerdings wieder mehr Ernüchterung eingetreten (vgl. Hartwich 1985).
Dieser Streit um das Verhältnis von Politikwissenschaft und Einzelwissenschaften, der sich beispielsweise in der Bemerkung des Rechtsphilosophen Jürgen von Kempski bildhaft manifestiert, es entstehe »keine neue Disziplin dadurch, daß man einer anderen die Federn ausrupft und sich mit ihnen schmückt« (zit. nach H. Schneider 1967: IX), verlor zum Glück mit der zunehmenden Integration der Politikwissenschaft in den Universitätsbetrieb seine Spitze. Es greift jetzt mehr die Überzeugung Platz, daß die Frage der »Eigenständigkeit« ein Scheinproblem darstellt. Keine Einzelwissenschaft und erst recht keine Sozialwissenschaft kann es sich heute noch leisten, ihr Areal eifersüchtig einzuzäunen und zu verteidigen. Philosophie, Geschichte, Jura, Ökonomie, Soziologie und im weiteren Sinne auch Sprach- und Kulturwissenschaften sind mit ihrem engen Bezug zu der Gesellschaft, in der sie und über die sie arbeiten als Philosoph, Historiker usw., nur sinnvoll als *Sozialwissenschaften* zu begreifen, auch wenn sich manche lieber als »Geisteswissenschaftler« titulieren. Sie sind als Teil einer umfassenden Gesellschaftswissenschaft zu verstehen, die nur in gemeinsamer Kooperation zu sinnvollen Ergebnissen kommen kann. So kann die Politikwissenschaft ebensowenig wie die Philosophie oder die Geschichte beanspruchen, als »Königin der Wissenschaften« über den Einzelwissenschaften zu schweben, die sie synoptisch, integrierend und sammelnd zusammenfügt. Ebensowenig sollte die Politikwissenschaft sich aber als »Wissenschaft der Könige« verstehen, die das Privileg besitzt, Macht und Herrschaft zu regeln. In der Realität gibt es keine nur wirtschaftlichen, soziologischen oder historischen Probleme. Es gibt nur Probleme und in der Regel sehr komplexe. Für manche sind die Werkzeuge der einen Wissenschaft geeigneter, aber nie sind sie völlig ausreichend.
Unsere Überlegungen zur Identität der Politischen Wissenschaft kommen so zu einem Punkt, an dem klar wird, daß weniger Selbstbewußtsein und Saturiertheit einer Wissenschaft vielleicht mehr Vorteile hat, um sich vor der eigenen Selbstüberschätzung bei Problemlösungen zu hüten. Wir werden auf einige Probleme von politikwissenschaftlicher Methode

und Gegenstand im nächsten Kapitel noch ausführlicher zu sprechen kommen. Nachdem bereits mehrmals auf die besonderen Umstände der Entwicklung der Politikwissenschaft hingewiesen wurde, soll zunächst einige Information zu ihrer Entstehung und Ausfächerung gegeben werden.

4. Kurze Geschichte – lange Tradition

Politikwissenschaft als selbständiges Universitätsfach ist in Deutschland nur ungefähr so alt wie die Bundesrepublik. Das Ende der Weimarer Republik und das Aufkommen des deutschen Faschismus wurden in der Nachkriegszeit nicht zuletzt als ein Bildungsproblem gesehen – und zwar sowohl von deutscher als auch von Seiten der Siegermächte, gerade der Amerikaner. Es war nicht gelungen, liberale, demokratische Überzeugungen und Verhaltensweisen in der Mehrheit der Bevölkerung zu verankern, das persönliche demokratische Engagement des Bürgers selbstverständlich zu machen. Die Werbung für eine liberale, repräsentative Demokratie und die Abwehr faschistischen Restbewußtseins – durchaus auch im Sinne der »re-education« – waren so Leitmotiv für die Etablierung der Politischen Wissenschaft. Zu dieser antifaschistischen Motivation gesellte sich mit dem Beginn des Kalten Krieges bald als umfassenderes Ziel die Abwehr des »Totalitarismus« schlechthin, der überspitzt gesagt mit der heute fragwürdig scheinenden Gleichung rot gleich braun und rechtsextrem gleich linksextrem definiert wurde.
Ende 1949 fand zunächst auf Initiative der amerikanischen Militärregierung eine Tagung über die »Frage der Erweiterung des Universitätsstudiums auf dem Gebiet der sozialen und politischen Wissenschaften« statt, an der außer den Gastgebern, darunter als Beauftragter der aus Deutschland emigrierte Politologe Karl Loewenstein, Bildungspolitiker und Wissenschaftler aus den deutschen Ländern teilnahmen. Am Schluß wurden Entschließungen gefaßt, die aufforderten, Lehrstühle der »politischen Wissenschaften« zu errichten, und zwar besonders »der Weltpolitik, der politischen Soziologie, der vergleichenden Staatenkunde, der auf die Gegenwart bezogenen Universalgeschichte und der politischen Theorien u. a. m.« (H. Schneider 1967: XIII).
Nach einer weiteren Tagung in der wiedereröffneten Berliner »Hochschule für Politik«, die von den Nationalsozialisten geschlossen und deren Lehrkörper verjagt worden war, beschloß die westdeutsche Kultusministerkonferenz Mitte 1950 »vorläufige Richtlinien zur politischen Bildung an den Schulen und Hochschulen«, in denen es heißt:

»Die Errichtung planmäßiger Lehrstühle für Politik an den deutschen Hochschulen ist dringend erwünscht. Für ihre Besetzung sollen Persönlichkeiten gewonnen werden, die wissenschaftliches Ansehen mit politischer Erfahrung verbinden. Die Berufung muß nach den für die Besetzung geltenden Grundsätzen erfolgen, parteipolitische Gesichtspunkte müssen ausscheiden. Der Lehrstuhl wird derjenigen Fakultät zugeordnet, die der bisherigen wissenschaftlichen Arbeit des Inhabers am nächsten steht (Philosophische, Juristische, Wirtschaftswissenschaftliche oder Staatswissenschaftliche Fakultät)... (Schneider 1967: XIV).

Ferner wurden Lehraufträge und Dozenturen für Politik an allen Hochschulen gefordert. Das Dokument zeigt in aller Deutlichkeit die damalige Intention: in erster Linie politische Bildung aller Studenten, deshalb die Fakultätszugehörigkeit nicht am Lehrplan, sondern an der Person des Bewerbers orientiert, und in zweiter Linie Lehrerausbildung für Gemeinschafts- und Sozialkunde; an ein eigenständiges Forschungsfach wurde kaum gedacht.

In den fünfziger und sechziger Jahren wurden dann die Studienmöglichkeiten allmählich so weit ausgebaut, daß nun an fast allen Universitäten, Pädagogischen Hochschulen und einem Teil der Technischen Hochschulen Politikwissenschaft gelehrt wurde – mit den Studienabschlüssen, die wir oben schon angesprochen haben. Der Nachdruck auf politische Bildung ging verloren, stattdessen fächerte sich das Fach in zahlreiche Einzelgebiete, Spezialisierungen und wissenschaftspolitische Positionen auf. Gerade die betont politische Etablierung des Fachs in der Nachkriegszeit, die die ersten Fachvertreter und Initiatoren aus Politik, Wissenschaft und Journalistik in ganz unterschiedliche Fakultäten und Fächerverbindungen brachte, ist verantwortlich für den heute relativ großen wissenschaftspolitischen Pluralismus der Politikwissenschaft, dies besonders im Vergleich zu anderen Ländern.

Die siebziger Jahre brachten eine zweite große Expansionswelle an Lehrstühlen und Studiengängen. Die Politikwissenschaft wurde an nahezu allen Hochschulen mit Studiengängen verankert; die Forschung wurde vertieft, aber auch diversifiziert. Nicht nur durch die weitere wachsende Binnendifferenzierung des Faches, sondern auch durch eine Politisierung der Politikwissenschaft als Anstoß und Folge von Studentenbewegung und Reformpolitik. Neomarxistische Positionen bereicherten das Fachspektrum, Kontroversen bestimmten die Fachkongresse. In den achtziger Jahren wich diese Politisierung einer deutlicheren Professionalisierung. Die Policy Studies wuchsen schnell. Politikberatung war gefragt. Der Ausbau des Faches stagnierte zwar quantitativ, der Ausstoß an Forschung und auch an Lehre litt aber sicher nicht qualitativ. Die Politikwissenschaft etablierte sich im Alltag von Wissenschaft, Gesellschaft und Politik. Die Politologen verloren ihr Buhmann-Image.

Soviel zur ziemlich kurzen Geschichte der modernen Politikwissenschaft in Deutschland. Natürlich darf diese Geschichte nicht isoliert werden von der internationalen Entwicklung der Sozialwissenschaften und noch weniger von der historischen Tradition, auf der sie aufbaut. Gerade der angelsächsische, besonders der amerikanische Einfluß wirkte sich stark auf die junge deutsche Politikwissenschaft aus. Denn erstens wurde von dort, wie wir gesehen haben, die Gründungsinitiative unterstützt; zweitens kehrten nicht wenige Sozialwissenschaftler, die vor dem Nationalsozialismus in die USA emigriert waren, nach Deutschland zurück; und drittens hatten sich die Sozialwissenschaften insgesamt nirgendwo so expansiv rein in ihrer Quantität und so intensiv in ihrer Methodologie entwickelt wie in Amerika.

Auch im angelsächsischen Bereich wird das Fach nicht einheitlich betrieben, was sich gerade in den beiden konkurrierenden Bezeichnungen »Government« und »Political Science« zeigt. Der heute immer weniger gebräuchliche Name *Government* bezeichnet die Regierungs- und Staatslehre, die sich wesentlich auf die politischen Institutionen wie Parlament, Regierung, Verfassung und auf die politische Ethik konzentriert. *Political Science* dagegen versteht sich eher als exakte (Sozial-) Wissenschaft, die versucht, nach dem Vorbild naturwissenschaftlicher Methodik – »science« heißt im Grunde Naturwissenschaft – politisches Verhalten von einzelnen und Gruppen quantitativ zu messen, zu erklären und danach zu prognostizieren, wie z. B. mit Hilfe von Interviewdaten in der Wahlforschung oder mit Wirtschafts- und Sozialdaten in der Internationalen Politik.

Gerade diese Richtung der Politikwissenschaft als empirische Sozialwissenschaft, die heute international vorherrscht, wie Kongresse und Tagungsprogramme zeigen, übte auch auf die deutsche Wissenschaft einen nachhaltigen Einfluß aus. Dabei liegt die ältere deutsche Tradition eher auf dem Feld der Regierungs- und Staatslehre. In der Weimarer Republik hatte sich um die Berliner »Hochschule für Politik« ein Kreis von Wissenschaftlern gesammelt, der versuchte, die Basis für eine Politische Wissenschaft in Deutschland zu legen. Der Staatsrechtler Hermann Heller entwickelte in seiner im Exil unvollendeten Staatslehre von 1934 wichtige Impulse einer kritischen Politik- und Sozialwissenschaft. Aber allen diesen Ansätzen wurde durch den Nationalsozialismus, der nur eine ethnozentrische Staatsmachtlehre und »Geopolitik« – von den vorherrschend konservativen Rechts- und Staatswissenschaftlern der Weimarer Republik vorbereitet – gelten ließ, ein Ende gemacht.

Geht man weiter zurück zu den Wurzeln der Staats- und Politikwissenschaft, so stößt man im Deutschland des 19. Jahrhunderts auf das fast unangefochtene Dominieren der juristischen und historischen Staatslehre, die die Grundlagen des politischen Konstitutionalismus auf konservativer Seite und seiner Kritik in der Theorie des bürgerlichen repräsentati-

ven Parlamentarismus auf liberaler Seite erarbeitete. Aber man stößt auch auf den vorläufig isolierten monumentalen Versuch von Karl Marx, eine Synthese von Philosophie, Staats-, Gesellschafts- und Geschichtswissenschaft in seiner Politischen Ökonomie zu entwickeln.
Weiter zurück im Stammbaum gab die Philosophie der Aufklärung den entscheidenden Ansatzpunkt für die Entwicklung eines kritischen Impetus der Politischen Wissenschaft, die sich an der Emanzipation des Menschen von vorgeblich natürlichen Zwängen orientierte. Auf der anderen Seite begleiteten und deckten die Staatswissenschaften des 17. und 18. Jahrhunderts mit ihren Zweigen »Kameral«- und »Polizeiwissenschaft« (Wirtschafts- und Verwaltungslehre) den späten Absolutismus und bereiteten besonders in Deutschland das ganz auf das Staatshandeln fixierte öffentliche Recht vor.
Natürlich ist damit der Stammbaum lange nicht erschöpft. Väter, Großväter und Urgroßväter ließen sich mit Hobbes und Locke, Machiavelli und Althusius oder auch Aristoteles und Platon noch aneinanderreihen, die alle ihren Beitrag zur Entwicklung der politischen Theorie und Methodik geleistet haben. Diese Nachzeichnung sei freilich der Einführung in die Politische Theorie überlassen, sie führt hier zu weit. Denn die Geschichte der Politischen Wissenschaft ist zugleich die Geschichte der Politik, sie läßt sich nicht auf eine Ideengeschichte reduzieren, die über den Dingen schwebt.
Kehren wir nach dem historischen Überblick zurück zur Gegenwart der Politikwissenschaft. Nach dem Hinweis auf die verzweigten Beziehungen zu den Nachbarfächern und dem Einblick in einige geschichtliche Entwicklungslinien des Fachs fällt es nun leichter, Gesichtspunkte für Untergliederungen der heutigen Politikwissenschaft zu verstehen.

5. Das Spektrum der Politikwissenschaft

Da keine völlige Einigkeit über Gegenstand und Methode, Bezeichnung und Aufgabe, Abgrenzung und Anspruch des Fachs besteht, wäre es nur verwunderlich, wenn über die interne Untergliederung der Politikwissenschaft alle gleicher Meinung wären. Dies ist natürlich nicht der Fall, und die Gründe dafür liegen wieder nicht allein in biographischen Idiosynkrasien der Fachvertreter, sondern in grundlegenden Differenzen über die wissenschaftspolitischen Ziele der politikwissenschaftlichen Arbeit.
Die gröbste, aber noch weit verbreitete Untergliederung des Fachs teilt die Politikwissenschaft in drei Bereiche ein:
1. Politische Theorie,
2. Innenpolitik bzw. Vergleichende Herrschaftslehre und
3. Außenpolitik bzw. Internationale Politik.

Nach diesem Dreierkanon richten sich noch viele fachinterne Spezialisierungen, die in Studiengängen und Lehrstuhlbezeichnungen zum Tragen kommen. Da besonders der Bereich »Innenpolitik« zu komplex schien, hat man häufig eine Vierergliederung vorgeschlagen, die sich an den Vorschlag einer von der UNESCO nach Paris einberufenen Konferenz von 1950 anschließt und hier aktuell erweitert wird:

Tabelle 3: Spektrum der Politikwissenschaft nach UNESCO-Vorschlag 1950

I. Politische Theorie
   1. Politische Philosophie, Ethik und Herrschaftstheorie
   2. Geschichte der politischen Ideen
   3. Wissenschaftstheorie und Methodologie

II. Politische Institutionen und Systeme
   1. Verfassung
   2. Die jeweilige (nationale) Regierungsform
   3. Regionale und lokale Regierungsformen
   4. Vergleichende Institutionenlehre
   5. Öffentliche Verwaltung
   6. Wirtschaftliche und soziale Aufgaben des Staates

III. Politische Soziologie
   1. Politische Parteien
   2. Gruppen und Verbände
   3. Beteiligung der Bürger an Regierung und Verwaltung durch Wahlen und Partizipation
   4. Öffentliche Meinung, Medien, Politische Sozialisation

IV. Außenpolitik und Internationale Politik
   1. Außenpolitik der Staaten
   2. Internationale Beziehungen und Organisationen
   3. Sicherheitspolitik und Friedensforschung
   4. Völkerrecht
   5. Entwicklungsländerforschung
   6. Transnationale Politik

Freilich war leicht zu erkennen, daß eine rigide Anwendung der Ausfächerung und Spezialisierung mehr dem Schubkastendenken als sinnvoller Arbeitsteilung dienen konnte. Denn wo läßt sich z. B. die Politik multinationaler Rüstungskonzerne am besten erforschen? Als Problem von internationalen Verbänden (III,2), der Sicherheitspolitik (IV,3), der internationalen Beziehungen (IV,2) oder doch eigentlich der vergleichenden Institutionen (II,4) und natürlich der Wirtschaftspolitik (II,6)? Kann man die Politische Theorie oder die Ideengeschichte neben oder »über« den realen politisch-sozialen-wirtschaftlichen Gegebenheiten sinnvoll behandeln? Sind Parteien gesellschaftliche Gruppierungen der politischen Soziologie oder nicht auch politische Institutionen mit Verfassungscharakter wie im Grundgesetz?

Bei allen diesen Fragen gerät der wohlgegliederte Aufbau einer durchspezialisierten Politikwissenschaft ins Wanken. Genauso wie bei den Abgrenzungen zu den Nachbarfächern kann hier keine dogmatische Einzäunung vorgenommen werden.

Allerdings hat sich bis Mitte der achtziger Jahre doch ein etwas breiterer Konsens eingependelt, der zumindest die Untergliederung des Faches für die Lehre betrifft. Eine bundesweite Studienreformkommission Politikwissenschaft hat 1985 sich auf gemeinsame Empfehlungen geeinigt, die folgende zentrale Problemfelder des politikwissenschaftlichen Studiums als Kernbereich, bei dem jeweils die historische Dimension, die rechtlichen Aspekte und die gesellschaftlichen Bezüge mit zu berücksichtigen sind, vorsieht:

Tabelle 4: Spektrum der Politikwissenschaft nach Studienreformkommission 1985

1. Politische Theorie und politische Philosophie
   - Grundbegriffe der Politikwissenschaft und deren theoretische Zusammenhänge,
   - Geschichte der politischen Ideen,
   - zeitgenössische politische Theorien und Ideologien.
2. Methoden der Politikwissenschaft
   - Wissenschaftstheorie und Methodologie,
   - Quantitative und qualitative Methoden, insbesondere der empirischen Sozialforschung,
   - Statistische Verfahren,
   - Thematisch orientierte Einführung in die Techniken des wissenschaftlichen Arbeitens.
3. Das politische System der Bundesrepublik Deutschland
   - Geschichtliche Grundlagen,
   - Verfassungs- und Regierungssystem incl. Verwaltung,
   - Politische Sozialisation und Kommunikation, Wahlen, Parteien, Verbände, Eliten, soziale Bewegungen,
   - Wirtschafts- und Sozialstruktur.
4. Analyse und Vergleich unterschiedlicher Systeme
   - Westlicher Industriegesellschaften,
   - Sozialistischer Gesellschaften,
   - der Entwicklungsgesellschaften.
5. Internationale Beziehungen und Außenpolitik
   - Grundfragen und Strukturen internationaler Beziehungen,
   - Auswärtige Beziehungen der Bundesrepublik Deutschland,
   - Internationale Organisationen, regionale Gemeinschaften, transnationale Prozesse (Internationales Recht).
6. Politik und Wirtschaft
   - Wirtschaftssystem und Wirtschaftsprozesse,
   - Ausgewählte Probleme der Wirtschaftsentwicklung in Deutschland.

Zur etwa gleichen Zeit hat Carl Böhret eine hochinteressante Enquete zur Forschungsorientierung in der deutschen Politikwissenschaft durchgeführt und die Antworten von 206 Hochschullehrern und 48 Nachwuchswissenschaftlern ausgewertet. Danach haben sich die Politikwissenschaftler folgenden 21 Themenfeldern der Politikwissenschaft selbst zugeordnet (nach Böhret 1985: 234):

Tabelle 5: Themenfelder der Politikwissenschaft (Spanne: ca. 10 Jahre; zusammengefaßt: bisher bearb., derzeit, geplant; mit Politikfeldanalysen und Länderstudien)

lfd. Nr.	Themenfelder	Hochschullehrer n	Wissenschaftl. Nachwuchs n	Insgesamt n
1	Politische Wissenschaft als Disziplin	20	2	22
2	Systematische (allgemeine) Theorie und Methodologie	72	14	86
3	Politische Theorie und politische Ideengeschichte	160	18	178
4	Zeitgeschichte	55	18	73
5	Politische Ökonomie (mit »Weltmarkt«)	89	27	116
6	Sozialstruktur	66	22	88
7a	Soziale Bewegungen und Partizipation	40	15	55
7b	Wertewandel	18	6	24
7c	Politische Kultur	44	5	49
8	Verbände	38	10	48
9	Parteien/Parteiensysteme	71	12	83
10	Wahlstudien/Wählerverhalten	24	6	30
11	Regierung/Verwaltung; politisches »Aktivsystem«	229	47	276
12	Recht und Politik (mit Verfassung)	38	4	42
13	Analyse von Regierungssystemen (mit Willensbildung)	83	23	106
14	Komparatistik (politische Systeme; auch Teilaspekte)	65	24	89
15	Internationale Beziehungen allgemein	45	25	70
16	Internationale Institutionen (Organisationen, Recht, EG)	23	12	35
17	Konflikt- und Friedensforschung (Rüstungspolitik)	71	28	99
18	Europa (politische Systeme, Europapolitik)	26	12	38
19	Außenpolitik BRD (Deutschlandpolitik)	30	8	38
20	Außenpolitik anderer Staaten	27	6	33
21	Politische Bildung und Fachdidaktik	31	3	34
	insgesamt:	1365	347	1712
davon:	Politikfeldanalysen i. e. S.	250	57	307
	Länderstudien	177	58	235
	= allgemein generalisierende Aspekte	938	232	1170

Das Spektrum der deutschen Politikwissenschaft ist mit diesen beiden Untergliederungen in Lehre und Forschung recht repräsentativ erfaßt. Die Versuche der siebziger Jahre, die Politikwissenschaft stärker »politisch« aufzufassen und einzuteilen – z. B. durch Kühnl (1973) und seine Zweiteilung in »kritische« und »konservative« Politologen –, sind dagegen deutlich in den Hintergrund getreten. Natürlich gibt es liberale und konservative, progressiv-kritische und radikal-demokratische Politikwissenschaftler, wie es diese Positionen in anderen Humanwissenschaften und zunehmend auch in den Naturwissenschaften gibt. Aber ihre Prägung für das wissenschaftliche Spektrum und das Selbstverständnis des Faches ist doch in den Hintergrund getreten.

2. Kapitel: Politikwissenschaft zwischen Politik und Wissenschaft

1. Einstiegsprobleme

Nach der einleitenden Information zu Geschichte und Gegenwartsproblematik, Studienbedingungen, Gliederung und Bezug zu Nachbarfächern muß nun tiefer in die eigentliche inhaltliche Problematik der Politikwissenschaft eingestiegen werden. Wie läßt sich ein solcher Einstieg am besten bewerkstelligen? Ein naßforsches »Zur Sache« verfängt jedenfalls nicht. Der Einstieg muß theoretisch und praktisch befriedigend sein, d. h. er muß einerseits berücksichtigen, daß es aus theoretischen Gründen nicht hinreicht, einfach darzustellen, »was ist« (Politik, Demokratie usw.), oder »wie es gemacht wird« (Methode der Politikwissenschaft). Denn keine Darstellung oder Methode ist voraussetzungslos, sondern beruht – bewußt oder unbewußt – auf theoretischen Vorentscheidungen. Andererseits muß aber gerade im Rahmen dieser Einführung auch die praktische Seite berücksichtigt werden, d. h. es kann nicht zunächst auf breitem Raum eine Wissenschafts- und Gesellschaftstheorie ausgebreitet werden, bevor irgendwann einmal die methodischen Punkte angehängt werden.

Systematisch betrachtet spricht tatsächlich viel dafür, eine von drei Möglichkeiten für einen Einstieg in die Problematik der Politikwissenschaft – und wahrscheinlich jeder Wissenschaft – zu wählen: 1. über die *Theorie* der Wissenschaft, 2. über die *Methoden* der Forschung oder 3. über den *Gegenstand*, mit dem sich die jeweilige Wissenschaft beschäftigt. Eine Sammlung der Argumente für jeden einzelnen dieser Ansätze sieht so aus:

zu 1. Die *Wissenschaftstheorie* bestimmt die wissenschaftliche Arbeit. Nur wer sich über Vorgehensweise, Erkenntnismöglichkeiten, Ziele usw. im klaren ist – und das meint die Wissenschaftstheorie –, kann sinnvoll einen Forschungsgegenstand (die Politik) mit den danach zu bestimmenden geeigneten Methoden angehen. Ohne Theorie bleibt Wissenschaft bewußtlos, reine Faktenhuberei oder nicht einmal das, weil sie nicht weiß, was ein Fakt und was nur Schein ist. Das Wissen darüber, was überhaupt Wissenschaft ist, will und kann, hat also am Beginn allen Forschens zu stehen und deshalb auch eine Einführung einzuleiten.

zu 2. Die *Methode* ist das, was Wissenschaftlichkeit des Forschens und Argumentierens auszeichnet. Alles andere, was nicht präzise und kontrolliert, systematisch und von anderen nachvollziehbar vorgeht – und das heißt Wissenschaftlichkeit –, bleibt Spekulation oder common sense, sei es auch noch so theoriegeladen. Eine Einführung in eine Wissenschaft stellt deshalb auch tunlichst an den Anfang die Information darüber, wie Wissenschaft tatsächlich vorgeht und arbeitet, welche Methoden angewandt werden, um den Gegenstand zu begreifen und zu analysieren. Theoretische und praktische Probleme werden dann sekundär und sind erst von dem zu lösen, der das handwerkliche Rüstzeug besitzt und dadurch fähig wird, mitzureden. Erst nach Kenntnis der Methoden kann deshalb versucht werden, die theoretischen und empirischen Fragen zu beantworten.

zu 3. Der *Gegenstand*, die konkrete (politische) Wirklichkeit ist der Ausgangspunkt allen (politik)wissenschaftlichen Arbeitens und muß deshalb am Anfang stehen. Ohne ihn bleiben Theorie und Methode »gegenstandslos« und werden allzuleicht zum Selbstzweck. Was Politik ganz konkret hier und heute ist und wie sie sich geschichtlich entwickelte, wird zunächst aus dem Erfahrungsbereich dessen bestimmt, der sich damit beschäftigen will. Dadurch wird sichergestellt, daß der Anfänger seine Motivation behält, da von seinem Erfahrungsbereich ausgegangen wird, und daß die Wissenschaft konkret, wirklichkeitsnah und praxisverbunden bleibt, ohne sich in Theoriediskussionen und Methodologien zu verlieren.

Was tun? Für alle drei Einstiegsarten sprechen sicher Gründe, die nicht zu unterschätzen sind. Sie sind auch keineswegs von uns nur simuliert, sondern repräsentieren ganz reale Vorgehensweisen im Grundstudium der Hochschulen und kommen in mehr oder weniger deutlicher Form in den einschlägigen Einführungen der Politikwissenschaft zum Vorschein.

Allerdings läßt sich gleich einiges relativieren. Theorie allein wird logisches oder dialektisches Glasperlenspiel, wenn nicht ständig der Praxisbezug gesucht und auch die Methodik, d.h. die Vorgehensweise bei der wissenschaftlichen Arbeit, immer mit bedacht wird. Ebenso kann die Vorrangigkeit der Methodik zur Handwerkelei ausarten, wenn an methodischen Feinheiten mit Hilfe höherer Statistik und EDV ziseliert wird, ohne die Verhältnismäßigkeit der Mittel zur Relevanz des Ergebnisses im Auge zu behalten. Der Gegenstand, die politische Praxis, kann genausowenig ohne theoretische und methodische Werkzeuge den Einstieg in das Fach allein bestreiten, will Politikwissenschaft nicht zur Stammtischpolitik herunterkommen, die über dies und jenes räsoniert.

Für die Frage nach dem besten Einstieg in das Fach sind wir damit nicht viel klüger als vorher, wenn auch »problembewußter«. Der ideale Schluß aus dem vorher Gesagten müßte also heißen, alles gleichzeitig zu versuchen, Theorie, Methode und Gegenstand als Verbund zu betrachten und gleichzeitig zu vermitteln. Das ist leichter gesagt als getan. Denn ein solches Vorgehen würde einen enzyklopädischen Anspruch stellen, dem dieser Band nicht gerecht werden kann und der im wissenschaftlichen Denken mit Ausnahme des Anspruchs der Phänomenologie auch nicht beansprucht bzw. geleistet werden kann, da der Mensch ausschnittsweise denkt und erkennt. Die Komplexität der Wirklichkeit zerlegt er in meist lineare Beziehungen. Der Ausweg aus dem Trilemma *Theorie–Methode–Gegenstand*, der hier eingeschlagen werden soll, sieht so aus: Arbeitsteilig mit anderen Einführungen werden in diesem Band schwerpunktmäßig methodische Fragen abgehandelt; der Bezug zum Gegenstand, der politischen und politikwissenschaftlichen Praxis, wird im Verlauf dieser Darstellung durch möglichst viele und klare Beispiele gesucht werden, zunächst aber in den folgenden Abschnitten kurz in allgemeiner Form angerissen, wenn die Frage nach Möglichkeiten einer Politikdefinition gestellt wird; Theoriefragen werden dann in einem anschließenden Kapitel besonders unter dem Aspekt eingeführt, welche Konsequenzen sie für Methodik, Arbeitstechnik und Forschungspraxis haben können. Die weiteren Fragen müssen ausführlicheren Einführungen zur Theorie überlassen bleiben.

2. Politikbegriffe

Daß die Politikwissenschaft zusammen mit einer Reihe Nachbarwissenschaften zu den Sozialwissenschaften gehört, haben wir im letzten Kapitel bereits angesprochen. Auch dies ist nicht unbestritten. Bestimmte traditionelle Richtungen, wie z. B. die »Freiburger Schule« um den verstorbenen Politikwissenschaftler Arnold Bergsträsser, die sich der politischen Philosophie und Ethik stark verpflichtet fühlte, würden sich wohl eher zu den »Geisteswissenschaften« zählen. Obwohl diese Auffassung an Bedeutung verliert, wird auf einige Probleme, die mit der Wissenschaftssystematik zusammenhängen, wie das Verhältnis zwischen Geistes- und Naturwissenschaft oder Natur- und Sozialwissenschaft, später noch zurückzukommen sein. Ganz abgesehen von dieser Frage, ob Geistes- oder Sozialwissenschaft, bleibt auf jeden Fall zu klären, was denn eigentlich das Besondere dieser im Kreis der anderen Wissenschaften ausmacht. Das heißt, es muß versucht werden, das Spezifische der *Politischen* Wissenschaft einzukreisen.

Was ist also Politik? Wie kann der Gegenstand der Politikwissenschaft definiert werden? Gehen wir ganz schulmäßig vor, wie es sich immer empfiehlt, wenn über einen Begriff Unklarheit herrscht, und schauen uns die Definitionsversuche von einigen Lexika, Fachlexika und grundlegenden Handbüchern an. Um das Spektrum der Möglichkeiten anzudeuten, die bei einem solchen Versuch gefunden werden können, sind in der Tabelle 6 zehn solcher Definitionen zusammengestellt. Obwohl es sich hier wohl um die wichtigsten Definitionsversuche von Politik handelt, wird keinesfalls davon ausgegangen, daß damit die Möglichkeiten erschöpft wären.

Die Vielfalt der Politikbegriffe, die sich in den zehn Definitionen von Tabelle 6 niederschlägt, läßt sich klarer erfassen, wenn sie in übersichtlicheren Gruppen zusammengefaßt wird. Drei Gruppierungen scheinen sich anzubieten: a) *gouvernementale* (Nr. 1–4), b) *normative* (Nr. 5–8) und c) *konfliktorientierte* (Nr. 9–10) Politikbegriffe. Schauen wir uns die zehn zentralen Konzepte in dieser Gruppierung noch einmal im Zusammenhang an:

a) Zu den *gouvernementalen Politikbegriffen* würden wir die zentralen Konzepte »Staat«, »Führung«, »Macht«, die in Überordnung und Unterordnung liegende »Hierarchie« und »Herrschaft« zählen. Trotz aller internen Unterschiede gehen sie doch gemeinsam davon aus, daß Befehlen und Gehorsamfinden eingefügt in den staatlichen Rahmen die Basis aller Politik abgibt, und das heißt, die Ausübung von Macht, Herrschaft und Führung bedingt. Der Staat galt nicht nur im 19., sondern auch noch in diesem Jahrhundert als zentrale und sogar fast metaphysische Kategorie des Politischen schlechthin, was sich z. B. im Zitat aus einem »Handbuch für Politik« von 1912 manifestiert: »Daß es ein Gemeinwohl gibt, ist nicht zu leugnen, da es einen Staat gibt« (Hdb. für Politik 1912: Bd. I 370). Herrschaft und mehr noch Macht wurden, besonders durch den deutschen Soziologen Max Weber (1864–1920), als allgemeine sozialwissenschaftliche Kategorien dem Staatsbegriff gegenübergestellt, bei dem man zu sehr an bestimmte staatliche Institutionen, wie Regierung, Verwaltung, denkt. Die »Macht« blieb bis heute – gerade auch in der amerikanischen Politikwissenschaft – eine der am breitesten akzeptierten Grundkategorien des Politischen. Dies freilich nicht ohne Kritik, die einerseits den schwer faßbaren, amorphen Charakter des Begriffs, wenn er allgemein bleibt, ablehnt, andererseits auf den möglichen Mißbrauch hinweist, der die Politikwissenschaft, wenn sie Macht konkreter definiert, leicht zur »technischen Handlangerin der Macht und der Mächtigen« macht (Sontheimer 1962: 209).

Tabelle 6: Exemplarische Begriffs- und Aufgabenbestimmungen der Politik und Politikwissenschaft

Zentrales Konzept	Zitat	Quelle
1. Staat	»Politik ist die Lehre von den Staatszwecken und den besten Mitteln (Einrichtungen, Formen, Thätigkeiten) zu ihrer Verwirklichung.«	*Brockhaus*, 1903, Bd. 13: 236
2. Führung	»Unter Politik verstehen wir den Begriff der Kunst, die Führung menschlicher Gruppen zu ordnen und zu vollziehen.«	*A. Bergsträsser*, 1961: Zit. nach Noack, 1973: 19
3. Macht	»Die politische Wissenschaft ... läßt sich als derjenige Spezialzweig der Sozialwissenschaften definieren, der sachlich-kritisch den Staat unter seinem Machtaspekt sowie alle sonstigen Machtphänomene unter Einbeziehung sonstiger Zielsetzungen insoweit untersucht, wie diese Machtphänomene mehr oder weniger unmittelbar mit dem Staat zusammenhängen.«	*O.K. Flechtheim*, 1958: 70
4. Hierarchie (Herrschaft)	»Beziehungen der Überordnung und Unterordnung und ihre Auswirkungen auf das Verhalten der Menschen zu untersuchen (ist das Ziel der Politikwissenschaft).«	*G. Burdeau*, 1964: 61
5. Ordnung	»Politik ist Kampf um die rechte Ordnung.«	*O. Suhr*, 1950: Zit. nach v. d. Gablentz 1965: 14
6. Frieden	»Der Gegenstand und das Ziel der Politik ist der Friede ... der Friede ist die politische Kategorie schlechthin.«	*D. Sternberger*, 1961: 18
7. Freiheit	»Politische Wissenschaft ist die Wissenschaft von der Freiheit.«	*Franz L. Neumann*, 1950: Zit. nach v. d. Gablentz 1965: 14
8. Demokratie	»Praktisch-kritische politische Wissenschaft zielt auf eine politische Theorie, die die Befunde der Gesellschaftskritik integriert. Im Begriff der Demokratie gewinnt sie einen Leitbegriff für die Analyse der politisch relevanten Herrschaftsstrukturen der Gesellschaft.«	*J. Kammler*, 1968: 20f.

Tabelle 6: Fortsetzung

Zentrales Konzept	Zitat	Quelle
9. Konflikt	»Politik (ist) gesellschaftliches Handeln, ... welches darauf gerichtet ist, gesellschaftliche Konflikte über Werte verbindlich zu regeln.«	*G. Lehmbruch*, 1968: 17
10. Klassenkampf	»Politik (ist) der alle Bereiche des gesellschaftlichen Lebens durchdringende Kampf der Klassen und ihrer Parteien, der Staaten und der Weltsysteme um die Verwirklichung ihrer sozialökonomisch bedingten Interessen und Ziele...«	Wörterbuch der marxistischen leninistischen Soziologie, 1969: 340

b) *Normative Politikbegriffe* lassen sich in den Konzepten »rechte Ordnung«, »Frieden«, »Freiheit« und »Demokratie« erkennen. Hier wird nicht das, was (vermeintlich) als das Politische in der Wirklichkeit beobachtet wird, d.h. ein beschreibender, deskriptiver Istwert, eingesetzt. Was Politik eigentlich sein *soll* – natürlich nach dem Urteil des Betreffenden –, d.h. ein wertender, normativer Soll- oder Zielwert, wird hier zur Grundkategorie. Wobei sich mit dem Begriff »rechte Ordnung« harmonisierende Gemeinwohlvorstellungen vermischen, die in einer ethisch und christlich verbundenen Politikwissenschaft (A. Bergsträsser, E. Voegelin) eine Rolle spielten, die aber an Bedeutung verloren hat.

Beim Begriff »Frieden« wäre das ebenfalls zu vermuten, sofern er nur für Abwesenheit von physischer Gewalt steht. Denn dann kann auch ein ruhiges, stabiles, aber nicht offen gewalttätiges Unrechtsregime als »friedlich« bezeichnet werden. Daß zum innergesellschaftlichen und internationalen »Frieden« mehr gehört, nämlich Abbau von Ungleichheit und Ungerechtigkeit, betont gerade die »Friedensforschung« (J. Galtung, Gewalt, Frieden, Friedensforschung, in: Senghaas 1971).

Die »Freiheit« könnte als positiver Gegenbegriff zur Grundkategorie »Herrschaft« oder »Macht« verstanden werden. Freiheit von feudalem Zwang war die Losung der Aufklärung und der bürgerlichen Revolution. Freiheit von Ausbeutung und Unterdrückung war und ist die Parole der Arbeiterbewegung. Freiheit von jeglicher Herrschaft des Menschen über Menschen ist das Ziel radikaldemokratischer und antiautoritärer Bewegungen. In der Politikwissenschaft, aus der F.L. Neumanns Zitat stammt, galt die Freiheit oft weniger als allgemeine

Grundkategorie, sondern war bewußt gegen die Einschränkung der bürgerlichen Grundrechte im »Totalitarismus« gewandt. Sie wurde zum Defensivbegriff, der im Kalten Krieg zu dem Schwarzweißschema der »freien Welt« mit »freier Wirtschaft« gegen die Unfreiheit in Sozialismus und Kommunismus pauschaliert wurde. So bleibt auch dieser Begriff zunächst unbestimmt. Was ist Freiheit? Totale Abwesenheit von Zwang und Herrschaft? Also eine anarchistische Forderung oder utopisches Ziel? Oder ist sie die »Einsicht in die Notwendigkeit«, also billiger Vorwand aller möglichen Formen von Zwang und Herrschaft? Der Begriff bleibt solange ambivalent, wie nicht sein Geltungsbereich (Freiheit für wen? Freiheit wovon? gleiche Freiheit für alle?) und seine Richtung (Freiheit als etwas Statisches oder permanent Aufgegebenes?) mit einbezogen werden.

Politikwissenschaft wird als »Demokratiewissenschaft« auf zwei Ebenen verstanden: als Wissenschaft *von* der Demokratie *in* der Demokratie. Das eine als grundlegender Leitbegriff und Zielwert, das andere als notwendige Bedingung ihres Arbeitens, »weil nur diese Staats- und Gesellschaftsform eine kritische Analyse ihrer eigenen Elemente zuläßt« (Bracher 1971: 321). Allerdings kann es dem Begriff »Demokratie« als politikwissenschaftlicher Grundkategorie ähnlich ergehen wie der »Freiheit«. Auch Demokratie bleibt vage, wenn Reichweite und Richtung fehlen. Demokratie ist ein Programm, aber keine Politikdefinition. Diese ist entscheidend, denn erst daraus läßt sich der Geltungsbereich ableiten, die Frage nämlich, ob Demokratie nur eine Sache des staatlichen Bereichs bleibt oder auch für gesellschaftliche Bereiche, wie für die Wirtschaft oder in der Bildung, zu fordern ist.

c) Zwei *konfliktorientierte Politikbegriffe* sind in der Tabelle zitiert, die sich in Anspruch und Aussage beträchtlich unterscheiden. Lehmbruchs Definition (Nr. 9) will interessenneutral, allgemein und deskriptiv sein. Sie basiert im wesentlichen auf amerikanischen Vorbildern, die in den letzten beiden Jahrzehnten am intensivsten versuchten, wertneutrale, allgemeingültige, »objektive« Grundkategorien des Politischen zu entwickeln. Durch abstrahierende und formalisierte Modelle des politischen Verhaltens glaubt besonders David Eastons Systemtheorie sich dem Ziel, generell gültige Theorien der Politik zu entwickeln, anzunähern. Seine einflußreiche Politikdefinition bezeichnet die Aufgabe (Funktion) des »politischen Systems« innerhalb eines weiter gefaßten gesellschaftlichen Systems so: »the authoritative allocation of values for a society.« Daran ist Lehmbruchs »verbindliche Regelung gesellschaftlicher Konflikte über Werte« orientiert. Vorgegeben ist dieser Definition, daß Konflikte, die dieser politische Prozeß regelt, existieren, und nicht nur das, sondern daß sie normale und notwendige Erscheinungen des politisch-sozialen Lebens sind. Sozialwissenschaftliche Konflikttheoretiker (darunter bes. L. Coser und Ralf Dahrendorf) sehen im Konflikt das entscheidende Vehikel jeden sozialen Wandels – im Gegensatz zu älteren Harmonielehren, die nur aus dem Konsens das Gemeinwohl gefördert sahen. Konflikt aber nicht im leicht mißbrauchbaren Sinne des Krieges als Vater aller Dinge oder im sozialdarwinistischen Kampf aller gegen alle mit dem Sieg des Stärksten. Voraussetzung für die Einsetzung des Konflikts als Grundkategorie ist vielmehr die Existenz einer flexiblen und gerade dadurch stabilen Struktur für die friedliche Austragung von Konflikten zwischen sozialen Gruppen. Diese Struktur sei mit der *pluralistischen Gesellschaft* in der repräsentativ-parlamentarischen, von Parteien und Interessengruppen geprägten Demokratie erreicht.

Die *marxistische Politikdefinition* (Nr. 10) basiert ebenfalls auf Konflikt, kritisiert aber an den liberal-pluralistischen Theorien, daß sie zu allgemein und damit unhistorisch, zu interessenneutral und damit affirmativ seien. Und rein deskriptiv sei die pluralistische Konflikttheorie schon gar nicht, könne sie nicht sein, weil keine sozialwissenschaftliche Theorie sich gegenüber der sozialen und politischen Realität neutral beschreibend verhalten könne. Tut sie es dennoch, nützt sie dem bestehenden Status quo. Eine historische und interessenspezifische Konflikttheorie müsse deshalb vom gesellschaftlichen Grundwiderspruch zwischen Kapital und Arbeit ausgehen und aus ihm den Klassenantagonismus sowie alle übrigen Konflikte zwischen gesellschaftlichen Gruppen, Parteien, Verbänden, Regierungen usw. ableiten. Konflikt wird hier nicht als ewig treibendes Bewegungsgesetz, sondern als historisch eingrenzbar, weil aufhebbar im Kommunismus, eingesetzt. Herrschaft ist bei marxistischen Autoren an den privaten Besitz von Produktionsmitteln geknüpft, so daß bei deren Vergesellschaftung auch Herrschaft aufgehoben und höchstens noch Macht existent sei. Ob freilich der Verwaltungsakt einer sozialistischen Staatsbürokratie Herrschaft oder Macht umsetzt, mag dem betroffenen Bürger und Arbeiter gleich sein. Ihn interessiert hier mehr die Empirie als die Begrifflichkeit. Zahlreiche und unterschiedliche sozialistische und marxistische Argumentationen weisen darauf hin, daß gesellschaftlicher Konflikt nicht mit der Aufhebung des Grundwiderspruchs, des Klassenantagonismus, aus der Welt geschafft ist. So die neueren Thesen von den fortdauernden, »nichtantagonistischen« Widersprüchen in sozialistischen Übergangsgesellschaften, die in der DDR diskutiert wurden; ober auch die Theorie der permanenten Revolution bzw. des ständigen Kampfes der zwei Linien in China; oder natürlich auch am offensten die reformkommunistischen Ansätze in der CSSR von 1968 und bei einigen jugoslawischen, polnischen und auch westlichen kommunistischen Intellektuellen (vgl. Bermbach/Nuscheler 1973).

Seit den Umbrüchen in den osteuropäischen Staaten ab Ende der achtziger Jahre ist die Bedeutung des marxistischen Theorieansatzes für die praktische Politik fast obsolet geworden und in der Wissenschaft an den Rand geraten.

Unsere Dreiteilung in gouvernementale, normative und konfliktorientierte Politikbegriffe ist am inhaltlichen Kernbegriff orientiert, der jeweils in den Mittelpunkt gestellt wird. Fragt man die deutschen Politikwissenschaftler, wie Böhret (1985: 308) es getan hat, in einer Umfrage ganz konkret, was sie selbst für die unverzichtbaren Begriffe der Politikwissenschaft halten, so erhält man eine überaus bunte Palette: Die 256 Befragten haben 639 verschiedene Begriffe benannt, von denen 414 jeweils nur einmal auftauchten (von Abrüstung bis zur Wirtschaftsdemokratie). Die 25 meistgenannten Begriffe der Hochschullehrer waren die folgenden:

Tabelle 7: Unverzichtbare Grundbegriffe deutscher Politikwissenschaftler

Begriffe	n
Konflikt(e)	117
Interesse	110
Macht	66
Konsens	58
Herrschaft	46
Willensbildung	37
System	36
Struktur	33
Organisation	30
Entscheidung(en)	30
Bedürfnis	28
Partizipation	27
Konkurrenz	27
Einfluß	26
Legitimität	25
Ideologie(n)	24
Prozeß	24
Gruppe	24
Klasse	23
Staat	22
Verhandlung/Verhandeln/bargaining	22
Wert(e)	21
Demokratie	19
Institution(en)	17
Legitimation	17

Die jüngere Diskussion um einen Politikbegriff für die Politikwissenschaft hat die Suche nach dem verbindlichen Wesensbegriff aufgegeben und sieht Politik in der Gesellschaft grundsätzlich mehrdimensional strukturiert (vgl. z. B. Rohe 1978, Böhret 1985).

Politik hat nach dieser Auffassung erstens eine *institutionelle Dimension*, die durch Verfassung, Rechtsordnung und Tradition festgelegt ist. Regierungen, Parlamente und Gerichte, Ämter, Schulen und Körperschaften sind die deutlich sichtbaren Institutionen der verfaßten Rechtsordnung. Auch die Grundsätze der politischen Willensbildung werden durch Institutionen kanalisiert: Wahlen, Grundrechte der Meinungsfreiheit, Parteien und Verbände. Die beiden übrigen Dimensionen von Politik, Inhalt und Verlauf, werden durch die institutionelle Form in Bahnen gelenkt; der Handlungsspielraum wird durch die Institutionen abgesteckt. Im Englischen nennt man diese institutionelle Dimension von Politik polity.

Politik hat zweitens eine *normative, inhaltliche Dimension*, die auf Ziele, Aufgaben und Gegenstände von Politik verweist. Die Gestaltung und Aufgabenerfüllung von Politik ist von den Interessen in der Gesellschaft abhängig. Da diese individuellen, materiellen und ideellen Interessen äußerst vielfältig und durch die Knappheit der Mittel gegensätzlich und widersprüchlich sein müssen, ist der inhaltliche Gestaltungsraum von Politik mit Konfliktstoff gefüllt. Die inhaltliche Dimension von Politik kann man in der englischen Begrifflichkeit als policy bezeichnen.

Politik hat drittens eine *prozessuale Dimension*, die auf die Vermittlung von Interessen durch Konflikt und Konsens abstellt. Dieser ständige Prozeß der politischen Willensbildung und Interessenvermittlung kann allein durch das Studium der Institutionen oder der Inhalte nicht begriffen werden. Alle Formen der Macht und ihrer Durchsetzung, die formellen Formen der verfaßten Rechtsordnung wie auch informelle und verborgene, sind für den politischen Prozeß zu berücksichtigen. Für die dritte Dimension des Politikbegriffs hat die englische Sprache das Wort politics anzubieten.

Alle drei – die instiutionelle Form als *polity*, der normative Inhalt als *policy* und der prozessuale Verlauf als *politics* – machen zusammen das aus, was man als Politik bezeichnen kann. Politik ist also kein bestimmter Raum in der Gesellschaft, sondern Politik ist ein dreifaches Prinzip, das institutionell, normativ und prozessual bestimmt wird. Es ist nicht alles politisch in der Gesellschaft; aber fast alles kann politisch relevant werden, wenn es mit einem der drei Prinzipien verbunden werden kann.

3. Was ist Wissenschaft?

Wir besitzen aus dem letzten Abschnitt über Definitionsprobleme eine Handvoll Politikbegriffe – Staat, Macht, Ordnung, Demokratie, Konflikt usw. –, die jeweils aus ihrem mehr oder weniger breit ausgebauten Begründungszusammenhang gerissen wurden. Kaum einer schien nicht plausibel. Alle reichen für ein Gespräch oder einen Leitartikel über Politik – über Staatspolitik, Machtpolitik, Friedenspolitik, Ordnungspolitik, demokratische Politik einer Partei, eines Politikers, einer Regierung. Wann beginnt nun die Politikwissenschaft? Wenn das gleiche als Diskussion in einem politikwissenschaftlichen Seminar abläuft? Oder in einer fachwissenschaftlichen Veröffentlichung erscheint?

Was also macht politische Reflexion und Argumentation zu Politischer Wissenschaft? Man könnte meinen, diese Frage sei trivial oder irrelevant, weil kaum zu beantworten. Wir könnten die Frage umgehen und zunächst alles das als Wissenschaft akzeptieren, das sich selbst dafür ausgibt. Dies Verfahren hätte einen unbestreitbaren Vorteil: nichts würde diskriminiert, was (noch) nicht etabliert ist. Das Reich der Wissenschaft bliebe offen auch für unvermutete Innovationen von Unorthodoxen oder belächelten Eigenbrötlern. Freilich stehen dem Vorteil gewichtige Nachteile gegenüber. Man will Kriterien für »Wissenschaft« schon deshalb wissen, weil sich mit dem Status des Wissenschaftlers Privilegien verbinden.

Nicht nur materielle, sondern ganz essentielle Belange und Interessen sind im Spiel, die sich z. B. aus dem Geltungsbereich des Grundrechts der Freiheit der Wissenschaft ergeben. Die Entscheidung darüber, wer dieses Grundrecht und damit einen besonders geschützten Freiraum beanspruchen kann, ist eminent wichtig. Sind dies in erster Linie die Professoren und Hochschullehrer? Dazu tendiert das *Bundesverfassungsgericht* in seinem Urteil zur universitären Mitbestimmung vom Mai 1973 – ein Dokument, das nicht nur bildungspolitisch, sondern auch verfassungsrechtlich (Gericht als Gesetzgeber?) und wissenschaftspolitisch wichtig ist. In einem Kernsatz spricht es von den »organisatorischen Sicherungsmaßnahmen«, die »zum Schutz der freien wissenschaftlichen Betätigung der Hochschullehrer« erforderlich seien (Urteil des BVerfG vom 29. 5. 1973, Sonderdruck, S. 92). Treibt aber nicht auch der akademische »Mittelbau«, Assistenten, Räte usw., Wissenschaft? Und sind nicht auch die Studenten nach demselben Urteil »an den wissenschaftlichen Erörterungen beteiligte Mitglieder der Hochschule« (ebd. S. 81)? Das ist nur die eine Seite der Wissenschaft, die in Universitäten und Hochschulen betriebene. Was ist mit den angestellten Forschern in staatlichen Forschungsinstitutionen? Und warum nicht auch die Wissenschaftler in der Industrie? Gehören sie nicht alle zum Reich der Freiheit der Wissenschaft? Das Grundgesetz klärt jedenfalls nicht die Grenzen, denn hier heißt es nicht »Wissenschaft in Forschung und Lehre sind frei«, was die Eingrenzung auf die Hochschulen bedeuten könnte, sondern es heißt: »Kunst und Wissenschaft, Forschung und Lehre sind frei« (GG, Art. 5, 3).

Zweifellos ist also eine Wissenschaftsdefinition nicht nur eine wissenschaftsinterne, sondern auch eine verfassungsrechtliche und politische Frage. Wenn wir vorläufig beim Beispiel des Grundrechts auf Wissenschaftsfreiheit bleiben, könnte man eine Konkretisierung des Wissenschaftsbegriffs von dem grundlegenden Urteil des Bundesverfassungsgerichts erwarten. »Wissenschaftliche Tätigkeit«, wird hier definiert, ist »alles, was nach Inhalt und Form als ernsthafter planmäßiger Versuch zur Ermittlung der Wahrheit anzusehen ist« (BVerfG, S. 65). In diesem Begriff von Wissenschaft als Wahrheitssuche zeigt sich freilich ein traditionelles Verständnis, das kaum klärend wirkt. Denn es verweist uns auf den nicht weniger problemgeladenen Begriff der *Wahrheit* und gibt kaum Hinweise (»ernsthaft«? »planmäßig«?) auf den Weg zu diesem Ziel. Sucht nicht auch ein buddhistischer Mönch ernsthaft und planmäßig die Wahrheit?

Konkreter wird es weiter unten in demselben Urteil, wo eine Definition von Forschung zitiert wird. Sie ist »die geistige Tätigkeit mit dem Ziele, in methodischer, systematischer und nachprüfbarer Weise neue Erkenntnisse zu gewinnen« (ebd.). Hier werden zusätzlich zum Ziel (neue Erkenntnis) Verfahrensweisen eingebracht (methodisch wohl gleich: systematisch und nachprüfbar). Im Gegensatz zum *teleologischen* Wissenschaftsgebriff (Ziel: Wahrheit) kann diese Definition als *heuristisch* (erkenntnissuchend) und methodisch bezeichnet werden. Um zu überprüfen, ob ein solcher Begriff von Wissenschaft als allgemein akzeptabel gelten kann, werden wir ihn mit zwei anderen Definitionen konfrontieren, die jeweils für eine große Gruppe von (Sozial-)Wissenschaftlern repräsentativ sind:

1. »Die Tätigkeit des wissenschaftlichen Forschens besteht darin, Sätze oder Systeme von Sätzen aufzustellen und systematisch zu überprüfen; in den empirischen Wissenschaften sind es insbesondere Hypothesen, Theoriensysteme, die aufgestellt und an der Erfahrung durch Beobachtung und Experiment überprüft werden« (Popper 1966: 3).
2. »Wissenschaft – das aus der gesellschaftlichen Praxis erwachsende, sich ständig entwickelnde System der Erkenntnisse über die wesentlichen Eigenschaften, kausalen Zusammenhänge und Gesetzmäßigkeiten der Natur, der Gesellschaft und des Denkens, das in der Form von Begriffen, Kategorien, Maßbestimmungen, Gesetzen, Theorien und Hypothesen fixiert wird ...« (Klaus/Buhr 1964: Bd. II, 1169).

Oberflächlich betrachtet scheint in beiden Definitionen Ähnliches mit anderen Worten ausgedrückt. Auf der einen Seite Karl R. Popper, der führende Vertreter einer empirisch forschenden, selbst nicht wertenden Wissenschaftsauffassung, die man sicher zu Recht »liberal« nennen kann und die er selbst als »kritisch-rational« bezeichnet. Auf der anderen Seite Georg Klaus und Manfred Buhr, die Herausgeber des früher maßgeblichen marxistischen gesellschaftswissenschaftlichen Handbuches der DDR. Beide scheinen einig, daß Wissenschaft:

1. eine *systematische Tätigkeit* ist (es geht um ein »System von Sätzen« bzw. um ein »System der Erkenntnis«);
2. auf die *Wirklichkeit* (Empirie) gerichtet ist – im Gegensatz zu Metaphysik und Spekulation (sie ist »empirisch« bzw. auf »Natur, Gesellschaft und Denken« gerichtet);
3. mit Hilfe von *Hypothesen*, *Theorien* und anderen Mitteln arbeitet;
4. zu *generellen Aussagen* gelangen will (»Theoriensysteme« werden aufgestellt und überprüft bzw. »kausale Zusammenhänge und Gesetzmäßigkeiten« werden für ein »System der Erkenntnis« fixiert).

Man kann also Einigkeit darin feststellen, daß Wissenschaft eine systematische Tätigkeit ist, die generelle Aussagen über die Wirklichkeit mit Hilfe von Hypothesen, Theorien und anderen Mitteln zu machen sucht.

Über die Gegensätzlichkeiten soll damit nicht hinweggegangen werden. Sie bestehen offensichtlich in einem ganz fundamentalen Punkt. Bei Popper stellt der Forscher Sätze über die Wirklichkeit auf und überprüft sie anschließend. Seine Theorien sind als solche sein eigenes Produkt, Artefakte der Wissenschaft. Bei Klaus/Buhr dagegen »fixiert« der Wissenschaftler Gesetzmäßigkeiten der Natur. Er konstruiert nicht, sondern findet auf, was aus der Natur und der gesellschaftlichen Praxis erwächst. Diesen grundlegenden epistemologischen (erkenntnistheoretischen) Streit, der in die Philosophie z. B. von Kant, Hegel und Marx reicht, wollen wir jetzt nicht weiter ausbreiten. Der gemeinsame Konsens über einige Grundlagen von Wissenschaft scheint hier wichtiger. Die Kontroverse wird aber im nächsten Kapitel, wenn auf konkrete Konsequenzen von Wissenschaftsbegriffen für die sozialwissenschaftliche Praxis übergegangen wird, noch eine Rolle spielen.

Auf eine wesentliche dritte Komponente eines Wissenschaftsbegriffs muß aber noch aufmerksam gemacht werden. Sie wird zwar von den beiden Positionen mitvertreten, sie ging aber – sicher nicht zufällig – in die zitierten Definitionen nicht mit ein. Gemeint ist die Komponente *Kritik*, Wissenschaft als Kritik der Wissenschaft und der Wirklichkeit. Denn obwohl Popper seinen theoretischen Ansatz als »kritischen Rationalismus« kennzeichnet und obwohl Klaus und Buhr nicht zuletzt auf

Marxens »Kritik der Politischen Ökonomie« fußen wollen, betonen beide die kritische Funktion von Wissenschaft nicht explizit. Kritik erscheint einerseits als selbstverständlicher Bestandteil jeder Wissenschaft seit der Aufklärung (bes. durch Kants »Kritik der reinen Vernunft«). Andererseits wird sie aber als ein Kennzeichen ganz bestimmter wissenschaftlicher Vorgehensweisen, besonders eben der »*kritischen* Theorie«, in Anspruch genommen. Hier ist Kritik mehr als positive Abbildung der Realität, wie sie empirische Wissenschaft sucht, sondern »eine Methode, die auf Erkenntnis und Aufhebung von Widersprüchen zielt« (Tudyka 1973: 9). Oder um es vollständiger von den Begründern der kritischen Theorie sagen zu lassen:

»Aber nur im Geiste der *Kritik* wäre Wissenschaft mehr als die bloße Verdoppelung der Realität durch den Gedanken (...). Solche Kritik aber bedeutet nicht Subjektivismus, sondern die Konfrontation des Gegenstandes mit seinem eigenen Begriff. Das Gegebene gibt sich nur dem Blick, der es unter dem Aspekt eines wahren Interesses sieht, unter dem einer freien Gesellschaft, eines gerechten Staates, der Entfaltung des Menschen« (Horkheimer/Adorno 1972: 18).

Auch dies, der Bezug von Begriff und Gegenstand, rührt an grundsätzliche erkenntnistheoretische Positionen, die jetzt nicht zu klären sind. Damit bleibt generell der Bezug von Wissenschaft und Politik noch ungeklärt. Über Politikbegriffe herrscht Uneinigkeit, über Wissenschaftsbegriffe zwar gewisser Konsens, in Grundfragen aber ebenfalls Konflikt. Allein die gesellschaftlich-politische Realität, von der auszugehen und zu der wieder hinzugelangen ist, wie auch immer man sie »konzeptualisieren« mag, steht fest. Man fühlt sich in dieser Situation an die folgende amerikanische Definition von Politikwissenschaft erinnert:

Political Science is a device, invented by university teachers, for avoiding that dangerous subject politics without achieving science« (A. Cobban 1953: 335).

Ernsthafter schlägt Frieder Naschold unter diesen Umständen eine Beschreibung – keine Definition – von Politikwissenschaft als »agreement to disagree« vor:

»Politische Wissenschaft wird somit als eine Produktivkraft verstanden, die von einer diffusen, heterogenen und intern gespaltenen Gruppe von Leuten dadurch hervorgebracht wird, daß gesellschaftliche Informationen unter bestimmten, wenn auch stark unterschiedlichen Fragestellungen ausgewählt, gruppenintern nach spezifischen, wenn auch stark divergierenden Gruppennormen verarbeitet und nach unterschiedlichen Regeln in gesellschaftliche Praxis transformiert werden« (Naschold 1970: 12).

Die Unterschiede in der Art und Weise, zu Fragestellungen zu kommen, gesellschaftliche Informationen zu verarbeiten und in gesellschaftliche Praxis umzusetzen, diese Unterschiede sollen im folgenden Kapitel anhand unterschiedlicher Theorieansätze in der Sozialwissenschaft aufgezeigt und erklärt werden.

3. Kapitel: Theoriebegriffe: Basiskonflikte um Weg und Ziel

1. Zum Begriff »Theorie«

Auf Kontroversen ist in diesem Buch oft genug hingewiesen worden. Es ist an der Zeit, ihnen auf den Grund zu gehen. Die Wurzel des Streits um Politik- und Wissenschaftsbegriffe liegt in unterschiedlichen Theorieansätzen, d. h. in unterschiedlichen erkenntnistheoretischen und methodologischen Vorstellungen. Die noch tiefer greifende Frage nach der Ursache dafür, daß Wissenschaftler als Einzelne und Gruppen so konträre Meinungen über Wissenschaft vertreten, ist hier kaum zu ergründen. Genau wie bei persönlichen politischen Positionen ergeben sie sich als Resultat eines Syndroms sozialer und psychologischer Faktoren, die durch individuelle Interpretations- und Selektionsleistungen vermittelt werden. Keinesfalls kann deshalb z. B. eine bestimmte Klassen- oder Schichtzugehörigkeit als Ursache für eine spezifische Theoriebildung identifiziert werden – jedenfalls nicht im persönlichen Bereich. Daß auf gesellschaftlicher Ebene Theorien Ideologiefunktionen für materielle Interessen übernehmen können, ist dadurch natürlich unbenommen.

Theorie heißen die unterschiedlichsten Dinge und wissenschaftlichen Unternehmungen. Parteien werden gemahnt, sie müßten eine politische *Theorie* besitzen oder entwickeln, statt nur praktisch-pragmatisch herumzuwursteln. Wahlforscher stellen eine *Theorie* des Wechselwählerverhaltens auf, die u. a. besagt, daß je politisch informierter und interessierter der Wähler sei, desto eher wechsele er zwischen Parteien, oder auch umgekehrt: desto weniger tendiere er zum Wechseln. Und schließlich streiten in den Sozialwissenschaften Vertreter der kritischen *Theorie* gegen Protagonisten der normativen *Theorie* oder gegen Anhänger der *Theorie* des kritischen Rationalismus.

Mindestens diese drei Bedeutungsebenen überschneiden sich, wenn über Theorie gesprochen wird. Sie verwirren manche Argumentation und sollen hier klar geschieden werden. Beim ersten Beispiel handelt es sich um ein zusammenhängendes Bündel erklärender und begründender Aussagen über Ursachen, Ziele und Mittel möglicher Politik heute. Diese umfassenden »Theorien« sollten *Gesellschaftstheorien* genannt werden. Im zweiten Fall ist von einer begrenzten Erklärung politischer Zustände bzw. politischen Verhaltens bestimmter Individuen und Gruppen (hier: Wähler und Parteien) die Rede. Das Wechseln von Parteien wird mit bestimmten persönlichen Dispositionen verknüpft. Dies ist eine *empirische sozialwissenschaftliche Theorie*, allerdings sehr bescheidener Reichweite bzw. beschränkt auf begrenzte Ausschnitte des Gegenstandsfeldes. Die Aufstellung solcher mehr oder weniger empirischer sozialwissenschaftlicher Theorien größerer oder geringerer Reichweite ist das Bestreben aller Gesellschaftswissenschaftler, wie trotz allem Trennenden schon oben beim Wissenschaftsbegriff gezeigt werden konnte:

»Theorie soll eine generalisierende Proposition genannt werden, die behauptet, daß zwei oder mehr Dinge, Aktivitäten oder Ereignisse unter bestimmten Bedingungen sich miteinander verändern« (v. Beyme 1972: 25).

Eingeschlossen ist damit sowohl das Beispiel zur »Theorie« der Wechselwähler als auch eine Theorie, die beispielsweise besagt, daß ökonomische Monopolbildung die Krisenhaftigkeit eines politisch-wirtschaftlichen Systems beeinflußt.

Das dritte Beispiel betrifft genau eine Ebene »über« oder »hinter« diesen letzteren Theoriearten. Denn hier ist ein jeweils spezifisches Programm über Weg und Ziel von Wissenschaft angesprochen. Es geht nicht um einzelne Theorien als Erklärungen oder Generalisierungen sozialen Handelns, sondern um unterschiedliche Theorieansätze, um Formen der Theoriebildung oder der Methodologie. Sie sind Gegenstand der Wissenschafts- und Erkenntnistheorie oder – wie es neuerdings heißt – der Wissenschaftswissenschaft. Da es sich hier eigentlich um Theorien über Theorien handelt, kann man sie als *Metatheorien* bezeichnen, was mit Metaphysik nur soviel gemeinsam haben sollte, als auch hier »Über-Theorie-(Physik)-hinaus« gegangen wird. Diese Metatheorien geben den Ausgangspunkt für unseren Überblick über Probleme der Theoriebildung ab. Drei konventionell wichtige Varianten werden zunächst kurz im Zusammenhang skizziert, um danach mehr systematisch einige Unterschiede und Gemeinsamkeiten zwischen ihnen sowie zum Zusammenhang von Theoriebegriff, Methodik und Verfahrenstechnik anhand einer schematischen Übersicht zu erfassen. Die anderen Theoriearten werden hier nicht weiter diskutiert, da sie in anderen parallelen Einführungen behandelt werden.

2. Die traditionelle »Trias der Metatheorien«

Wenn von uns eine Mehrzahl von Theorieansätzen eingeführt wird, statt den einen von den Autoren für richtig gehaltenen Weg vorzuzeichnen, so hat dies mindestens zwei Gründe: einen mehr praktisch-propädeutischen und einen mehr grundsätzlich-theoretischen. Zum einen erscheint es uns für die anfängliche Orientierung im Feld der heutigen Politikwissenschaft unerläßlich, einen relativ fairen Überblick über wichtige wissenschaftliche Vorgehensweisen anzubieten. Ein Ausschnitt nur aus einer Perspektive hemmt die kritische Auseinandersetzung mit anderen Auffassungen, die hier nicht ausführlich genug betrieben werden kann. Die Motivation zur eigenen Auseinandersetzung und Standortbestimmung soll provoziert, aber nicht präokkupiert werden durch fertige Rezepte. Das heißt freilich nicht, daß unsere Darstellung »uninteressiert« oder völlig »objektiv« erfolgen könnte. Das ist gar nicht möglich und eine solche Ankündigung wäre unredlich. Unser eigener Standpunkt kann notwendig nicht unberücksichtigt bleiben. Er wird in kritischen Anmerkungen deutlich und durch einige Thesen weiter unten zusammenhängend ausgeführt werden.

Zum andern hat die Präsentation einer Mehrzahl von Theorieansätzen gerade mit dieser unserer Position zusammenhängende theoretische Gründe. Denn die Leistungen einer einzelnen abgeschotteten Theorie scheinen uns bisher zu wenig bewiesen und die Abgrenzungsstrategien der Gefahr des Dogmatismus zu unterliegen. Die Konsequenz eines Methodenpluralismus darf allerdings weder zu einem verwaschenen Eklektizismus noch zu totaler Konzeptlosigkeit führen bzw. damit verwechselt werden, daß mal dies, mal jenes und von jedem etwas Gutes akzeptiert wird. Methodenpluralismus, also Dispute über den jeweils besseren *Weg*, erscheint nur auf dem Hintergrund eigener klar ausgewiesener wissenschafts-politischer *Ziele* begründbar. Dazu weiter unten mehr.

Drei Spielarten der Wissenschaftstheorie werden vorgestellt, statt zwei (bürgerlich–positivistisch–konservativ versus marxistisch–dialektisch–kritisch, vgl. z. B. Kühnl 1973, Tudyka 1973, Hondrich 1972) oder auch vier (normative, universalistische, kritische und rationalistische Theorien, vgl. Görlitz 1972). Nichts spräche dagegen, vieles dafür, die Darstellung auf sechs oder zwölf auszuweiten, denn es gibt nur sehr unzureichende Kriterien für die Entscheidung, daß dieser oder jener Ansatz nur eine Variante eines Grundtyps oder eher etwas Eigenständiges ist. Unsere Trias der Theorietypen ist also keine eherne Trinität oder genauer keine profane Dreiuneinigkeit, wie es freilich nach manchen Einführungen erscheint, sondern sie beruht zum größten Teil auf Konvention, die sich wiederum pragmatisch und propädeutisch begründen ließe.

a) Der normativ-ontologische Ansatz

Über die Bezeichnung kann man streiten. In der großen Theorieeinführung von Narr/Naschold (Bd. I 1969: 41ff.) wird die Reihenfolge der Adjektive umgedreht; v. Beyme (1972: 32ff.) spricht in seiner Theoriedarstellung nur von »normativen« (also »wertenden«) Ansätzen; und manchmal heißt es statt »ontologisch« (Seinsaussagen betreffend) auch »essentialistisch«, was fast dasselbe auf Lateinisch statt Griechisch bedeutet. Die Vertreter selbst bezeichnen ihren Ansatz z. T. als »praktisch-philosophisch«. Der Wortsinn bezeichnet also Theorieansätze, die wertende und Seinsaussagen zu machen und zu verbinden suchen.

Die *normative* Komponente wendet sich gegen das Bestreben empirischer und positivistischer Forschung, nur objektive, physisch erfahrbare, »greifbare« Beobachtungen und darauf gründende Theorien als Wissenschaft zuzulassen. Alle Wertungen des Wissenschaftlers über Sinn und Ziel von Gesellschaft werden von der eher positivistischen Forschung als subjektiv und unwissenschaftlich ausgeschlossen. Normative Wissenschaft bestreitet erstens die Möglichkeit solcher »objektiver« Forschung, da weder der Forscher selbst noch sein Objekt sich aus den gesellschaftlichen Wertungen herauseskamotieren könne. Die Gesellschaft oder auch nur winzige Partikel von ihr – ein Parlamentsausschuß oder eine politische Stammtischrunde – ließen sich nicht auf dem Labortisch sezieren. Es sei denn, der gesellschaftliche Bezug der Partikel würde vorher abgeschnitten. Zweitens sei Wertfreiheit des Wissenschaftlers sogar unerwünscht, da gerade er verpflichtet sei, seine Fähigkeiten für die Verwirklichung menschlich-gesellschaftlicher Ziele einzusetzen.

Die *ontologische* Komponente geht davon aus, daß eine Seinsordnung oder ein Sinn des menschlichen Seins existieren müsse. Dies wird meist religiös-christlich, seltener humanistisch begründet. So forderte Eric Voegelin, der zusammen mit Arnold Bergsträsser den größten Einfluß auf die normativ-ontologische Politikwissenschaft in der Bundesrepublik ausübte:

> »Die Voraussetzung des Unternehmens, das über bloße Meinungen *(doxai)* zur Wissenschaft *(episteme)* von der Ordnung vordringen will, ist eine durchgearbeitete Ontologie, die alle Seinsbereiche, vor allem den welt-jenseitigen, göttlichen, als real anerkennt (...)« (zit. nach v. Beyme 1972: 37).

Die erstrebenswerte »gute Ordnung«, d. h. »die Frage nach dem guten Leben und dem Bild des Bürgers und des Staatsmannes« (Maier 1971 : 13), wird als uralte, von Aristoteles und Platon bereits artikulierte und seither nur aktualisierte, aber nie beantwortbare Aufgabe angesehen. Politische Wissenschaft als Reflexion über den Sinn von Mensch und Gesellschaft im Lichte der objektiven Wahrheit, die als existent und dem politischen Philosophen erkennbar vorausgesetzt wird, geht so vor empirischer Kleinarbeit, die als vordergründiges Geschäft von Sozialtechnologen abgetan wird. Vielmehr stelle sich auch »heute die alte, zuerst von Thomas (von Aquin, Verf.) formulierte Frage in neuer Gestalt: ob es nicht wichtiger sei, in großen Dingen weniges zu wissen, als in den kleinen alles« (Maier 1971: 13).

Neben der politischen Philosophie sind Regierungslehre, z. T. in bewußter Anknüpfung an die ältere »Staatskunstlehre«, und Staatsbürgerkunde, weniger auch Außenpolitik die wichtigsten Arbeitsgebiete der normativ-ontologisch orientierten Politikwissenschaftler gewesen. Im ganzen befinden sie sich im Grunde in der Defensive gegenüber den anderen Wissenschaftstheorien oder orientieren sich auch selbst stärker besonders zur empirisch-analytischen Richtung (vgl. Oberndörfer 1971). Begründet wurde sie in Deutschland von der Freiburger Schule um Arnold Bergsträsser und später Wilhelm Hennis und Dieter Oberndörfer (vgl. Oberndörfer, 1962), zu Hause ist sie auch bei der »Münchner Schule« um Hans Maier, Nikolaus Lobkowicz, Manfred Hättich (vgl. L. Reinisch 1971) und wird heute auch von Kölner und Mannheimer Politikwissenschaftlern repräsentiert wie Ulrich Matz und Peter Graf Kielmansegg.

Die Anregungen, die von hier aus für Sozialphilosophie und politische Anthropologie gegen eine unreflektierte Übernahme des angelsächsisch geprägten Neopositivismus ausgingen, der in den fünfziger Jahren oft unkritisch rezipiert wurde, sind nicht gering zu veranschlagen. Hier zogen sie mit kritischen Theoretikern an einem Strang. Aber die Tendenz, ontologische Betrachtung zur Rechtfertigung einer normativ gesetzten »guten Ordnung« statt zur dynamischen Entwicklung von Demokratie als gesamtgesellschaftlicher Aufgabe einzusetzen, wurde zu deutlich als konservatives Bewahren eines bürgerlichen Liberalismus interpretierbar. Dies besonders offensichtlich, als seit Ende der sechziger Jahre viele dieser Vertreter sich vehement gegen neue Demokratisierungsforderungen wenden zu müssen glaubten und sich dabei auf eine nicht mehr haltbare altliberale Scheidung von politischem und gesellschaftlichem Raum zurückzogen. Hie Demokratie möglich als repräsentative Wahlentscheidung, da Demokratie unmöglich im Rahmen »freier« gesellschaftlicher Assoziation (bes. bei Hennis, vgl. Kritik in v. Alemann, 1974).

b) Der empirisch-analytische Ansatz

Auch bei dieser Theorievariante ist man sich über die Benennung nicht einig. Sie wird auch – mehr polemisch – als *empiristisch* oder *positivistisch* und genauer als *neopositivistisch* bezeichnet. Sie selbst nennt sich lieber »rationalistisch« (Görlitz 1972: 49), *»kritisch-rational«* (Popper 1966, Albert 1968) oder sie bezeichnet sich einfach als »moderne Methodologie« der Sozialwissenschaft (Opp 1970: 14). Freilich sind die Namen nicht völlig frei austauschbar. Kruder Positivismus ist etwas anderes als kritisch-rationale Wissenschaftstheorie. Trotzdem lassen sich mehr gemeinsame als trennende Positionen finden.

Der Ausgangspunkt liegt im »Positivismus«, der im 19. Jahrhundert als Kritik gegen den spekulativen Idealismus entstand und der allein wissenschaftliche Erfassung der Wirklichkeit propagierte. Nur positives Wissen, das physisch »erfahrbar« (empirisch) und durch systematische Beobachtungen erfaßbar sei, könne diesem Anspruch genügen. Alle übrigen Überlegungen zu Sinn, Wesen, Wert und Ziel von gesellschaftlicher Wirklichkeit seien reine Metaphysik und hätten in der Wissenschaft nichts zu suchen. Deshalb wird auch die Existenz und die Auffindbarkeit einer »objektiven Wahrheit« abgelehnt. Alles menschliche Wissen und Erklären sei nicht zureichend und endgültig. Genauso wie in den Naturwissenschaften sei die letztliche Erklärung von Phänomenen unmöglich und auch unerwünscht, da es das Weitertreiben von Wissenschaft obsolet machen würde. Aber das Anbieten von Erklärungsmustern, die bisher nicht widerlegt seien und mit denen man praktisch arbeiten könne, wie mit der Euklidischen Geometrie oder mit einer Planungstechnik, sei solange nützlich und sinnvoll, wie nicht neue, bessere Theorien zur Verfügung stünden.

Das Vorbild der naturwissenschaftlichen Theoriebildung, wenn auch nicht immer richtig rezipiert, wollen die empirisch-analytischen Theoretiker für die Sozialwissenschaften nutzen und darüber die Einheit der Wissenschaften wiederherstellen. Besondere geisteswissenschaftliche Methoden des Verstehens oder Sinndeutens werden abgelehnt. Die Rolle der Sprache als Informationsträger und -mittel zwischen Forschungsobjekt (Gegenstand) und -subjekt (Forscher) wird analysiert. Es wird versucht, sie zu objektivieren, indem die Sprache soweit wie möglich formalisiert und auf formale Logik reduziert wird. Das Ziel, mit einer wissenschaftlichen »Metasprache« wertfreie und objektive Aussagen zu machen, muß freilich mit dem Verlust gesellschaftlicher Relevanz erkauft werden. Denn je abstrakter die Sprache wird, desto weniger soziale Realität kann sie transportieren.

Ziel des empirisch-analytischen Theoriebegriffs ist die Beschreibung, Erklärung und Prognose der Wirklichkeit in der mehr induktiven Variante und die Konstruktion »wahrer, präziser und informativer Theorien« (Opp 1970: 323) in der mehr deduktiven Variante. Das *induktive* Verfahren beginnt »voraussetzungslos« mit dem Beobachten von einzelnen Ereignissen oder Verhalten in der Wirklichkeit (z. B. dem Verhalten der Mitglieder eines Ortsvereins einer Partei). Die Beobachtungen werden systematisch in »Protokollsätze« gefaßt und daraus Hypothesen formuliert, die an vergleichbaren Einzelfällen nachgeprüft werden. Bestätigen sich so die Hypothesen an einer Reihe von Fällen, wird also eine Regelmäßigkeit entdeckt, so kann daraus ein *»Gesetz«*

(nomologische Aussage) und aus mehreren aufeinander bezogenen Gesetzen eine *Theorie* gebildet werden, die besagt, daß unter ähnlichen Umständen mit bestimmter Wahrscheinlichkeit dasselbe Ereignis oder Verhalten (z. B. die Herausbildung von Ämterkumulation oder Oligarchien in Parteien) auch in Zukunft eintreten wird. Ziel ist es also, »Wenn-dann«- und »Je-desto-Aussagen« aufzustellen.

Das *deduktive* Vorgehen bezweifelt die Möglichkeit, »voraussetzungslos«, als »reiner« Beobachter an die Wirklichkeit heranzutreten. Schon die Auswahlkriterien eines Wissenschaftlers, mit denen er sein Forschungsobjekt erfaßt, basierten auf bestimmten Interessen und Perspektiven. Induktion sei deshalb im Grunde nicht reflektierte Deduktion. Deduktives Vorgehen bedeutet deshalb von vorneherein die Aufstellung allgemeiner, generalisierter Annahmen oder Hypothesen, die dann in überprüfbare Bestandteile umgesetzt (operationalisiert) und an der Wirklichkeit getestet werden. Hält die Hypothese stand, kann sie vorläufig als richtig gelten. Mehrere verbundene Hypothesen ergeben eine Theorie. Hält sie aber nicht stand, wird sie »falsifiziert«, so muß sie fallengelassen bzw. modifiziert und neu geprüft werden. Theorien könnten niemals als »verifiziert«, als »bewiesen« gelten, es sei denn, sie wären so allgemein und umfassend, daß kein Fall in Gegenwart und Zukunft denkbar ist, der ihnen widerspricht. Die wesentliche Aktivität des Wissenschaftlers bestehe deshalb nicht im Verifizieren, sondern im Falsifizieren vorläufig angenommener Theorien.

Wir wollen zusätzlich darauf hinweisen, daß wir hier von deduktiv formulierten *Hypothesen* gesprochen haben, deren Brauchbarkeit zur Erklärung von Wirklichkeit erst empirisch belegt werden muß. Natürlich werden auch derartige deduktive Hypothesen nicht völlig losgelöst von Vorerfahrungen formuliert werden. Neben diesen deduktiv entwickelten Hypothesen kennen wir in den Sozialwissenschaften auch deduktive *Theorien*. Diese werden wir im 5. Kapitel nochmals ansprechen.

Trotz der verschiedenen Varianten zeigt die empirisch-analytische Theorie die am stärksten durchintegrierte *Forschungsmethodologie*. Sie bietet ein Programm von der »großen« oder mindestens »mittleren« Theoriebildung über die verschiedenen Methoden (Hypothesenbildung, Operationalisierung) bis hin zu den Techniken der empirischen Analyse (Interview, Inhaltsanalyse usw.) an. Problematisch wird aber gerade auch dieser lückenlose Zug des Forschungsprozesses.

Zum ersten ist zwar anzuerkennen, daß dieser Ansatz die empirischen Analysetechniken außerordentlich weiterentwickelt hat. Das bedeutet aber keineswegs, daß hier ein Monopol für diese Techniken gepachtet werden kann. Zweitens ist die strikte Methodologie der Theoriebildung – ob induktiv oder deduktiv – zu unflexibel, relevante und politisch brisante Fragen aufzugreifen, die sich (noch) nicht »operationalisieren« lassen. Und drittens – damit im Zusammenhang – sind die Theorien mittlerer oder größerer Reichweite häufig ebenfalls auf Gebiete beschränkt, die sich mehr zufällig der empirischen Forschung anbieten (wie z. B. die Wahlforschung) oder deren Ergebnisse von politischen Interessen gebraucht werden (wie die Industriesoziologie oder Konfliktforschung!). Andere relevante politische Fragestellungen und umfassende Problembündel können demgegenüber nur unzureichend erfaßt (weil nicht operationalisierbar) oder nur formal verbunden werden (z. B. Erforschung politischer Apathie, sozialer Ungleichheit, ökonomisch-politischer Macht und ihrer Begründungszusammenhänge). Und schließlich verfällt der Versuch von »wertfreier« Forschung den gleichen Problemen wie das »induktive« Vorgehen. Der Forschungsprozeß ist nicht voraussetzungsfrei oder »asozial« und kann nicht als solcher betrieben werden.

Nun wird dies auch zugegeben. Die Wissenschaftler der kritisch-rationalistischen Richtung vertreten aber die Ansicht, daß diese subjektiven Faktoren in den vorwissenschaftlichen Teil des Forschungsprozesses verlagert werden können. Die Wahl der Fragestellung, ihre Abgrenzung, die Wahl der Verfahrenstechnik und des Untersuchungsmaterials werden als subjektive Faktoren anerkannt. Die These lautet dann, daß auf der Basis dieser vorwissenschaftlichen Entscheidungen eine wissenschaftlich gesicherte Antwort gegeben werden kann. Genau an dieser Stelle setzt die Kritik ein, die auch die Wirksamkeit der Metasprache bezweifelt, da diese wichtige Funktionen der Alltagssprache ausschließt und da die Ergebnisse der Forschung dann eben doch wieder nur in der Alltagssprache verstanden werden können und einer Kommunikation offenstehen. Auch eine mathematisierte oder formalisierte Aussage wird eben – wenn sie »verstanden« werden soll – in der Alltagssprache mit all ihren wertenden Elementen zu begreifen sein.

c) Der kritisch-dialektische Ansatz

Die Ansätze, die man unter der Überschrift kritisch-dialektisch subsumieren kann, sind sich in ihrer Kritik an ontologischen und neopositivistischen Vorgehensweisen ziemlich einig. Wie unterschiedlich erkenntnistheoretisch beide auch begründet werden, im Effekt wird beiden Konservatismus vorgeworfen – der normativen Variante durch bewußtes Festhalten an überzeitlichen Werten einer »guten Ordnung«, den Neopositivisten durch ihr vorgeblich »wertfreies« Erforschen der oberflächlichen Empirie, was notwendig den Status quo akzeptiere und nicht kritisch zu reflektieren fähig sei.

Im übrigen treten hier aber sehr starke Unterschiede zutage, besonders wenn das ganze Spektrum von der »kritischen Theorie« Max Horkheimers, Theodor W. Adornos und vielleicht auch Herbert Marcuses bis zum bisherigen »wissenschaftlichen Sozialismus« in den institutionalisierten Gesellschaftswissenschaften der DDR und der übrigen sozialistischen Staaten einbezogen wird. Dieser »Methodenpluralismus« gerade auch innerhalb der marxistisch orientierten Wissenschaft darf nicht durch die beliebte Dichotomie (Zweiteilung) hie marxistische – dort bürgerliche Wissenschaft verschleiert werden. Dabei wird der bürgerliche Methodenpluralismus als Unfähigkeit und Eingeständnis des Fehlens einer Methode überhaupt charakterisiert und das jeweils eigene Vorgehen als der allein richtige und wissenschaftliche Marxismus vorgegeben. Wenn man schon bei den Begriffen bleibt, muß mindestens klar sein, daß die einseitige Zuordnung von konservativ zu bürgerlich und von kritisch zu marxistisch – denkt man etwa an einen orthodoxen Schulmarxismus als Herrschaftslehre und Herrschaftspraxis – nicht zulässig ist.

Als Ausgangspunkt sind allen kritisch-dialektischen Theorieansätzen einige Grundpositionen und Programmsätze gemeinsam, die sich mit den Elementen *Rekurs auf Marx*, *Geschichtlichkeit*, *Totalität* und *Dialektik* beschreiben lassen. Marx' Kritik der bürgerlichen Gesellschaft als Basis und seine Utopie einer herrschaftsfreien Gesellschaft als Ziel sowie die wesentlichen Grundkategorien seiner Kritik der politischen Ökonomie verbinden die kritisch-dialektischen Theorien. Bei der Frage nach dem Gewicht von Marx' Frühschriften und speziell des Entfremdungsproblems, das sich mit psychoanalytischen Kategorien verbinden läßt, und vor allem bei der grundsätzlichen Frage der Revidierbarkeit einzelner Marxscher Annahmen und Voraussagen trennen sich aber die Wege der kritischen Theorie vom »wissenschaftlichen Sozialismus«.

Der Nachdruck auf der *Geschichtlichkeit* des Gegenstandes, also der Gesellschaft, schließt ahistorische Kategorien aus, seien sie ontologisch (z. B. »gute Ordnung«) oder nomologisch (z. B. Regelmäßigkeit des sozialen Verhaltens) begründet. Gesellschaft ist nur als historischer Prozeß denkbar und deshalb auch nur so wissenschaftlich begreifbar. Sozialwissenschaftliche Forschung müsse deshalb immer die historische Komponente mit einbeziehen; ohne sie seien weder allgemeine Werte, wie Ordnung, Demokratie, Herrschaft, ableitbar und konkretisierbar noch soziales Verhalten in der »modernen Industriegesellschaft« erfaßbar und erklärbar.

Mit dem Postulat, den Gegenstand historisch zu begreifen, steht die Forderung nach gesamtgesellschaftlicher Analyse, die ihre Arbeit ständig im Rekurs auf die *Totalität* der Gesellschaft orientiert, in engem Zusammenhang. Die Isolierung einzelner Werte und Ideen oder einzelner »Subsysteme« und Verhaltensmuster wird abgelehnt, da Gesellschaft immer nur als Ganzes zu erfassen sei. Die Schwierigkeit freilich, in der konkreten Argumentation trotzdem bestimmte Fragen und Probleme aufzugreifen und anzugehen, die nicht immer simultan im »gesamtgesellschaftlichen« Kontext gesehen werden können, scheint mit dem Postulat allein noch nicht lösbar.

Hilfsmittel auch dazu ist die Einbeziehung der *Dialektik* als Methode. Das Einzelne müsse ständig in seinem dialektischen Zusammenhang mit dem Ganzen begriffen werden. Dialektik als Methode soll sowohl diese Beziehung von Teil und Ganzem umfassen, aber besonders auch das Verhältnis von Forschungsobjekt und forschendem Subjekt. Der Sozialwissenschaftler muß die Konsequenz aus der Tatsache ziehen, daß er gleichzeitig Beobachter und Gegenstand ist, da er sich ja selbst als Teil in der zu untersuchenden Gesellschaft befindet. Er ist kein »asoziales« Subjekt, sondern ebenfalls soziales Objekt, das bei einer gesamtgesellschaftlichen Analyse nicht unberücksichtigt bleiben kann. Er ist immer notwendig teilnehmender Beobachter.

Wenn Dialekt als Methode so verstanden wird, statt wie nicht selten als verschwommene Formel des irgendwie Interdependenten und der »Vermittlung«, dann ist dies eine der ganz wesentlichen Grundbedingungen des wissenschaftlichen Prozesses, auf die alle Vertreter der kritisch-dialektischen Methode völlig zu Recht großen Nachdruck legen. Die Folgerungen daraus sind aber auch unter ihnen umstritten. Ob sich der Wissenschaftler trotzdem um die – natürlich jeweils historisch geprägte – »Wahrheit« in einem Prozeß ständiger Kritik auch seiner eigenen Voraussetzungen müht oder in erster Linie bewußt »parteiliche Wissenschaft« an der Seite der Arbeiterklasse und ihrer führenden Partei betreibt, das trennt die kritische Theorie vom »wissenschaftlichen Sozialismus«.

Dialektik ist aber mehr als Methode, sie ist auch Struktur- und Entwicklungsprinzip der Wirklichkeit. Die antagonistischen Widersprüche der Produktivkräfte und Klassen, aber auch die gesellschaftlichen Dimensionen der materiellen produzierenden Basis und des ideellen und institutionellen Überbaus, auch sie werden in einem dialektischen Verhältnis gesehen. Aus ihrer Synthesis hat sich schließlich die herrschaftsfreie, kommunistische Gesellschaft zu entwickeln – und zwar in einem dialektischen historischen Prozeß, der sich durch die gesellschaftlichen Widersprüche und ihre oft gewaltsamen Lösungsversuche – durch Klassenkämpfe – vorwärtsbewegt.

Wenn diese *Realdialektik* zum mechanischen und deterministischen Schema gerät, wie in »Histomat« und »Diamat« des schulmäßigen Marxismus, dann wird die eigentlich heuristische Funktion, die in der Weiterformulierung des Ideologieproblems und der These der gesellschaftlichen Entwicklung durch Konflikt bei Marx angelegt war, zugunsten einer quasi naturwissenschaftlichen Gesetzmäßigkeit verschüttet. Obwohl besonders beim späten Engels und in dieser Tradition beim »wissenschaftlichen Sozialismus« dies Vorbild der Naturwissenschaften für die Gesellschaftswissenschaften eine große Rolle spielte, wird es in der Tradition der kritischen Theorie als Rückfall in den Positivismus abgelehnt. Hier sucht man stärkere Bindung zu den kritischen Traditionen der Philosophie und auch der Psychoanalyse.

Die kritisch-dialektischen Theorieansätze haben weniger zur Entwicklung einer eigenen sozialwissenschaftlichen Methodologie, geschweige denn zu einem integrierten Forschungsprozeß gefunden, was durch ihre Verpflichtung auf die kritische Funktion von Wissenschaft – Kritik der bürgerlichen Gesellschaft und ihrer bürgerlichen Wissenschaft – zu kurz kommen mußte. In den letzten Jahren stieg in den sozialistischen Staaten nach langer Ablehnung der »bürgerlichen« empirischen Sozialforschung Interesse für und Anwendung von empirischen Methoden und analytischen Modellen stark an. Bei der kritischen Theorie standen neben erkenntnistheoretischen lange Zeit ideologiekritische Arbeiten im Vordergrund. Das heißt nicht, daß empirische Forschung ganz abgelehnt wird, wie ältere und neuere Arbeiten Adornos (1950) oder Habermas' (1961 und 1973) zeigen. Das Verhältnis zur empirischen Forschung bleibt aber in den kritisch-dialektischen Theorien bisher zwiespältig zwischen philosophischer Kulturkritik, Streit um Klassikerexegese und Rückfall in unkritischen »materialistischen« Positivismus.

3. Dimensionen der Diskriminierung und Korrespondenz von Theorien

Auch um den Preis von Wiederholungen sei nach der parataktischen Darstellung der drei Metatheorien noch ein synoptischer Überblick angeschlossen. Eine doppelte Leistung wird von dieser Übersicht erwartet. Sie soll die Unterscheidung *(Diskriminierung)* der kontroversen Punkte der Theorieansätze erleichtern, und sie soll die partiellen *Korrespondenzen* der Theorien aufzeigen, die sonst leicht unter den Tisch fallen. Durch diese »Dialektik von Konflikt und Korrespondenz« zwischen den Metatheorien erklärt sich zum einen, warum sich die einzelnen Ansätze nicht auf einen Idealtyp festlegen lassen, denn von jeder Untersuchung in der Forschungspraxis werden auf allen Vergleichsebenen unterschiedliche Nuancen gesetzt.

Zum anderen zeigt sich durch die Relativität der drei »Idealtypen«, daß zwar widersprüchliche Interessen über Gegenstand und Ziel von Erkenntnis nicht einen einzigen jeweils richtigen Weg (Methode) nach sich ziehen. So verstandener kritischer Methodenpluralismus setzt sich ab von einem verwaschenen Eklektizismus nach dem Motto: allen wohl, niemand weh. Ansätze zu einer solchen Überwindung mechanischer Ausschließlichkeitsansprüche der Theorien sind seit Anfang der siebziger Jahre häufiger zu beobachten (vgl. Hondrich 1972, v. Beyme 1972, Naschold 1970, Habermas 1973 usw.). Anhand der folgenden Tabelle (s. S. 58) werden einige Unterscheidungsmerkmale der Theorien nach drei Dimensionen dargestellt – Erkenntnis, Status, Methode. Das Schema wurde aus einem Vorschlag von Hondrich (1972: 131) entwickelt (vgl. auch v. Beyme 1972: 321).

a) Erkenntnis

Theorien unterscheiden sich nach Erkenntnisziel, Erkenntnisinteresse und Erkenntnisgegenstand. Natürlich hängen alle drei Dimensionen eng zusammen und lassen sich nur künstlich trennen. Wie bereits betont, soll aber dieses Schema keinen eigenen Modellcharakter, sondern in erster Linie heuristischen Wert haben.

1. *Erkenntnisziel.* Während sowohl dialektische als auch analytische Theorien ein *nomologisches* Erkenntnisziel haben, wird von den normativ-ontologischen Wissenschaftlern die besondere Stellung und Methode der Geisteswissenschaften betont. Diese seien im Gegensatz zu den Naturwissenschaften nicht nomologisch, sondern *ideographisch*, also am Einzelfall orientiert, der sich als menschliche Tat oder gesellschaftlicher Zustand nie generalisieren lasse. Verallgemeinerndes ließe sich nur von überzeitlichen Werten aussagen, an denen das »Wesen« des Staates oder des Staatsbürgers zu messen sei. Aus diesen Reflexionen ließen sich dann praktische Imperative für das politische Handeln des Staatsmannes oder Staatsbürgers ableiten.
Die neopositivistische Sozialwissenschaft arbeitet dagegen *nomothetisch.* Sie sucht nach dem naturwissenschaftlichen Vorbild Sätze zu formulieren, die räumlich und zeitlich unbeschränkte Geltung besitzen. Für eine umfassende politische Theorie sind dabei bisher nicht viel mehr als Modellkonstruktionen gelungen, wie z. B. D. Eastons oder K. W. Deutschs Systemtheorie. Bei Theorien mittlerer oder niedrigerer Reichweite (z. B. Wahlforschung oder Entscheidungstheorie) konnten eine Fülle von Regelmäßigkeiten und Korrelationen gefunden werden (z. B. ein hoher sozialer Status korreliert positiv mit dem Wählen bürgerlicher Parteien). Solche Resultate können nicht als ahistorische Gesetze, sondern nur als für die »moderne Industriegesellschaft« anwendbar gelten. Sie ermöglichen zwar technologische Voraussagen und können so z. B. für Wahlkampfstrategien genutzt werden, aber sie sind kaum fähig, Phänomene der gesellschaftlichen Wirklichkeit wirklich zu »erklären«.

Tabelle 8: Dimensionen sozialwissenschaftlicher Theoriebildung

Theoriebildung unterscheidet sich in bezug auf:	Normativ-ontologische Theorieansätze	Neopositivistische oder analytische Theorieansätze	Kritische oder dialektische Theorieansätze
a) Erkenntnis			
1. Erkenntnisziel	»wesentliche« Aussagen, praktischer Rat	Raumzeitlose Gesetze, technologische Anweisung	Historische Gesetze, Gesellschaftskritik
2. Erkenntnisinteresse	praktisch-philosophisch	technisch, szientistisch	emanzipatorisch
3. Erkenntnisgegenstand	Sinn und Wesen von Staat und Gesellschaft	soziale Handlungen	Gesellschaftliche Totalität
b) Status			
1. Logischer Status	argumentative/phänomenologische Begründung	Aussagenlogik	jede Art von logischer Begründung
2. Normativer Status	Einschluß von ontologisch begründeten Werten	Ausschluß von Werten	Einschluß von historisch begründeten Werten
3. Soziologischer Status	Geistiger und sozialer Kontext von Wissenschaft	Isolation von Wissenschaft	Sozialer Kontext von Wissenschaft
c) Methodik			
1. Tätigkeit des Wissenschaftlers	Wissenschaftliches Nachdenken und Vordenken	Beschreiben, erklären, voraussagen	Kritisch konfrontieren und politisch wirken
2. Analysearten (approaches)	Historisch-genetische, institutionelle und ideengeschichtliche Analyse	Behaviorismus, strukturell-funktionale und empirische Analyse	historisch-genetische und empirische Analyse
3. Verarbeitungsmuster	Hermeneutik, Phänomenologie, Topik	logischer Empirismus	Hermeneutik, Dialektik
4. Verfahrenstechniken	Historisch-philosophische Argumentation, Quellen- und Textkritik	Regeln und Techniken der empirischen Sozialforschung	Historisch-ökonomische und ideologiekritische Analyse (empirische Sozialforschung als Hilfsmittel)

Auch dialektische und kritische Theorien sind nomologisch, aber nicht an überzeitlichen, sondern an historischen Gesetzen interessiert, die auf die sozio-politische Entwicklung der Gesellschaft abstellen. Selbst ein strenger materialistischer Marxismus wird dabei nicht umhin können zuzugeben, daß er seine Kategorien nicht einfach der Wirklichkeit entnehmen kann, sondern bestimmte, historisch je verschieden geprägte Werte, wie Gleichheit, Herrschaftsfreiheit, Mündigkeit usw., an sie heranträgt. Dies wird freilich vom »wissenschaftlichen Sozialismus«, der ganz dem objektiven Gang der Geschichte vertraut, bestritten. Die historische Analyse läßt sich umsetzen in Gesellschaftskritik. Diesen Auftrag nimmt besonders die kritische Theorie ernst. Sie versäumte darüber manchmal empirische Forschung und konkrete Vorschläge. Im »wissenschaftlichen Sozialismus« findet auch die technologische Anweisung für die gesellschaftliche Weiterentwicklung auf sozialwissenschaftlicher Basis zunehmende Anwendung.

2. *Erkenntnisinteresse.* Die einflußreichste systematische Unterscheidung von erkenntnisleitenden Interessen in den Sozialwissenschaften wurde von J. Habermas, zuerst im MERKUR (1965), formuliert. Er nannte erstens ein *technisches* Erkenntnisinteresse bei den empirisch-analytischen Wissenschaftlern, die an der kontrollierten Erweiterung von technisch verwertbarem Wissen interessiert seien. Auch ein *szientistisches* Interesse derjenigen kommt hinzu, die mindestens subjektiv an nicht mehr als der »reinen« Forschung und Theoriebildung interessiert sind. Zweitens ein *praktisches* Erkenntnisinteresse bei den normativ ausgerichteten Sozialwissenschaftlern, die an der Erweiterung des Wissens über Grundnormen und deren praktischer Überführung in handlungsorientierte Anweisungen interessiert sind. Und drittens ein *emanzipatorisches* Erkenntnisinteresse bei den kritisch orientierten Gesellschaftswissenschaftlern, die Abhängigkeitsverhältnisse zwischen Menschen und zwischen unkritischer (Herrschafts-)Wissenschaft und der Gesellschaft aufzuspüren und aufzubrechen suchen, um an der Aufhebung der Herrschaft von Menschen über Menschen mitzuwirken.

Natürlich läßt sich ein solches einfaches triadisches Schema kritisieren, besonders dann, wenn es zu einem kritisch-emanzipatorischen Lager einerseits und seinem neopositivistisch-normativen konservativen Doppelgegner andererseits simplifiziert wird. Denn die offizielle Gesellschaftswissenschaft der sozialistischen Staaten ist sicher nicht kritisch und emanzipatorisch im Sinne von Habermas und der kritischen Theorie, wenn auch wohl in ihrem eigenen Selbstverständnis; und das soazialreformerische Engagement von Sozialwissenschaftlern, die an sich von empirisch-analytischen Positionen herkommen, wie z. B. Gunnar Myrdal, Kenneth Galbraith und Gerhard Weisser, ist auch nicht einfach über den technokratisch-konservativen Leisten zu schlagen. Es sei denn, man wählt als neue Typologie kritisch-marxistisch auf der einen und konservativ-bürgerlich auf der anderen Seite, wie von Kühnl vorgeschlagen. Dann gibt es saubere Verhältnisse – auf Kosten der Differenzierungen. Begrenzt man Habermas' Typologie allerdings auf den jeweiligen »mainstream« der neopositivistischen, kritischen und normativen Positionen, so können seine Charakterisierungen gültig bleiben.

3. *Erkenntnisgegenstand.* Normativ-ontologische Theorien tendieren zur Verdrängung des realen Gegenstandes – sozialem und gesellschaftlichem Verhalten – zugunsten von Reflexionen über *Sinn und Wesen von Gesellschaft.* Zu Recht wird die Präokkupation mit Ideengeschichte und normativen Reflexionen von den beiden anderen Theorieansätzen kritisiert, weil sie in der Gefahr steht, sich vom eigentlichen Gegenstand, der wirklichen Gesellschaft heute, abzulösen und in beliebigen Interessen dienende Spekulation zu verfallen.
Die empirisch-analytische Theorie will Spekulationen dadurch entgehen, daß sie Wissenschaft ganz auf konkret beobachtbares, quantitativ meßbares *soziales Verhalten* von Einzelnen und Gruppen reduziert. So kommt die Soziologie schließlich bei der Kleingruppenforschung an; die empirische Politikwissenschaft versucht z. B., über die Wahlforschung Determinanten der einzelnen politischen Entscheidung aufzuspüren, oder befaßt sich mit abstrakter Modellkonstruktion sozio-politischen Handelns: beide suchen sich auf Psychologie zu reduzieren. Obwohl ein solcher Reduktionismus nicht völlig unfruchtbar ist, kann er dazu verleiten, den ursprünglichen Gegenstand der Sozialwissenschaften, die Gesellschaft, »einfach wegzuzaubern, oder wenigstens für uninteressant zu erklären« (Hondrich 1972: 136).
Die kritische Theorie setzt bei diesen Defiziten an und fordert demgegenüber die ständige Einbeziehung des eigentlichen Gegenstandes in die sozialwissenschaftliche Arbeit, die *gesellschaftliche Totalität.* Ein Weg, von diesem Programm zu konkretisierbaren Konzepten für die wissenschaftliche Analyse zu kommen, ist freilich von der kritischen Theorie nie konsequent aufgezeigt worden, wenn man einmal absieht vom »wissenschaftlichen Sozialismus«, der das vollständige Marxsche Instrumentarium und Kategoriensystem – wiederum jeweils umstritten – adaptiert und so häufig alle Sozialwissenschaft auf Politische Ökonomie zu reduzieren sucht. Die neuere Verbindung systemtheoretischer Begrifflichkeit und empirischer Forschung mit Zielen der kritischen Theorie könnte einen Fortschritt für die Forschungspraxis signalisieren (vgl. exemplarisch die Ansätze des Starnberger Max-Planck-Instituts: Habermas 1973 und Offe 1972).

b) Status

Die Dimension *Status* wurde dem Schema von Karl Otto Hondrich entnommen, der logischen, normativen und soziologischen Status unterscheidet. Dies Konzept hilft in sehr prägnanter Weise, wesentliche Unterscheidungsebenen der Theoriebildung auf den Begriff zu bringen.

1. *Logischer Status.* Die normativ-ontologischen Theoretiker sind sich über den logischen Status ihrer Theorien nicht einig. Hermeneutische und phänomenologische (zur Erklärung weiter unten) Betrachtungsweisen legen mehr Wert auf intuitives Verstehen und Sinndeuten, denn auf als »formal« empfundene Logik. Die von W. Hennis wieder aufgegriffene »Topik« will die Logik der klaren und widerspruchsfreien Rhetorik als sozialwissenschaftliche Argumentationsmethode wiederbeleben.
Dagegen müssen alle Aussagen der empirisch-analytischen Wissenschaftstheorie den Regeln der formalen Logik gehorchen, d.h. sie müssen nach logischem Kalkül »wahr«, widerspruchsfrei und nicht tautologisch sein. Eine sozialwissenschaftliche Theorie ist demgemäß eine »Gesamtheit der *logisch* miteinander verbundenen nomologischen Hypothesen, die zur Erklärung und Voraussage des Verhaltens von Phänomenen dieses Bereichs herangezogen werden müssen« (Albert nach Hondrich 1972: 132). Die empirisch-analytische Methodologie, die sich auch als »logischer Empirismus« bezeichnet, erkauft allerdings mit der logischen Klarheit den Verlust der Möglichkeit, (noch) nicht logisch verknüpfbare Hypothesen, die größere historische, gesellschaftliche und etwa auch zukünftig zu erwartende Zusammenhänge betreffen, erfassen zu können.
Die Methodik der kritischen Theorie wäre mißverstanden, wollte man ihr die Aufgabe jeglicher Regeln der Logik unterstellen, obwohl manche großzügigen Auslegungen von Dialektik dies zuzulassen scheinen. Bezeichnend ist, daß die Dialektik selbst logisch begründet wird. Die Kritik richtet sich in erster Linie gegen die Selbstbeschränkung des logischen Empirismus. Durch seine alleinige Zulassung von Theorien, die die vorhandene Wirklichkeit methodisch exakt und logisch widerspruchsfrei einfangen, könne er nur die Realität affirmativ verdoppeln und normativ befestigen. Habermas will deshalb seine Kritik »nicht gegen die Forschungspraxis strikter Erfahrungswissenschaften«, sondern »ausschließlich gegen die positivistische Deutung solcher Forschungsprozesse« gerichtet sehen (Habermas nach Hondrich 1972: 133).
Kritische Forschung kann also auf Wissenschaftsregeln des logischen Empirismus aufbauen, »wenn man der dabei entstehenden Theorie eine kritische Deutung mitgibt, sie historisch und im Blick auf eine zukünftig

mögliche Entwicklung relativiert« (Hondrich 1972: 133). Und Hondrich fährt mit dem freilich von vielen Vertretern kritisch-dialektischer Theorien sicher nicht geteilten Fazit fort: »Dialektische Theorie ist ihrem logischen Status nach keine Gegentheorie zur neopositivistischen, sondern deren kritische Ergänzung und Weiterführung.«

2. *Normativer Status.* In diesem Punkt kommen sich oberflächlich gesehen die normativ-ontologischen und die kritisch-dialektischen Wissenschaftler am nächsten. Beide gehen vom Einschluß von Werten in die wissenschaftliche Analyse aus – freilich von verschiedenen Seiten her. Auf der einen Seite ist es eine ontologisch begründete Anthropologie, die letztlich Werte »setzt«, auf der anderen Seite der kritischen Theorie ist es der Versuch, Werte als Ausdruck historischer und materieller Interessen zu begründen. Die empirisch-analytisch orientierte Sozialwissenschaft lehnt spätestens seit dem »Werturteilsstreit« um die Jahrhundertwende die Einbeziehung von wertenden Entscheidungen in den wissenschaftlichen Forschungsprozeß ab, da sie sich nicht wie empirische Tatsachen logisch begründen ließen. Die Dimensionen des Streits dürften nach der Diskussion in den sechziger Jahren (vgl. Adorno u. a. 1969) geklärt sein:

»Als *Gegenstand* sozialwissenschaftlicher Aussagen sind Wertungen (positive und negative Stellungnahmen) unproblematisch, als *Grundlage*, bei der Auswahl der Themen und Begriffe selbstverständlich. Als *Inhalt* sozialwissenschaftlicher Aussagen bleiben Wertungen dagegen kontrovers« (Hondrich 1972: 139).

Beide Seiten gestehen also zu, daß Wertungen, z. B. politische Ideologien, politikwissenschaftlich untersucht werden können und daß die Auswahl eines solchen Forschungsthemas normativ geprägt ist. Ob Wertungen aber während der Untersuchung in die Forschung einfließen können, dürfen oder sollen, bleibt umstritten. Diese analytische Trennung von Wissenschaft und Werturteil ist im Grunde mehr ein wissenssoziologisches als ein erkenntnislogisches Problem, denn es impliziert die Trennung der Rolle des Wissenschaftlers von der des Gesellschaftsmitglieds und Zeitgenossen.

3. *Soziologischer Status.* Das Wertproblem ist so gleichzeitig ein soziologisches Problem. Theorien über die »Volkspartei« oder das »Ende der Ideologien« können nicht verhindern, sowohl selbst von normativen Begriffen auszugehen (positiv: Volk; negativ: Ideologie) und sie miteinzubeziehen, als auch im Anschluß daran selbst wieder als Ideologien statt als »wertfreie« Erklärungen benutzt zu werden. Die empirisch-analytische Theorie versucht eine soziale *Isolation* von Wissenschaft, die mit ihrer »Metasprache« schließlich vielleicht nur noch eine »Metawirklich-

keit« abbildet. Genau wie die vorgeblich »unpolitische« Haltung, die im liberalen Bürgertum so populär war, eine eminent politische, nämlich konservative, ist, wirkt sich der Ausschluß von Werten aus der Wissenschaft als Parteinahme für die vorherrschenden Werte derer aus, die wissenschaftliche Ergebnisse auszuwerten in der Lage sind.
Der soziale Kontext von Wissenschaft, den die kritisch-dialektischen Theorien betonen, ist sowohl ein soziologisches als auch ein politisches Desiderat. Normativ-ontologische Wissenschaftler akzeptieren gemeinhin diesen sozialen Kontext, sehen ihn aber eher in einer geistigen und ideengeschichtlichen Tradition, die in der Gefahr steht, die Ideen von ihren politischen und materiellen Interessen abzulösen.

c) Methodik

Von den mehr erkenntnistheoretischen Problemen der beiden ersten Dimensionen *Erkenntnis* und *Status* gehen wir nun zu mehr methodischen, forschungspraktischen und verfahrenstechnischen Fragen über. Der Zusammenhang jeweils im Kontext eines Theorieprogramms, aber auch quer durch mehrere Analysearten, ist hier besonders wichtig. Gerade hier muß sich nämlich die praktische Fruchtbarkeit des einzelnen oder gegebenenfalls eines vermittelten Vorgehens entscheiden.

1. *Tätigkeit des Wissenschaftlers.* Die normativ-ontologische Wissenschaftstheorie sucht ihren Ausgangspunkt in Reflexionen »über das Wesen und die Normen des Politischen, das heißt, sie fragt nach dem Wesen und den Normen der eng miteinander verschränkten Begriffe der Herrschaft, der Freundschaft (philia), der Gerechtigkeit, des Friedens und der Freiheit« (Oberndörfer 1962: 54). Im Teilgebiet »Innere Politik« werden dann diese Reflexionen in konkrete Vorstellungen über die wünschenswerte Form der politischen Ordnung und der politischen Institutionen umgesetzt. Beides zusammen, wissenschaftliches *Nachdenken* über zeitlose Normen und wissenschaftliches *Vordenken* von politischen Entscheidungen, bestimmen die Tätigkeit der Politikwissenschaft:

»Gerade in dem Versuch, aktuelle Fragen aus einer synoptischen Schau des Ganzen und aus der Reflexion über dessen Normen und wünschenswerte Ziele vorzudenken, liegt eine spezifische Chance der Politikwissenschaft« (Oberndörfer 1962: 53).

Natürlich wird dieses Vorgehen von der neopositivistischen Schule als spekulativ abgetan. Sie will allein auf der Basis exakten empirischen Wissens *beschreiben*, *erklären*, *voraussagen* oder auch, anders ausgedrückt, wahre, präzise und informative Theorien konstruieren. Dazu keine weiteren Wiederholungen, sondern nur ein Zitat aus der Einleitung eines einführenden englischen Wörterbuches zur Politikwissenschaft:

»All men are different. All their societies and their politics are different. But similarities do exist. The discovery, analysis, and unambiguous definition of these similarities are the important tasks confronting political scientists« (Roberts 1971: XX).

Kritische Wissenschaft will über ein solches Aufzeigen von Regelmäßigkeiten hinauskommen. Ihr geht es, ähnlich zunächst wie der normativen Schule, um Sinnzusammenhänge der Gesellschaft, die sich rein empirischer Forschung verbergen. Sie sucht diesen Sinn aber nicht in einer Seinsordnung, sondern versucht ihn aus der historischen Entwicklung realer gesellschaftlicher Interessen plausibel zu machen. Daß da auch noch ein gewisser Dezisionismus der Wertentscheidung mitschwingt, scheint unvermeidlich, obwohl er vom strengen Materialismus des wissenschaftlichen Sozialismus bestritten wird. Kritische Forschung, wie sie uns sinnvoll erscheint, würde mit diesem angenommenen und plausibel gemachten Sinn der Geschichte und den erklärten gesellschaftlichen Zielen die heutige Gesellschaft in ihrer kritischen Analyse *konfrontieren* und darüber mitzugestalten suchen (vgl. Hondrich 1972: 140, siehe auch Myrdal 1971). Grundlage dazu ist auch die exakte empirische Forschung, die aber zielgerichtet, und nicht »asozial«, sein muß.

2. *Analysearten (approaches)*. Analysearten sind methodische Vorgehensweisen, die die Forschungstätigkeit auf ein bestimmtes Ziel hin ausrichten. Die Analyseart unterwirft sich also dem durch theoretische und metatheoretische Überlegungen vorgegebenen Ziel und muß deshalb nicht unlöslich mit einem bestimmten Theorieansatz verbunden sein. Die bei dieser Dimension vorgenommene Einteilung (vgl. Tabelle 8) ist also am wenigsten zwingend, sondern gibt nur Tendenzen an (vgl. zu diesem Punkt bes. v. Beyme 1972: 88ff.). Normativ-ontologisch orientierte Wissenschaftler bevorzugen eine historisch-genetische Analyse von Staatstheorien, Staatsformen und politischen Institutionen. Neben der Affinität zur Philosophie besteht oft eine enge Beziehung zur Geschichtswissenschaft und auch zur Staatsrechtslehre. Beispiele für solche Forschung sind z. B. W. Hennis (Politik und praktische Philosophie, 1963), H. Maier (Die ältere deutsche Staats- und Verwaltungslehre, 1969) und H. P. Schwarz (Vom Reich zur Bundesrepublik, 1966).
Die kritisch-dialektische Theorie tendiert zur historisch-genetischen Analyse, die mit politikökonomischen und ideologiekritischen Fragestellungen angelegt wird. Aber auch auf empirischer Sozialforschung basierende Arbeiten sind nicht ausgeschlossen (vgl. z. B. Habermas 1961). Am eindeutigsten votiert die neopositivistische Theorie für einen

in den gesamten Forschungsprozeß eingebetteten approach. In streng auf dem älteren Positivismus fußenden Ansätzen ist dies der *Behaviorismus* (Verhaltensforschung), der unter dem Einfluß der empirischen Psychologie entstand. Auch wenn der Behaviorismus keine geschlossene Einheit zeigt, sucht er doch allgemein die Determinanten individuellen politischen Verhaltens aus quantitativ beobachtbaren psychischen und sozialen Faktoren festzuhalten, zu erklären und vorauszusagen.
Gegen diesen zu reduziert und zu punktuell vorgehenden Ansatz stellt der *funktionale* approach stärker auf den gesellschaftlichen Zusammenhang politisch-sozialer Strukturen und Prozesse ab. In diesem Ansatz sind immer noch Wurzeln älterer »organischer« Gesellschaftsvorstellungen präsent. Statt Organismus findet sich dann als zentrales Konzept das *System*, dessen Teile und »Subsysteme« es unter der Prämisse ihrer *Funktion* füreinander und für das Ganze zu untersuchen gilt. Die Atomisierung des sozialen Verhaltens beim Behaviorismus kann so zwar überwunden werden, wird aber oft entweder mit leerem »Modellplatonismus« der Systemtheorie z. B. eines David Easton und/oder mit der Fixierung auf die allein »funktionale« Stabilität von Systemen erkauft. Für eine intensivere Auseinandersetzung mit den *approaches*, für die hier der Platz nicht reicht, sei auf v. Beyme (1972: 102–124) verwiesen.

3. *Verarbeitungsmuster*. Hier geht es um die Umsetzung der erfahrenen Realität in wissenschaftliche Aussagen und Erkenntnisse. Der logische Empirismus der neopositivistischen Theorievarianten dürfte bereits aus der bisherigen Diskussion am klarsten geworden sein. Er schreibt ein Programm von den Protokollsätzen über Hypothesenbildung, Operationalisierung (Meßbarmachung) der Begriffe und Hypothesen bis zur Theorie- und Gesetzesbildung vor, das sich zwar zwischen induktivem und deduktivem Vorgehen unterscheidet, aber dennoch ein relativ eng integriertes Verarbeitungsmuster anbieten kann. Gerade weil die übrigen Vorgehensweisen weniger einfach erklärbar sind, soll im folgenden jeweils ein Beispiel einer Forschungsarbeit, die alle aus demselben Gegenstandsbereich stammen, nämlich der Parteien- und Parlamentarismusforschung, angegeben werden.

Für den logischen Empirismus sei als Beispiel auf die Wahl- und Parteianalyse von Scheuch/Wildenmann (1965) verwiesen, die auf mehreren Umfragen vor und nach den Wahlen von 1961 beruht; oder auf die Untersuchung von P. C. Ludz (1968) über die SED, der aus der tabellarischen Auswertung von biographischen Daten und personellen Besetzungen von Politbüro, ZK und Regierungsämtern Hypothesen über Karrieremuster der SED-Parteielite entwickelte. Die Machtelite der alten Kommunisten sehe sich zunehmend einer aufstrebenden technokratischen Gegenelite konfrontiert.

Die theoretischen Verarbeitungsmuster der kritisch-dialektischen Wissenschaftler sind weit weniger aus einem Guß. Wenn sie sich als strenge Marxisten verstehen, gibt ihnen der dialektische und historische Materialismus noch eine relativ geschlossene Methodik an die Hand. Zur Stellung der *Dialektik* zwischen Methodik und Realdialektik wurde oben bereits einiges gesagt, das hier nicht wiederholt werden muß.

Klarste Beispiele zur Parteienforschung im wissenschaftlichen Sozialismus sind die durchweg historisch vorgehenden Handbücher und Darstellungen, z. B. von *Fricke* (Die bürgerlichen Parteien in Deutschland, 1970) oder die offizielle *Geschichte der deutschen Arbeiterbewegung*. Sie untersuchen die Parteien und politischen Bewegungen typischerweise im historischen Längsschnitt und immer im Zusammenhang mit den jeweiligen Interessengruppen (bürgerlichen Verbänden, Gewerkschaften).

Die kritische Theorie benutzt gerade für ihre ideologiekritischen Arbeiten neben einer weniger streng materialistischen Dialektik auch die *Hermeneutik* als Methode. Besonders von Habermas wurde der Zusammenhang von Dialektik und Hermeneutik betont, um den Sinnzusammenhang der Totalität der Gesellschaft zu erfassen: »Erst der wissenschaftliche Apparat erschließt einen Gegenstand, von dessen Struktur ich gleichwohl vorgängig etwas verstanden haben muß, wenn die gewählten Kategorien ihm nicht äußerlich bleiben sollen« (Habermas in Adorno 1969: 158). Dieser *Zirkel*, daß einzelnes nur verstanden werden kann, wenn ein Verständnis des Ganzen vorausgesetzt wird; dieses Ganze aber wiederum nur über den Weg der Einzelheiten richtig gesehen werden kann, eben dieser Zirkel ist ein zentraler Bestandteil der *hermeneutischen* Methode. Unter dem hermeneutischen Zirkel versteht man allerdings nicht nur das Verhältnis von Teilgegenstand und Gesamtgegenstand, sondern auch das Verhältnis von Forscher und Gegenstand – also von Subjekt und Objekt. Die These lautet, jede wissenschaftliche Aussage sei letztlich nicht frei von Subjektivität. Wenn dies stimmt, ist natürlich auch diese These selbst subjektiv und beschreibt damit nicht unbedingt oder zumindest nicht ausreichend belegt die Beziehungen zwischen Subjekt und Umwelt.
Hermeneutik bezeichnet also sowohl eine philosophische Schule, die uns hier nicht interessieren soll (vgl. Apel 1971), als auch eine Methodik, wörtlich eine Deutungs- und Verstehenslehre. Sie ist besonders in der deutschen Wissenschaftstheorie um die Jahrhundertwende als spezifisch *geisteswissenschaftliche* Methode des Verstehens im Gegensatz zur *naturwissenschaftlichen* des kausalen Erklärens propagiert worden. Da alle Geisteswissenschaft von Sprache und Texten ausgehe, bedürfe es einer solchen Methode oder richtiger Kunst des *Sinnverstehens* und -deutens. Auch vom Jurist würde beim Auslegen einer Verfassungsnorm ein solches Verfah-

ren angewandt. So steht die Hermeneutik als geisteswissenschaftliche Methode an sich den normativ-ontologischen Theorieansätzen näher.

Dort wird sie beispielsweise von W. Hennis benutzt, wenn er die Problematik des *Begriffs* »Demokratisierung« aus seinem Verständnis des Politischen, also aus seiner Sinndeutung, herleitet, statt primär den *Gegenstand* der »Demokratisierung« in der Wirklichkeit und seine Problematik zu erfassen zu suchen (Hennis 1973).

Als Beispiel der forschungspraktischen Anwendung der Hermeneutik in einer Arbeit, die der kritischen Theorie verpflichtet ist, kann Wolf-Dieter Narrs »CDU–SPD. Programm und Praxis seit 1945« (1966) gelten.

Das »hermeneutische Ineinander« von eigener Deutung und quantitativer Summierung der Programmtexte der Parteien versucht Narr, »durch eine Art ›synthetischen Blick‹, der alle Zeugnisse einer Partei zusammenfaßt und im Hinblick auf das Gesamtproblem sieht« (Narr 1966: 23f.) zu lösen.

Also keine systematische und quantitative Inhaltsanalyse der Texte, sondern Zusammenschau, um den gesamtgesellschaftlichen Kontext mit einzufangen. Die Problematik eines solchen Vorgehens liegt auf der Hand: sie mag die Isolation punktueller und quantifizierender Analyse vermeiden, sie ist aber hochgradig subjektiv. Wer hat den »synthetischen Blick« und wer hat ihn nicht?

Spätere der kritisch-dialektischen Theorie verpflichtete Arbeiten haben sich von der hermeneutischen Methode entfernt und stellen stärker auf die Realanalyse der gesellschaftlichen Widersprüche zwischen politischer und ökonomischer Verfaßtheit ab. In der Parteienforschung z. B. Hans See mit »Volkspartei im Klassenstaat. Das Dilemma der innerparteilichen Demokratie« (1972), wo ausgehend vom innerparteilichen Demokratiegebot des Grundgesetzes die abweichende Wirklichkeit gerade unter dem Einfluß ökonomischer Interessen untersucht wird.

Nach unserer Tabelle bleiben nun noch als spezifisch normativ-ontologische Verarbeitungsmuster die *Phänomenologie* und die *Topik* übrig. Auch die Phänomenologie (Lehre von den Erscheinungen) ist gleichzeitig philosophisches System oder Richtung – begründet von Edmund *Husserl*, der stark die deutsche Ontologie, z. B. Heidegger, und den französischen Existenzialismus beeinflußte – und Methode der »geisteswissenschaftlichen« Erkenntnis. Natürlich läßt sich wieder beides schwer trennen. Gegen objektive positivistische oder materialistische Erkenntnis setzt die Phänomenologie geistiges Schauen, Intuition. Nur eine *Wesenschau*, die sich in den Gegenstand hineinversetzt, sei fähig, den Schein innerhalb der Erscheinung bloßzulegen, um zu ihrem Wesenskern, zur Wahrheit vorzudringen.
Implizit phänomenologisches Vorgehen ist bei vielen normativ-ontologischen Wissenschaftlern zu beobachten, die nach dem *Wesen* des Staates, der Politik, der Demokratie fragen. Explizit tritt die phänomenologische Methode am klarsten am Beispiel der staatstheoretischen Arbeit von Gerhard Leibholz über »Das Wesen der Repräsentation« (1960) zutage:

»Jede geistige Fachwissenschaft ist insofern durch die Phänomenologie bedingt, als diese erst den Einzelwissenschaften die grundsätzliche Möglichkeit ihrer Gegenstandserfassung leiht (...) Soweit daher die Staatsrechtswissenschaft auf evidenten Schauungen sozialer Wesenheiten beruht, die infolge ihrer Geistgebundenheit nicht weiter auflösbar sind, ist auch dieser Zweig der Jurisprudenz von der phänomenologischen Geisteshaltung abhängig« (Leibholz 1960: 18).

Daß eine solche »Schauung sozialer Wesenheiten« dem kaum zu kontrollierenden Subjektivismus erst recht Tür und Tor öffnet, muß sicher nicht betont werden. Dies vor allem, weil Vertreter der Phänomenologie der Meinung sind, das Wesen der Gegenstände könnte ohne jede vorhergehende theoretische Überlegung und Entwicklung von Fragestellungen erfaßt werden.
Die *Topik* schließlich wurde besonders von Wilhelm Hennis für die Politikwissenschaft wiederbelebt. In Rückgriff auf die Methodenlehre von Aristoteles sucht die Topik (von topos; Ort, Möglichkeit) Verfahren der alten Rhetorik im Sinne vernünftigen Argumentierens, Abwägens und Entscheidens zu entwickeln. Strenge naturwissenschaftliche Kausalität und »Richtigkeit« von Wissenschaft wird zugunsten von praktischer Brauchbarkeit und Vernünftigkeit verworfen.

Bei Hennis nimmt ein solches Verfahren seinen »Ausgang immer von den herrschenden Anschauungen der Menschen, sie setzt voraus, daß es unter diesen Anschauungen erfahrene und verständigere gibt, sie appelliert an ›Einsicht‹ und ›gesunden Menschenverstand‹; ihre Prämissen zwingen sich nicht auf, sie wollen freiwillig anerkannt sein, ihre Ergebnisse sind immer vorläufiger Art, ›diskutabel‹« (Hennis nach Lehmbruch 1968: 35).

Als Argumentationshilfe bei der Entwicklung und Begründung vorläufiger Aussagen und Hypothesen kann ein solches Verfahren hilfreich sein. Die Begründung einer eigenen methodischen Vorgehensweise vermag die Topik sicher nicht zu leisten und überschätzt ihre Möglichkeiten bzw. unterschätzt die Möglichkeiten wissenschaftlicher Aussagen.

4. *Verfahrenstechniken.* Diese letzte Dimension der Tabelle 8 kann ganz kurz abgehandelt werden, da die übrigen Teile des Buches dazu schwerpunktmäßig Stellung nehmen werden. Die normativ-ontologische Wissenschaftstheorie kennt kaum besondere Verfahrenstechniken, die über hermeneutisches, phänomenologisches Verstehen und topisches Argumentieren anhand historischer und philosophisch-anthropologischer Gegenstände hinausgehen. Die Regeln der *Quellenkritik* aus der Geschichtswissenschaft und der *Textkritik* aus den Philologien können zusätzliche Berücksichtigung finden.
Bei empirisch-analytischen Vorgehensweisen steht ein differenziertes Instrumentarium der Techniken empirischer Sozialforschung bereit. Nach den Regeln des logischen Empirismus (operationalisierte Hypo-

thesen – Überprüfung an Daten – Theoriebildung) werden für die Datenanalyse quantifizierbare Informationen über die Wirklichkeit eingesetzt. Sie werden idealerweise vom Forscher selbst mittels Protokollsätzen erhoben, so z. B. bei der *systematischen Beobachtung*, die das Verhalten kleiner Gruppen durch Protokollierung sämtlicher verbaler und nicht-verbaler Interaktionen der Teilnehmer erfaßt. Am bekanntesten und verbreitetsten ist die Datenerhebung mittels *Interview*, das verschiedene Formen vom geschlossenen Fragebogen bis zum offenen Tiefeninterview kennt. Texte können mit Hilfe der systematischen *Inhaltsanalyse* quantitativ erfaßt werden. Politikwissenschaftliche *Experimente* lassen sich »unter Laborbedingungen« bei *Spielen* und *Simulationen* von Entscheidungsprozessen durchführen. Dies alles sind Möglichkeiten der *primären* Datenerhebung, die vom Forscher selbst durchgeführt wird. *Sekundäre* Daten, die einfacher und billiger zu erstellen sind, lassen sich aus früheren Untersuchungen, offiziellen Statistiken und Erhebungen (z. B. Wirtschafts- und Sozialstatistik) herausziehen.
Die kritisch-dialektischen Theorien sind von der strikten Ablehnung und Vernachlässigung empirischer Verfahrenstechniken immer mehr abgekommen, da z. B. für eine politökonomische Untersuchung der Bundesrepublik die Verwendung von wirtschafts- und sozialstatistischen Daten unverzichtbar ist. Es wird neuerdings, gerade auch im wissenschaftlichen Sozialismus, immer mehr versucht, die Techniken der empirischen Sozialforschung von ihren Bindungen an den logischen Empirismus zu lösen und sie als Hilfsmittel – nicht als Selbstzweck, wie der anderen Seite vorgeworfen – für umfassendere historisch-ökonomische und ideologiekritische Analyse einzusetzen. Den verschiedenen empirischen Verfahrenstechniken wird sich besonders der Teil III dieses Buches ausführlicher widmen.

4. Exkurs: Knappe Thesen zur eigenen Position

Der Leser kann auch bei einer Einführung in Methoden der Politikwissenschaft von den Autoren verlangen, daß der aktuelle Stand der Diskussion nicht nur einigermaßen fair wiedergegeben, sondern auch kommentiert wird. Dies ist versucht worden. Der Kommentar setzt aber einen eigenen Standpunkt voraus, will er nicht Lob und Tadel nach Gutdünken vom hohen Podest ausstreuen. Der Leser hat ein Recht auf Information über die wesentlichen Kriterien für das Urteil der Autoren. Hier folgt der Versuch, das in einigen Thesen zu komprimieren, was eigentlich nicht verdichtet werden darf, ohne Substanz zu verlieren. Aber mehr Platz wollten wir uns auf Kosten der allgemeinen Diskussion nicht einräumen – der insistierende Leser sei auf unsere anderen

Veröffentlichungen verwiesen. Dieser Hinweis ist vor allem deshalb ernst gemeint, weil wir der Meinung sind, daß sich zuerst in der praktischen Anwendung theoretischer Vorstellungen die Fruchtbarkeit eines Ansatzes zeigt.

1. Wissenschaft. Wissenschaft war und ist immer zielgerichtet. Die Bewältigung ehemals als naturgegeben hingenommener Kräfte ist die historische Aufgabe der Wissenschaft seit ihren Anfängen gewesen. Die Aneignung der Mittel zur Naturbeherrschung oder – anders ausgedrückt – die Emanzipation von »natürlichen« Zwängen war seit jeher auch das Ziel der Naturwissenschaften und ist es auch heute noch. Dies wird von manchen Sozialwissenschaftlern vergessen, die in einer vorgeblich »reinen«, zweckfreien naturwissenschaftlichen Methodologie ihr Vorbild sehen. Die Einheit der Wissenschaft ist nicht über den Szientizismus, sondern über die gemeinsame gesellschaftliche Verantwortung von Wissenschaft herzustellen. Wenn man so will, hat die Wissenschaft also zwei Ziele: die Erkenntnis von Wahrheiten über Wirklichkeit und die Entwicklung von Strategien zur Überwindung »natürlicher« und vom Menschen geschaffener Zwänge durch Anwendung dieser Wahrheiten. Wollte man Wahrheiten allein als Ziel von Wissenschaft angeben, würde man die große Verantwortung wissenschaftlichen Arbeitens übersehen; wollte man die Überwindung von Zwängen allein als Ziel von Wissenschaft angeben, würde man Wirklichkeit höchstens gewaltsam verändern – nicht aber Zwänge abbauen. Ein Rückzug auf ein Wissenschaftsverständnis, das nur nach Wahrheiten strebt, wird im betrachtenden Begleiten von Wirklichkeit stehen bleiben und dem Menschen kaum weiterhelfen. Ein Wissenschaftsverständnis, das Forschung und Anwendung unmittelbar kurzschließt, wird durch vorschnelle Festlegung auf parteiliche Positionen die Grundlagen einer Entscheidung überhaupt nicht mehr treffen und daher dem Menschen auch kaum weiterhelfen. Wissenschaft muß offen sein für neue Entwicklungen und Probleme. Sie darf sich ihren Gegenstand nicht allein setzen, die gesellschaftliche und historische Wirklichkeit setzt ihn. Andererseits darf die Parteilichkeit im Zugriff und in der Analyse nicht so unmittelbar sein, daß eine auch gegenüber der eigenen Position kritische Diskussion der Relevanz der Fragestellung und des Wahrheitsgehalts der Aussage entfällt.

2. Wertbegriff. Die Ableitung *bestimmter* Ziele von Wissenschaft ist freilich nicht dezisionistisch zu postulieren und damit entweder aus vermeintlichen natürlichen Notwendigkeiten (Sachzwängen) empirisch zu deduzieren (z. B. Stabilität, Systemüberleben) oder ontologisch abzuleiten (z. B. aus Eudämonismus, Utilitarismus oder Ordnungsgedanken) oder aus historisch-teleologischen Determinanten zu bestimmen (wie im

Chiliasmus oder Historischen Materialismus). Die Ableitung von zentralen Zielwerten muß vielmehr aus der historischen Entwicklung der Auseinandersetzung um gesellschaftliche Organisationsformen *plausibel* gemacht werden können, was eine letztlich bewußt als solche akzeptierte *Entscheidung* oder »Parteiergreifung« für solche plausibel gemachten Werte in dieser historisch-gesellschaftlichen Auseinandersetzung mit einschließt. Diese »Wertprämissen« sind offenzulegen, um sie kritisierbar zu machen. Die Wertprämissen sind im übrigen nicht statisch und ahistorisch, sondern abhängig vom Fortgang gesellschaftlicher Entwicklung. Diese Kopplung an Geschichte darf andererseits nicht so kurz gestaltet werden, daß die wissenschaftliche Analyse vor lauter »Parteilichkeit« die Wirklichkeit nicht mehr trifft, sondern sie nur verzerrt wiedergibt.

3. Erkenntnisinteresse. Mindestens seit der bürgerlichen Aufklärung kann *Emanzipation* von »natürlichen« sozio-politischen Zwängen und angeborenen Ungleichheiten als durchgängig vorhandene Zielvorstellung in den sich damals konstituierenden Kultur- und Sozialwissenschaften sowie in der gesellschaftlichen Auseinandersetzung sozialer Gruppen und Klassen gelten. Emanzipation bedeutet Herausführung aus Unmündigkeit – nicht nur »selbstverschuldeter« wie in Kants berühmter Definition der Aufklärung, sondern gerade auch fremdverschuldeter – zur Gewährleistung von Selbstverwirklichung, Selbstbestimmung und Autonomie, nicht nur im individuellen, sondern auch im kollektiven Bereich. Wissenschaft, die diesem gesellschaftlichen Prozeß dient, hat ein emanzipatorisches Erkenntnisinteresse. Allerdings sollten die Wissenschaften – und hier auch die Sozialwissenschaften – erkennen, daß zu der in den letzten Jahrzehnten verstärkt geführten Diskussion über Emanzipation und Partizipation heute neue reale Probleme auf die Wissenschaft zukommen. Es geht nicht mehr nur um den Abbau unkontrollierter und unnötiger Herrschaft. Es geht auch wieder verstärkt um die Fragen der Naturbeherrschung, da die Zeiten der Überflußgesellschaft in den Industrienationen – und auch dort bestand sie nur für Teile der Bevölkerung und auf Kosten anderer Völker – wohl schon wieder vorüber sind. Will die stark wachsende Weltbevölkerung überleben, werden sich die Sozialwissenschaften abgesehen von den Fragen der Sicherung des Weltfriedens mit den Problemen der Welternährung, der Rohstoffversorgung und speziell der Energieversorgung, des Umweltschutzes, des Wohnungswesens und Städtebaus, der Medizin und Freizeitgestaltung – um nur einige Themen zu nennen – und ihrer Auswirkung bzw. Bedeutung für die Gesellschaften verstärkt beschäftigen müssen.

4. Politikbegriff. Den Gegenstand Politik mit einem Begriff einzugrenzen (Staat, Macht, Herrschaft, Demokratie o. ä.), scheint uns genauso problematisch wie »ewige«, unhistorische Politikbegriffe bzw. Wissenschaftsziele (Friede, Konflikt, Freiheit) zu setzen, da beides willkürlich bleibt. Eindeutige Grenzen des politischen Bereichs existieren in einer Gesellschaft nicht. Wichtiger als Ausgangspunkt ist eine zentrale Fragestellung oder Zielkategorie, die die Politikwissenschaft in Kooperation mit den anderen Sozialwissenschaften verfolgt. Emanzipation scheint aber als zentrale Grundkategorie der Sozialwissenschaft zu wenig präzise, zu wenig konkret und zu individualistisch geprägt, was an der Abkunft des Begriffs aus dem bürgerlichen Liberalismus liegt. Als positiver und kollektiver Zielwert kann eher die *Gleichheit* dienen, die sowohl umfassender als auch konkretisierbarer als Emanzipation ist. Maximale politische Gleichheit bei Entscheidungsprozessen, maximale soziale und materielle Gleichheit als Voraussetzungen von politischer und sozialer »Chancengleichheit«, um dadurch nicht nur die autonome Selbstbestimmung einiger, sondern die kollektive Selbstbestimmung in einer »mündigen Gesellschaft« zu ermöglichen; dieser Zielwert muß die konkrete Utopie mit der Kategorie des real Möglichen verbinden und gesellschaftlich verwirklichen können. Es reicht nicht aus, auf das immer wieder beschworene Spannungspaar von Gleichheit und Freiheit in neutraler Form zu verweisen. Nach unserer Einschätzung ist in den westlichen Industrienationen die individuelle politische Freiheit von weiten Bevölkerungskreisen in großen Ausschnitten sozialer Wirklichkeit erreicht. Gerade für diejenigen Bevölkerungsteile, für die sie noch mangelhaft verwirklicht ist, wird sie nur durchgesetzt werden können, wenn wir uns auf das Ziel der Gleichheit besinnen. Für die osteuropäischen Staaten galt bis vor kurzem der Umkehrschluß, für viele Länder in der Dritten Welt bleiben heute noch beide Ziele eine Aufgabe. Es kommt also stark auf den Ausschnitt der Wirklichkeit, der zur wissenschaftlichen Untersuchung ansteht, an, welche Akzente der Wissenschaftler zu setzen hat. Und soweit Gleichheit im Mittelpunkt steht, geht es nicht um Nivellierung und Aufhebung des Besonderen, sondern um die Gleichheit von Individuen in ihrer Unterschiedlichkeit und in ihrer Freiheit. Gleichheit ist die Gleichheit der Möglichkeit zur Selbstbestimmung der Lebensbedingungen des Einzelnen – freilich nicht auf Kosten anderer Individuen und losgelöst von der politischen und gesellschaftlichen Wirklichkeit, sondern immer im Rahmen einer je konkreten Gesellschaft, die dem einzelnen Individuum die Forderung nach Solidarität und Unterstützung der Entwicklung der gesamten Gesellschaft aufgibt.

5. Theoriebegriff. Ein auf diesen Zielvorstellungen basierendes Wissenschaftsprogramm verdankt viel der kritischen Theorie für die Bewußtmachung gesamtgesellschaftlicher, historischer und ideologiekritischer Problemstellungen für die Sozialwissenschaften. Wobei freilich in der Methode Hermeneutik und Dialektik zu vage erscheinen. Die strenge Realdialektik des wissenschaftlichen Sozialismus, der einen deterministischen historischen und dialektischen Materialismus betreibt, scheint zu einer kritischen Dimension, auch seiner eigenen Grundlagen, zu wenig beizutragen. Die Hinwendung zu praktischer empirischer Sozialforschung ist dort allerdings bemerkenswert. Die »Totalität« der Gesellschaft hat auch die kritische Theorie zu wenig als Forschungsproblem in den Griff bekommen. Adaptionen beim Begriffsapparat der neueren Systemtheorie können hier vielleicht manche Probleme präzisieren helfen (vgl. z.B. Habermas 1973). Der Szientizismus des logischen Empirismus wird aber als im Grunde konservative und unzureichende wissenschaftstheoretische Grundhaltung abgelehnt.

6. Methodologie. Um informative, präzise und *relevante* (statt wie im Neopositivismus geforderte logisch »wahre«) Theorien aufzustellen, ist das Instrumentarium der empirischen Sozialforschung als Basis empirischer Forschung anzuwenden und weiterzuentwickeln. Diese Instrumente sind zwar nicht hinreichend, um relevante Aussagen zu erarbeiten, ihre Anwendung scheint aber notwendig. Rückzug auf wissenschaftstheoretische Auseinandersetzungen, ideologiekritische »Überbauforschung« oder Klassikerexegese und damit einhergehende Verachtung der niederen empirischen Forschung muß als arrogante Mißachtung der praktischen Möglichkeiten und Notwendigkeiten gelten und leugnet den notwendigen und nun wirklich dialektischen Bezug von Theorie und Praxis. Erforschung der Wirklichkeit sozialer und politischer Ungleichheit, national und international, der Auswirkungen ökonomischer Konzentration, der Rüstungswettläufe und Konfliktentstehungen, der Wirkungen von Massenmedien, der Entscheidungsstruktur von Kabinetten, Parlamenten, Parteien und Bürgerinitiativen, alles das ist ohne genaue empirische Information über diese Gegenstände und Prozesse spekulativ und ohne praktischen Bezug. Wesentlich dabei ist, daß die Problemauswahl nicht von der Methodologie oder dem verfügbaren Instrumentarium diktiert wird, sondern eben von den klar und explizit gemachten Zielvorstellungen des Wissenschaftlers.

4. Kapitel: Neuere Entwicklungen

Wir haben im Kapitel 3 die wichtigsten theoretischen Ausrichtungen der Politikwissenschaft kennengelernt. Aus didaktischen Gründen sprachen wir – sicherlich etwas idealtypisch überspitzt – von der »Trias der Metatheorien«. Der Streit zwischen den verschiedenen Schulmeinungen, aber auch die partielle Übereinstimmung zwischen ihnen wurde deutlich. Das Gewicht dieser unterschiedlichen Grundpositionen für das Wissenschaftsverständnis und die konkreten Forschungsvorhaben ist in den letzten Jahren nicht gesunken. Aber die Behandlung dieser prinzipiellen Fragen in der wissenschaftlichen Literatur ist deutlich zurückgegangen, und die Auseinandersetzungen zwischen den verschiedenen Richtungen haben an Schärfe verloren. Dies hat mehrere Gründe und konkrete Konsequenzen für den Alltag wissenschaftlicher Forschung gehabt.

Zu den Gründen zählt zunächst einmal die Tatsache, daß sich zeigte, wie wenig die Streitfragen zwischen den metatheoretischen Positionen bei aller weitergehenden Differenzierung wirklich einer Klärung nähergebracht werden konnten. Wichtiger noch war die Einsicht in die Bedeutung mancher Einwände gegen die Möglichkeit von Metatheorien überhaupt, die teilweise schon in den Auseinandersetzungen zwischen den Theorie-Schulen jeweils den anderen Ansätzen vorgeworfen worden waren.

Nur einige wenige der kritischen Anmerkungen können hier genannt werden. Die erste Frage betraf grundsätzlich die Bedingungen für die Möglichkeit von Erkenntnis. Jede wissenschaftliche Aussage über Wirklichkeit ist und bleibt ein Konstrukt menschlichen Verstandes. Eine Identität von Aussage und Wirklichkeit ist damit noch nicht belegt. Jede wissenschaftliche Begründung eines Sachverhaltes kann außerdem eigentlich nur Ausgangspunkt für die Frage nach weiterer Begründung sein. Damit entsteht das Problem einer nie abgeschlossenen Begründungskette. Die jeweilige Metatheorie müßte dieses Problem mit logischen Gründen lösen. Eine ähnliche Herausforderung entsteht für die Wissenschaft bei der Definition von Begriffen. Dies geschieht durch Einführung weiterer Begriffe – also letztlich wiederum in einem unendlichen Prozeß, den Wissenschaft natürlich nicht leisten kann. Die Sprache wirft noch ein weiteres Problem auf. In ihr spiegeln sich auch Wünsche, Ziele und Vorerfahrungen des jeweiligen Wissenschaftlers – also sehr subjektive Faktoren – wider, die dazu beitragen, daß die Absicht, intersubjektiv überprüfbare wissenschaftliche Aussagen zu entwickeln, – milde formuliert – vor großen Schwierigkeiten steht. Weitere Probleme kommen auf jeden Versuch einer Metatheorie hinzu. Die Wirklichkeit ist komplex und mehrdimensional. Der Erkenntnisprozeß aber konzen-

triert sich auf Ausschnitte der Realität und erfordert eine nacheinander angelegte Argumentation des eigentlich Gleichzeitigen.
Wir können an dieser Stelle die hier aufgeworfenen Fragen – und weitere wären denkbar – nicht gründlicher diskutieren. Dies ist in unserem Zusammenhang auch nicht nötig, da wir keine Einführung in die Wissenschaftstheorie oder die Politiktheorie schreiben wollten. Wichtiger für uns ist die Erkenntnis, daß Metatheorien, wollen sie wirklich allgemein überzeugen, noch viele Herausforderungen zu klären hätten. Und wichtiger für uns sind die Folgerungen, die von den Wissenschaftlern daraus gezogen worden sind.
Es sind vor allem zwei Folgerungen, die in den letzten Jahren die Sozialwissenschaften geprägt haben. Zum einen ist die Möglichkeit von Metatheorien überhaupt angezweifelt worden. Zum anderen ist von vielen Wissenschaftlern die Frage der Grundlagen einer allgemeineren Theoriebildung in den Hintergrund gedrängt worden. Sie interessieren sich mehr für die Funktion der Sozialwissenschaften und für konkrete, begrenzte Themenstellungen.
Die Skepsis gegenüber metatheoretischen Versuchen gewann durch Forschungsergebnisse anderer Fächer neue Nahrung. Schon die Erkenntnis der Physik, daß »Wenn-dann«-Aussagen für wichtige Aspekte der Interpretation der Natur nicht geeignet und nur Wahrscheinlichkeitsaussagen zulässig sind, erzeugte einen prinzipiellen Zweifel gegenüber den aus den Naturwissenschaften übernommenen Denkweisen. Hinzu kamen die Ergebnisse der Mathematik aus dem Bereich der Studien über Algorithmen. Dies sind schematische Verfahren zur Problemlösung – zum Beispiel Regeln zur Addition oder Multiplikation. Es handelt sich um klare Verfahren, die bei konsequenter Anwendung zu immer gleichen Ergebnissen führen. Determinismus herrscht vor, ein Zufallsgenerator existiert bei diesen Überlegungen nicht. Die Forschung zu den Algorithmen hat nun zeigen können, daß es Probleme gibt, für die prinzipiell keine Lösung gefunden werden kann, und daß es Probleme gibt, die zwar durch Algorithmen lösbar sind, deren Berechnung aber prinzipiell aus Zeitgründen nicht möglich ist. Zuletzt hat die sogenannte Chaos-Forschung Zweifel an vielen Theorieversuchen genährt (dazu z. B. Gleick 1988). Das Ergebnis dieser Forschungen besteht in der Feststellung, daß viele Vorgänge in der Natur nichtlinear verlaufen, daß demnach prognostizierbare Regelmäßigkeiten nicht zu erwarten sind. Falls soziale Prozesse zumindest in vielen Fällen als nichtlinear zu begreifen sind – und manches spricht dafür – sind die theoretischen Grundlagen der Sozialwissenschaft in starkem Maße in Frage gestellt. Alle diese Aussagen legen den Schluß nahe, daß die Theoriediskussion freilich auf einer anderen Ebene in den Sozialwissenschaften in den kommenden Jahren wieder aufleben wird.

Vorläufig ist freilich eine andere Entwicklung zu konstatieren. Der alten These Poppers, daß nur diejenigen Erkenntnisse als wissenschaftlich anerkannt werden können, die klaren methodischen Regeln entsprechen, steht die Gegenthese gegenüber, daß jedes Vorgehen wissenschaftlich zulässig ist, da es kein Kriterium für die Auswahl wissenschaftlicher Regeln gebe (Feyerabend 1986). Das postmodernde Denken in der Philosophie (Lyotard 1986, zur Einführung Welsch 1988) hat daher »Abschied vom Prinzipiellen« (Marquard 1981) genommen.
In den Sozialwissenschaften ist eine parallele Entwicklung in den letzten Jahren erkennbar gewesen. Das Ziel wissenschaftlicher Bemühungen, das sich teilweise überhaupt nicht mehr mit den grundsätzlichen Fragen der Möglichkeit von Theoriebildung beschäftigte und die Einwände und Bedenken vielfach beiseite schob, hat sich vor allem der Klärung von konkreten Detailfragen zugewandt. Soweit es sich um theoretische Absichten handelte, standen höchstens Theorien mittlerer Reichweite, die einen begrenzten Ausschnitt der Wirklichkeit auf Regelmäßigkeiten und Prognosefähigkeiten hin analysierten, im Vordergrund. Mit diesem Vorgehen entstanden – abgesehen von den bewußter gewordenen Problemen einer Theoriebildung überhaupt – zusätzliche Herausforderungen.
Viele Sozialwissenschaftler neigten – wie manche andere Wissenschaft auch – dazu, technisiertes Datenwissen zu erarbeiten. Regeln waren dabei weiterhin das Merkmal dieses Denkens. Eine Verengung aber trat dadurch ein, daß vor allem Fragen gestellt wurden, die sich eindeutig mit ja oder nein beantworten ließen. Die Folge war, daß semantisches Wissen nicht mehr erfaßbar war. Nur noch explizites Wissen konnte Geltung beanspruchen. Im übrigen war diese Art des Fragens aspektbezogen. Eine irgendwie geartete Ganzheit konnte nicht mehr wissenschaftlich erfaßt werden.
Ein zweites Problem bestand in der Wahl des Ausgangspunktes der wissenschaftlichen Erklärung von sozialen und politischen Zusammenhängen. Wenn theoretische Grundlagen, wie sie die Metatheorien versuchten, entfallen, ist die Auswahl von Paradigmen fast beliebig und ihre Zahl fast unbegrenzt. Auch die Bestimmung der Funktion von Sozialwissenschaften konnte sich nicht mehr auf theoretische Grundannahmen stützen. Die Sozialwissenschaften standen und stehen damit vor der Gefahr, daß ihre Ergebnisse aspekthaft bleiben, daß sie die großen Zusammenhänge nicht mehr interpretieren können und daß ihr Selbstverständnis verschwimmt. Natürlich hatte die Hinwendung zu begrenzten Themen auch Vorteile. Das Wissen über viele Einzelfragen nahm sprunghaft zu.
Diese Tatsache konnte aber das Problem des Fehlens theoretischer Grundannahmen, so strittig sie sein mochten, nicht einfach übergehen.

Einige Politikwissenschaftler versuchten aus dieser Not herauszukommen, indem sie – wenn auch nicht aus metatheoretischen Annahmen abgeleitet – den Versuch machten, wenigstens ein Ordnungsschema für die vielfältigen Fragestellungen des Faches zu erarbeiten.
Einer dieser neuen Ordnungsversuche, der auf angelsächsische Traditionen zurückgreift und in der deutschen Politikwissenschaft einen gewissen Einfluß gewonnen hat, soll hier noch einmal vorgestellt werden (Böhret u. a. 1979: 33). Wir haben oben im Abschnitt zu den Politikbegriffen schon darauf verwiesen: Das Arbeitsfeld der Politikwissenschaft wird von den Dimensionen des Politikbegriffes her geordnet. Dabei wird zwischen der Form der Politik (polity), dem Inhalt (policy) und dem Prozeß (politics) unterschieden. Bei der Form geht es um Verfahrensregeln in der Politik. Ordnung steht im Mittelpunkt. Untersuchungen zum Beispiel zu Verfassungen, Normen, Gesetzen und Institutionen sind hier angesiedelt. Beim Inhalt geht es um Problemlösungen, Aufgabenerfüllung, Wert- und Zielorientierung von Politik. Fragen der Gestaltung stehen im Mittelpunkt. In diesem Zusammenhang werden Untersuchungen zu Aufgaben und Zielen der Politik und den damit zusammenhängenden Problemen und Wertentscheidungen zu erwarten sein. Bei dem Ansatz Prozeß geht es um Phänomene wie Macht und Konsens. Die Durchsetzung politischer Ziele steht hier im Mittelpunkt. Fragen nach Interessen und Konflikten werden in diesem Zusammenhang gestellt werden.
Dieser Vorschlag trägt sicherlich dazu bei, die Fülle der Einzelergebnisse der Forschung wieder unter dem Dach einer Zusammenfassung zu ordnen. Freilich ersetzen solche Schemata – und andere wären denkbar – nicht die Auseinandersetzung über die theoretischen Grundlagen des Faches. Die Frage nach der Möglichkeit von Theorie bleibt eine Herausforderung für die Politikwissenschaft.

Teil II: Forschungsprozeß und Arbeitstechniken

Vorbemerkungen*

Die folgenden beiden Kapitel werden sich sehr viel mehr mit praktischen, ja handwerklichen Fragen wissenschaftlichen Arbeitens beschäftigen als die bisherigen. In unseren Überlegungen standen notwendigerweise die theoretischen Grundlagen der wissenschaftlichen Beschäftigung mit der Politik im Vordergrund. Wir fragten nach dem – in der Wissenschaft selbst wieder umstrittenen – Wissenschaftsverständnis dieses Faches. Wir versuchten, wenn auch sicherlich nur skizzenhaft und einführend, zu zeigen, daß es in der Wissenschaft keine einheitliche Meinung über den Umfang des Gegenstandes und das Erkenntnisinteresse dieses Faches gibt. Wir wiesen darauf hin, daß es sehr unterschiedliche Reichweiten der Erklärungsversuche von Politik gibt – daß die Spannweite der Erklärungsversuche von monokausalen bzw. von mit einer Pluralität von Gründen argumentierenden Theorien, die die gesamte Gesellschaft und Politik erklären wollen, bis zu viel bescheideneren Theorien, die nur sehr begrenzte Ausschnitte bzw. Aspekte sozialer Wirklichkeit zu begründen suchen, reichen. Wir wiesen darauf hin, daß es in der Wissenschaft – und in der Politikwissenschaft ganz besonders – nicht nur einen Streit über die Frage gibt, ob eine Wissenschaft, die den Menschen in seinem sozialen Umfeld zum Gegenstand ihrer Untersuchungen macht, werturteilsfrei sein kann oder wertbezogen sein soll und muß, sondern daß das Ziel wissenschaftlichen Arbeitens selbst umstritten ist. Soll Wissenschaft lediglich Politik beschreiben und erklären? Soll Wissenschaft darüber hinausgehend alternative Modelle und Verhaltensweisen zur sozialen Wirklichkeit entwickeln und propagieren? Soll Wissenschaft sich schließlich selbst aktiv für die Durchsetzung ihrer Alternativen zur Wirklichkeit engagieren? Diese verschiedenen Schulrichtungen der Poli-

---

* Wir verzichten im Teil II bewußt auf einen Anmerkungsapparat mit entsprechenden Hinweisen auf Sekundärliteratur und Quellenmaterial, da es hier weniger um die Diskussion kontroverser Positionen als vielmehr um die praktischen und handwerklichen Probleme wissenschaftlichen Arbeitens geht. Soweit kontroverse Diskussionen berührt werden, verweisen wir auf Teil I dieser Studie, wo die entsprechenden Hinweise zu finden sind. Im übrigen enthält das Literaturverzeichnis am Schluß des Buches die weiterführende und ergänzende Literatur.

tikwissenschaft haben zu unterschiedlichen methodologischen Orientierungen geführt.

All diese Tatsachen, die eine allgemein anerkannte Definition des Umfanges und der Aufgaben der Politikwissenschaft ausschließen, setzen wir im folgenden voraus. Wir beschäftigen uns jetzt stärker mit der *Forschungspraxis*. Dabei wollen wir versuchen, den Forschungsprozeß selbst in all seinen – zum Teil sehr handwerklich anmutenden – Schritten anzudeuten, die Funktion der einzelnen Elemente einer schriftlichen wissenschaftlichen Arbeit zu nennen und den Umgang mit den verschiedenen Arbeitstechniken und Daten vorzustellen.

Allerdings müssen wir an dieser Stelle deutlich machen, daß die folgenden Überlegungen unter drei Gesichtspunkten zu sehen sind:

1. Die Aussagen zur Forschungspraxis sind in ihrer Bedeutung, aber auch in ihren Grenzen nur begreifbar und einschätzbar, wenn der enge Zusammenhang mit den in den vorstehenden Kapiteln vorgeführten theoretischen Grundlagen nicht vergessen wird. Eine Formalisierung des Forschungsprozesses und eine Anwendung dieser formalen Kriterien garantiert noch nicht, daß die dann gewonnenen Ergebnisse wissenschaftliche Relevanz beanspruchen können. Die im folgenden dargestellten formalisierten Elemente eines Forschungsprozesses mögen bei ihrem Gebrauch das Erarbeiten wissenschaftlicher Aussagen erleichtern. Sie sind in diesem Sinne eventuell notwendig, aber sicherlich nicht hinreichend, um Wissenschaft »zu betreiben«. Ohne Verständnis und dauernde Berücksichtigung des in den bisherigen Kapiteln zur politikwissenschaftlich relevanten Problemstellung, zum Methodenbewußtsein und zur wissenschaftstheoretischen Reflexion Gesagten, wird eine wissenschaftlich interessante Aussage nicht zu gewinnen sein. Allerdings wird umgekehrt auch das Verständnis des in den folgenden Kapiteln darzulegenden Stoffes diese theoretische Seite des Forschungsprozesses zu verstehen helfen.

2. Die folgenden Überlegungen zum Forschungsprozeß sind sehr allgemeiner Natur. Es gibt nicht *den* Forschungsprozeß, der im Sinne eines genau festgelegten Ablaufplanes bei jeder wissenschaftlichen Arbeit in gleicher Form wieder angewandt werden könnte. Vielleicht sollte man gar nicht von *dem* Forschungsprozeß sprechen, sondern besser die Pluralität unterschiedlicher Arten von Forschungsprozessen betonen. Der Gegenstand der Untersuchung, die Art der Fragestellung und das Erkenntnisinteresse bestimmen die Anlage des Forschungsplanes. Ist das Ziel einer politikwissenschaftlichen Arbeit eine Darstellung des Demokratieverständnisses von Wählern, soweit es sich im Wahlverhalten ausdrückt, so wird der Verlauf der wissenschaftlichen Arbeit anders aussehen, als wenn das Ziel der Arbeit in der Entwicklung von Handlungsanleitungen in Entscheidungssituationen zur Verbesserung

demokratischer Mitbestimmungsmöglichkeiten besteht. Die wissenschaftstheoretischen Grundpositionen des einzelnen Wissenschaftlers werden den Gang des Forschungsprozesses entscheidend bestimmen. Darüber hinaus sollte vor einer zu schematischen, unreflektierten Übernahme der formalen Elemente des Forschungsprozesses gewarnt werden, da die Gefahr besteht, daß etwas ausgefallenere Antworten auf die aufgeworfenen Fragen nicht mehr in den Blick kommen. Deshalb werden die folgenden Ausführungen *mögliche Elemente von Forschungsprozessen* darstellen, die ganz oder in Teilen in der einen oder anderen Form – wenn auch bei den unterschiedlichen Erkenntniszielen in der Wissenschaft mit unterschiedlicher Bedeutung – eine Rolle spielen werden, so daß der Anfänger durch ihre Kenntnis und Anwendung manche Hilfe haben wird.
3. Die Bedeutung der folgenden Kapitel besteht nicht nur darin, dem Anfänger die Erstellung eigener wissenschaftlicher Arbeiten zu erleichtern. Dies sicherlich auch. Aber eine gleiche Bedeutung liegt darin, dem Anfänger die Möglichkeit zu geben, zu lernen, sich fremde wissenschaftliche Arbeiten leichter zu erschließen und sie zu beurteilen. Der Zwang, in der wissenschaftlichen Beschäftigung mit einem Gegenstand unter anderem sehr viel zu lesen, wird zwar nicht durch die Kenntnis der möglichen Elemente von Forschungsprozessen und der Arbeitstechniken aufgehoben, aber es besteht doch die Möglichkeit, durch dieses Wissen Zeit zu sparen und schneller die für die eigene Fragestellung wichtigen Teile anderer Arbeiten von den unwichtigeren zu trennen.

5. Kapitel: Der Forschungsprozeß

1. Zum Aufbau des Forschungsprozesses

a) Problemstellung

Ausgangspunkt wissenschaftlichen Arbeitens ist die *Problemstellung*, das »Infragestellen« vorgefundener Tatbestände. Entgegen der häufig zu hörenden Ansicht, ein Forschungsgegenstand sei danach auszuwählen, nb er bisher unerforscht sei oder ob sich bestimmte Faktoren bzw. Variablen leicht operationalisieren lassen, ist festzuhalten, daß das entscheidende Kriterium für die Auswahl eines Forschungsgegenstandes die *Problemrelevanz* sein muß. Gerade die leider häufig feststellbare Konzentration der Forschung auf schnell und eindeutig beantwortbare Fragestellungen hat immer wieder dazu geführt, daß sich die Politikwissenschaft teilweise mit Randproblemen der sozialen Wirklichkeit beschäftigte, während zentrale Probleme unbearbeitet blieben. In einigen extremen Fällen führte im übrigen die schnell erstellte Antwort auf Nebenfragen durch falschen Analogieschluß zu schweren Fehldeutungen sehr viel wichtigerer Fragen. In anderen Fällen wurde durch die Auswahl der leichter handhabbaren Methoden die Fragestellung verbogen oder die Antwort verstellt. Bei manchen wissenschaftlichen Arbeiten hat der Leser geradezu den Eindruck, daß nicht die begründete Antwort auf eine aufgeworfene Frage im Vordergrund der Bemühungen steht, sondern daß methodische Spielereien den Forschungsprozeß bestimmen.

Ein typisches Beispiel für eine derartige, kaum noch vertretbare Verengung wissenschaftlichen Arbeitens sind die vielen Studien, die in formalisierten Aussagen die äußerlichen Merkmale der Beziehungen zwischen sozialen Akteuren beschreiben – sie z. B. mit Begriffspaaren wie System/Subsystem belegen –, aber nicht nach dem Inhalt der Beziehungen und nach der Bedeutung dieses Inhaltes für die einzelnen Akteure fragen. Wir verweisen z. B. auf die Studien von *Easton* und *Kaplan*. Easton untersucht das (innen-)politische System als ein formales Modell von »in-put«- und »out-put«-Beziehungen. Kaplan überträgt diese Erklärungsform auf die internationalen Beziehungen.

Der Hinweis auf die Bedeutung der Problemrelevanz gibt dem Wissenschaftler noch kein Instrumentarium in die Hand, wichtige von unwichtigen Fragen zu trennen. In abstrakten Worten läßt sich wohl sagen, daß ein Problem darin bestehen kann, daß Selbstverständliches der gesellschaftlichen Wirklichkeit in Frage gestellt wird oder daß Nicht-Selbstverständliches hinterfragt wird. Nur wird schon die Bestimmung des Selbstverständlichen und des Nicht-Selbstverständlichen umstritten sein. Es läßt sich lediglich festhalten, daß eine Wiederholung schon bekannter Aussagen, die die menschliche Erkenntnis nicht weiterbringen, nicht als wissenschaftliche Leistung anerkannt werden wird, so daß von einer wissenschaftlichen Arbeit nur in drei Fällen gesprochen werden kann:

1. wenn neue, noch nicht beantwortete Fragen gestellt werden,
2. wenn in der wissenschaftlichen Literatur schon behandelte Fragen anders beantwortet werden und
3. wenn schon behandelte Fragen mit gleichen Aussagen beantwortet werden, die Antworten aber durch neue Argumentationsreihen oder mit neuen Methoden erklärt werden.

Die Aussagen über die Entwicklung von wissenschaftlichen Fragestellungen ergibt noch kein Kriterium zur Beurteilung der Relevanz von Fragestellungen. Es ist überhaupt umstritten, ob es derartige allgemein anerkannte, weil wohl begründete Kriterien zur Beurteilung der Relevanz von Fragestellungen geben kann. Wir können uns fragen, wie derartige objektive Kriterien beschaffen sein müßten. Sie würden sicherlich nicht dadurch schon gegeben sein, daß sie bewußt oder unbewußt allgemein anerkannt werden. Ihre objektive Gültigkeit wäre nur gegeben, wenn sie umfassend rational, d. h. logisch begründet würden. Dabei könnte diese rationale Begründung nicht unhistorisch sein, da die Weiterentwicklung von Wissenschaft und Gesellschaft die Relevanz von Fragestellungen beeinflußt.

Bisher ist diese unwiderlegbare und daher unstrittige Begründung der Relevanz von Fragestellungen nicht gelungen, und zumindest von einer ganzen Reihe von – hier vor allem den empirisch-analytisch orientierten – Wissenschaftlern wird die Möglichkeit einer solchen Begründung mit logischen Gründen überhaupt ausgeschlossen. Andere Wissenschaftler weisen darauf hin, daß die Begründung für die Relevanz einer politikwissenschaftlichen Fragestellung von den historischen und gesellschaftlichen Gegebenheiten und ihrer gesetzmäßigen Entwicklung abhängig ist, und das Prinzip der Objektivität daher nicht durch logische, d. h. transzendentale Argumentation, sondern nur aus einer gesellschaftlichen Analyse hervorgehend eingelöst werden kann. Hier wären vor allem die Vertreter der kritischen Theorie zu nennen. Solange aber jede Aussage über objektive Bewegungsgesetze der Gesellschaft und Geschichte selbst wieder umstritten ist und Zustimmung nicht begründet beanspruchen kann, wird auch dieser wissenschaftstheoretische Ansatz nicht von sich behaupten können, daß er unwiderlegbare Kriterien für die Festlegung der Relevanz einer Fragestellung geben kann.

Nach Ansicht der meisten Wissenschaftler ist daher die Auswahl einer Problemstellung zur wissenschaftlichen Bearbeitung eine völlig subjektive – wenn auch durch die gesellschaftlichen Beziehungen vermittelte – Leistung des einzelnen Wissenschaftlers. Hinter jeder dieser als wissenschaftlich relevant angesehenen Problemstellung steht der einzelne Wissenschaftler mit seinem Weltbild und seinen politischen Absichten und Wunschvorstellungen – ob er dies nun zugibt oder nicht. Umstritten ist in der wissenschaftstheoretischen Diskussion viel mehr die Frage, ob derartige subjektive Fragen objektiv – d. h. allgemein gültig und nicht bestreitbar – beantwortet werden können. Jeder Sozialwissenschaftler sollte sich und dem Leser eingestehen, daß seine Fragestellung *politisch* motiviert ist. Dies hat zur Folge, daß jede Auswahl von Problemstellungen sich der Auseinandersetzung um ihre Relevanz stellen muß und selten auf einhellige Zustimmung stoßen wird. Dies hat zugleich zur Folge, daß jeder Wissenschaftler dem Leser darlegen sollte, warum er seine Fragestellung für relevant hält, in welchem Umfang die Antwort die menschliche Erkenntnis erweitert und wie eine mögliche Realisierung der Antwort gesellschaftliche Gegebenheiten in welche Richtung verändert.

Ganz allgemein kann es für den Wissenschaftler unterschiedliche Gründe für die Problematisierung von Gegenständen geben. Es kann nach der Begründung für vorgefundene Tatbestände gefragt werden. Soziale Mißstände können Anlaß zu wissenschaftlichen Fragen sein, wobei das Ziel derartiger Studien nicht unbedingt in der Überwindung der Mißstände, sondern auch im Sinne von Herrschaftserhaltung in der marginalen Veränderung sozialer Wirklichkeit zum Abbau besonders konfliktträchtiger Elemente dieser Wirklichkeit liegen kann, ohne daß die Mißstände wirklich beseitigt werden. Schließlich können in der wissenschaftlichen Literatur vertretene Thesen zur Erklärung bzw. Veränderung sozialer Wirklichkeit Ausgangspunkt neuer Fragestellungen sein. Dies in doppelter Hinsicht: einmal, weil vorgetragene Thesen bestritten werden, zum anderen, weil eine in der Wissenschaft vorgelegte Antwort in aller Regel zugleich neue Fragen aufwirft.

b) Fragestellung

Die von der *Problemstellung* ausgehenden *Fragestellungen* verfolgen das Ziel, das Wissen über den Problemkreis zu erweitern. Dies geschieht durch Sammlung, Beschreibung und Klassifizierung von Tatsachen aus dem Problembereich, ihrer kritischen Darstellung, Begründung und Deutung in engem Zusammenhang mit und zugleich in kritischer Haltung gegenüber allgemeinen und wissenschaftlichen Meinungen und Thesen zum Problemkreis. Wissenschaftliche Fragestellungen begnügen sich in aller Regel nicht mit der Beschreibung und Klassifizierung des Objektbereiches, sondern hinterfragen das Manifeste sowohl nach den Interessen und Motivationen der Akteure als auch nach den Interessen und Motivationen der bisher entwickelten wissenschaftlichen Fragestellungen.

Politikwissenschaft fragt also z. B. nicht nur: warum hat sich die Demokratie in der Bundesrepublik in der historisch feststellbaren Form entwickelt und nicht anders, sondern auch: warum wird die Demokratie in der Bundesrepublik so und nicht anders interpretiert.

Wissenschaft ist also gleichzeitig Analyse und Kritik von Wirklichkeit und Analyse und Kritik von Wissenschaft über Wirklichkeit.
Über die auf eine Frage gesuchte Antwort läßt sich an dieser Stelle nur sehr allgemein etwas sagen: Die Antwort muß erstens logischen Strukturen entsprechen. Das besagt, daß die Argumentationskette ohne Brüche oder Lücken logischen Schlüssen folgen muß. Die Antwort muß zweitens vom Gegenstand her bestimmt sein. Das besagt, daß der Wissenschaftler nicht die Freiheit hat, Aussagen über die Wirklichkeit zu entwickeln, die dieser Wirklichkeit widersprechen. Die Entwicklung von

Alternativen zu den vorzufindenden sozialen Verhaltensformen bzw. politischen Institutionen ist legitim. Nur muß der Wissenschaftler auf den Charakter dieser Modelle hinweisen, so daß der Leser diese Modelle nicht für Beschreibungen sozialer Wirklichkeit hält. Davon abgesehen sind Wissenschaftler, die einem derartigen Wissenschaftsverständnis verpflichtet sind und solche Alternativen formulieren, aufgefordert, sich immer wieder die Frage zu stellen, auf welchem Wege ihre Alternativen Wirklichkeit werden können. Diese Frage wird nur auf der Basis einer gründlichen Analyse der vorgefundenen sozialen Gegebenheiten und der dauernden Berücksichtigung der Ergebnisse dieser Analyse beantwortet werden können. Auch ein derartiges wissenschaftliches Ziel wird also im Rahmen des Forschungsprozesses in aller Regel soziale Strukturen und Entwicklungen untersuchen müssen.
Im Kapitel über die Arbeitstechniken werden noch einige praktische Hinweise zur Entwicklung von Fragestellungen folgen.

c) Vorbereitung des Forschungsplanes

Nachdem die Entscheidung zugunsten der Behandlung einer bestimmten Fragestellung gefallen ist, folgt nun die von theoretischen Überlegungen geleitete Vorbereitung und Festlegung des Forschungsplanes. Dies gehört zur ersten Phase des Forschungsprozesses.
Für die meisten Wissenschaftler ist unbestritten, daß jeder Forschungsprozeß theoretische Vorüberlegungen verlangt, ohne die neue Erkenntnisse nicht entstehen könnten oder völlig zufällig wären und daher in ihrer Bedeutung und in ihrem Stellenwert im Rahmen der wissenschaftlichen Diskussion kaum eingeschätzt werden könnten. Es gibt von dieser allgemeinen Meinung abweichende Positionen, wie die der Phänomenologie, über die wir in einem früheren Kapitel bereits berichteten. Im Wissenschaftsverständnis der Phänomenologie geht es bei Wissenschaft darum, das vortheoretisch Gegebene ohne jede Hypothesenbildung, ja sogar ohne spezifische Fragestellung, die schon eine ausschnitt- bzw. aspekthafte Beschränkung des Erkenntnisprozesses über Wirklichkeit durch den Wissenschaftler bedeuten würde, zu erfassen. Wir wollen an dieser Stelle ein derartiges Wissenschaftsverständnis nicht weiter problematisieren. Dies ist in einem früheren Kapitel geschehen. Hier ist nur wichtig, daß für eine derartige Vorstellung von Wissenschaft die folgenden Überlegungen kaum gelten.

Fragestellung, Abgrenzung, Gliederung

Der erste Schritt in der Vorbereitung des Forschungsplanes besteht in der *Formulierung der aufgeworfenen Frage* in einer Form, die sie für ein wissenschaftliches Forschungsvorhaben brauchbar macht. Für jede wissenschaftliche Analyse muß die *Fragestellung problematisiert*, *konkretisiert* und *systematisiert* werden. Diese Gründlichkeit in der Fragestellung unterscheidet Wissenschaft unter anderem von anderen Tätigkeiten. Nicht jede Frage ist schon unmittelbar und unpräpariert für eine wissenschaftliche Bearbeitung geeignet.

So können z. B. die in der Frage benutzten Begriffe derartig schwammig oder mit einer Fülle unterschiedlicher Bedeutungsinhalte versehen sein, daß aus der Frage überhaupt noch nicht der Gegenstandsbereich, der befragt werden soll, hervorgeht. Es wird also in dieser Phase der Vorbereitung und Formulierung des Forschungsplanes unter anderem darum gehen, die Bedingungen – zunächst noch vage und nicht endgültig – zu erfassen, unter denen die gesuchte Antwort gelten soll. Das kann durch eine – wenn auch noch recht vorläufige – Abgrenzung des zu untersuchenden Gegenstandsbereiches geschehen. Diese Abgrenzung kann z. B. die Zeitspanne betreffen, für die die Aussage gemacht werden soll, oder den Raum beschreiben, in dem sie gelten soll.

Wird z. B. nach innerparteilicher Demokratie gefragt, so könnte die Abgrenzung zu einer Konkretisierung der Frage führen, die dann lauten könnte: In welchem Umfange und in welcher Form hat es bei Parteien einer bestimmten programmatischen Richtung – seien dies nun christliche, liberale oder sozialistische Parteien, was jetzt festzulegen wäre – im Zeitraum von ... bis ... in einer Anzahl genau zu bestimmender und festzulegender politischer Systeme innerparteiliche Demokratie gegeben, die selbst wiederum zu definieren ist.

Diese erste *Abgrenzung des Forschungsgegenstandes* ist schwierig, in Anbetracht der Tatsache aber, daß zwar alles interdependent ist, aber arbeitsökonomisch nicht alles untersucht werden kann, notwendig. Es geht hier also um eine noch grobe Vorstrukturierung des Untersuchungsbereiches nach vorläufig für wichtig angesehenen Faktoren, ohne daß das Thema jetzt schon zu stark eingegrenzt wird.

Dieser erste Versuch einer Abgrenzung der Fragestellung schließt eine spätere, theoretisch begründete Erweiterung des Geltungsbereiches des gefundenen Ergebnisses nicht aus. Diese Erweiterung im Sinne eines Generalisierungsversuchs oder systematischer Theorieüberlegungen berührt den Forschungsprozeß in dieser Phase aber noch kaum.

Ein Weg zur Abgrenzung der Fragestellung besteht in einer Aufschlüsselung der Frage durch Entwicklung eines größeren Katalogs von Unterfragen. Dieses Vorgehen empfiehlt sich fast immer auch deshalb, weil wissenschaftlich interessante Fragestellungen häufig komplexen Charakter besitzen. Sollte z. B. im gestellten Thema nach den Bedingungen für das Scheitern der Weimarer Demokratie gefragt werden, so würde ein möglicher Katalog von Unterfragen lauten:

Welche Rolle spielten die Verfassung und die staatlichen Institutionen für das Scheitern der Republik?
War in der Verfassung und in den entsprechenden Institutionen und Entscheidungsfindungswegen das Scheitern der Demokratie angelegt oder wurden diese verfassungswidrig zuungunsten der Demokratie instrumentalisiert?
Wenn letzteres zutrifft: Warum war es möglich?
Und von wem wurde diese verfassungswidrige Auslegung politischer Instrumente vorbereitet und eingesetzt?
Welche Rolle spielten einzelne Personen – wie der Reichspräsident und sein »Hof« – oder einzelne Gruppen – wie Parteien, Verbände und Bürokratien, wie die Militärs und die Beamtenschaft?
Gibt es einzelne Bereiche der Politik, von denen besonders zerstörerische Wirkungen ausgingen: die historische Belastung durch die obrigkeitsstaatlichen Strukturen und Verhaltensformen im Kaiserreich;
die historische Belastung durch Kriegsniederlage, Reparationen und Dolchstoßlegende;
die außenpolitische Belastung durch Reparationen und Nichtanerkennung der vermeintlichen deutschen Interessen in den internationalen Verhandlungen;
die sozio-ökonomische Belastung durch die Beibehaltung der kaiserlichen Führungseliten in der Republik, durch Reparationen, Inflation und Deflation; die Restauration der kapitalistischen Wirtschaftsform nach Scheitern der rätesozialistischen Ansätze?
Oder muß für das Scheitern der Weimarer Demokratie mangelndes demokratisches Verständnis als eine durchgängige geistige Einstellung mit entsprechenden Folgen für das soziale und politische Verhalten Einzelner und ganzer Gruppen verantwortlich gemacht werden?

Dies sind nur einige mögliche Fragen zum gestellten Beispiel. Schon sie machen deutlich, von wieviel unterschiedlichen Aspekten aus man eine Frage angehen kann. Und sie machen deutlich, wie wichtig die Reihenfolge der aufgeworfenen Fragen für die Begründung der Antwort sein kann. In dieser Phase der theoretischen Vorüberlegungen wird es noch nicht möglich sein, das Gewicht dieser einzelnen Unterfragen zur Beantwortung der aufgeworfenen Problemstellung abschließend zu beurteilen, da noch keine ausreichende Kenntnis über die Antworten auf die Unterfragen und ihre Bedeutung vorliegt. Auch wird das Verhältnis der einzelnen Unterfragen zueinander noch nicht endgültig geklärt werden können.

Der Wissenschaftler wird also offen bleiben und aufgrund seines Studiums des Quellenbereiches eventuell einige zunächst als unwichtiger angesehene Begründungsstränge in den Mittelpunkt seiner Argumentation stellen müssen. Diese geforderte Flexibilität kann aber an der Notwendigkeit nicht vorbeitäuschen, daß schon jetzt ein erster Versuch einer Ordnung der Beziehungen der einzelnen Elemente der Fragestellung, wie sie sich z. B. in den Unterfragen ausdrücken, in wohl begründeter Form nötig ist, um wissenschaftliches Fortschreiten bei der Suche der

Antwort überhaupt möglich zu machen. Oder anders formuliert: Schon jetzt wird zu überlegen sein, in welcher Reihenfolge welche Fragen unbedingt beantwortet werden müssen und welche Fragen zunächst zurückstehen können, um eine logisch und empirisch begründete Antwort auf die Gesamtfrage finden zu können.

Die an dieser Stelle geforderte Abgrenzung hat also noch keine Begrenzung des Themas im Sinne eines endgültigen Ausschlusses von Teilen des zu untersuchenden Gegenstandes zur Folge. Dies darf ohne wenigstens oberflächliche Kenntnis des gesamten Quellenmaterials nicht geschehen, da durch eine voreilige Vernachlässigung einzelner Elemente des Gegenstandes eventuell wichtige Begründungszusammenhänge übersehen würden. Es geht hier eher um die erste Festlegung einer gewissen Reihenfolge der Behandlung von Fragestellungen, wobei jederzeit die Bereitschaft der Erweiterung der Arbeit auf zunächst weniger wichtige Aspekte der Frage bzw. die Änderung der Reihenfolge der Beantwortung der Unterfragen bestehen muß. Diese Bereitschaft darf nicht nur passiv sein. Der Wissenschaftler ist aufgerufen, sich immer wieder während seines Forschungsvorhabens Rechenschaft darüber abzulegen, ob er in der geplanten Weise fortschreiten kann oder andere Unterfragen behandeln bzw. eine andere Reihenfolge einschlagen muß.

Wenn wir neben der ersten Abgrenzung von einer vorläufigen Festlegung der Reihenfolge der zu behandelnden Fragen sprachen, so geht es dabei um eine erste *Gliederung des Stoffes* und seiner Bearbeitung. Hierbei handelt es sich in aller Regel noch nicht um die spätere Gliederung der schriftlichen Aussage als Ergebnis der Forschungsarbeit. Die Gliederung im Sinne des Gesamtplanes einer wissenschaftlichen Arbeit ist im Gegensatz zur herkömmlichen Meinung nicht als primär anzusehen. Dieser Gesamtplan hat sicherlich eine große Bedeutung und verhindert eventuell verwirrende und zeitraubende Umwege im Forschungsprozeß, er sollte aber auch nicht bevorzugter behandelt werden als die einzelnen Gedankengänge selbst. Auf jeden Fall sollte die Problemstellung nicht mit der Gliederung des Forschungsplanes verwechselt werden. Die Problemstellung steht immer an erster Stelle; die Gliederung des Forschungsprozesses unterteilt den Forschungsplan in einzelne Abschnitte, die sinnvoll aufeinander bezogen sein sollen; die Gliederung der schriftlichen Arbeit schließlich ordnet lediglich das Gedachte. Die Problemstellung und der Forschungsplan haben als eine Art Vordisposition den Charakter der Vorläufigkeit. Die jeweilige Bearbeitung einer Frage wird fast immer zu einer Änderung des zunächst entworfenen Forschungsplanes führen und nur in den seltensten Fällen mit der Gliederung der abschließenden schriftlichen Arbeit übereinstimmen.

Wir haben an unserem Beispiel zur innerparteilichen Demokratie bereits gesehen, daß neben der Aufschlüsselung der Fragestellung in dieser ersten Phase bereits eine Bestimmung wichtiger Begriffe stattfinden muß. Dies hat gleichzeitig mit der Entwicklung des Katalogs von Unterfragen zu erfolgen. Beide Schritte ergänzen einander. Es geht hier um eine begriffliche Vorstrukturierung des Gegenstandsbereiches und eine Klärung der Terminologie.

Die *Begriffsklärung* ist im Wissenschaftsprozeß von einer derartigen Bedeutung, daß sie – besonders bei schwer befrachteten oder sehr komplexen Begriffen, wie z.B. »Politik« und »Macht« – allein schon ganze Untersuchungen beansprucht.

Uns haben hier aber zunächst allgemeinere Überlegungen zur Bedeutung der Begriffsklärung in der Wissenschaft zu interessieren. Wir stoßen dabei auf die Frage nach der Rolle der Sprache für den wissenschaftlichen Erkenntnisprozeß. Sprache hat als wichtigstes symbolisches Interaktionssystem mehrere Funktionen: sie ordnet Wahrnehmung – die Ordnungsfunktion –, sie bewertet Wahrgenommenes – die Bewertungsfunktion –, sie ermöglicht den Austausch von Informationen – die Kommunikationsfunktion. Oder anders formuliert: Neben der Erkenntnisfunktion kann Sprache auch Herrschaftsfunktion besitzen. Die Bedeutung, die den verschiedenen Funktionen der Sprache für den Erkenntnisprozeß zugemessen wird, schwankt und ist von den wissenschaftstheoretischen Grundpositionen, die in den vorstehenden Kapiteln dargestellt worden sind, abhängig.

Es ist an dieser Stelle notwendig, einen Blick auf das Verhältnis von *Sprache* und *Wirklichkeit* bzw. Begriff und Gegenstand zu werfen. Jede Sprache benutzt Begriffe zur Benennung von Objekten und Sachverhalten. Sie verfährt so, indem sie Wörter Gegenständen zuordnet. Gegenstand und Begriff fallen also nicht einfach zusammen, sie sind nicht identisch – oder genauer: als identisch zu beweisen. Die Wirklichkeit – das Konkrete – wie sie dem Forscher hier und jetzt in vielfältiger, ungeordneter und unübersehbarer Weise begegnet, läßt sich nicht als Ganzes erfassen. Es geht bei Erkenntnis immer schon um eine Auswahl. Der Wissenschaftler sondert in seiner Arbeit immer schon einen Teil des Gegenstandsbereiches aus und untersucht ihn unter einem bestimmten Aspekt. Und dieses Vorgehen wird gleich in zweierlei Weise wirksam. Jede Fragestellung beinhaltet schon die Wahl eines Ausschnittes von Wirklichkeit, die befragt werden soll, und die Benutzung von Sprache bedeutet schon eine Begrenzung von Erkenntnis.

Die unendliche Vielfalt der Sinneseindrücke wird durch die Sprache geordnet. Dies ist ein wertender Akt, der Wirklichkeit strukturiert, ja eine eigene Wirklichkeit herstellt. Die Sprache ist schöpferisch, weil sie die potentiell beliebige Wirklichkeit – auch beliebig zu strukturierende Wirklichkeit – in einer besonderen Form ordnet, in einer Form, die zumindest in starkem Umfange Bedingungen der Sprache folgt. So geben Satzoperationen wie »und«, »oder«, »nicht« in rein logischen Strukturen Beziehungen zwischen sprachlich gefaßten Gegenständen wieder. Es ist nicht nachweisbar, daß die Logik auch das strukturbildende Kriterium für Wirklichkeit ist. Das Problem wird schließlich noch dadurch kompliziert, daß die Wissenschaft heute neben der formalen Logik, die weitgehend die Umgangssprache bestimmt, auf anderen Axiomen beruhende logische Systeme kennt, deren Aussagen durchaus von den uns allgemein bekannten möglichen logischen Beziehungen zwischen zwei Symbolen abweichen, zur Klärung mancher Paradoxien formallogischer Aussagen aber notwendig sind.

Daß Begriff und Wirklichkeit nicht einfach zusammenfallen, läßt sich an folgendem Beispiel verdeutlichen: Aus dem Begriff »Demokratie« läßt sich nicht ableiten, was eine Demokratie ist. Eine Begriffsanalyse kann nur zeigen, was mit einer Demokratie gemeint ist.

Daraus folgt: Die Ordnung der Erfahrungswelt muß nicht mit der objektiven Wirklichkeit übereinstimmen, ja es besteht sogar kein Kriterium, das uns Sicherheit geben könnte, daß die sprachlich gefaßte Beschreibung von Wirklichkeit auch tatsächlich Wirklichkeit trifft. Und dies nicht nur wegen der Erfahrungsgrenzen und selektiven Aufmerksamkeit des Wissenschaftlers. Da Denken in Sprache erfolgt, werden in der Wissenschaft nicht Gegenstände, sondern in Sprache gefaßte Aussagen über Gegenstände untersucht.
Damit ist die Frage nach dem Wahrheitsanspruch von Wissenschaft gestellt. Kann sie Wahrheiten über Wirklichkeit beanspruchen oder muß sie sich bescheiden mit Wahrheiten über Sprachkonstruktionen? Wenn Sprache nur kommunikative Interaktionen zwischen denen, die Sprache gebrauchen, erlaubt, wird sie Wahrheiten über den Gegenstandsbereich nur behaupten, nicht begründen können. Sprache kann die Grenze des Systems Sprache zur Wirklichkeit hin nicht überschreiten. Jedes Nachdenken über Sprache und ihre Grenzen erfolgt wieder in Sprache – also im Rahmen jenes Instrumentes, das Wahrheit über Wirklichkeit nicht beweisen kann. An dieser Eigenschaft von Sprache, in der allein menschliche Erkenntnis sich artikulieren kann, scheitert offensichtlich jedes weitergehende auf Wirklichkeit ausgerichtete Erkenntnisinteresse. Oder anders formuliert: Durch Sprache kann man nicht das ausdrücken, was sich in ihr ausdrückt. In anderem Zusammenhang ist diese Frage nach den Bedingungen der Möglichkeit von Erkenntnis schon von Kant gestellt worden.

Wie die Auswahl der Fragestellung ist also auch der Gebrauch von Sprache eine normative Entscheidung. Die Folge ist, daß der Forscher nicht nur durch den befragten Ausschnitt der Wirklichkeit, sondern durch die Konstruktion der sozialen Wirklichkeit bei jedem Sprachgebrauch die Erkenntnis beeinflußt und von seinen Entscheidungen abhängig macht.

Es gibt ohne Zweifel bei einzelnen Schulrichtungen in der Wissenschaftstheorie Bemühungen, diesem Vorwurf mangelnden Beweises der Übereinstimmung von sprachlichen Aussagen über Wirklichkeit und Wirklichkeit selbst zu begegnen. Einige Wissenschaftler – nicht nur klassisch positivistische, sondern in der Tendenz auch materialistische – betonen, daß die Annahme unhaltbar sei, bei der Begriffsbildung handele es sich ausschließlich um Festsetzungen. Vielmehr spielten bei der Begriffsbildung neben der willkürlichen Konvention, d. h. der einfachen Festsetzung, empirische Befunde, d. h. der Begriff als Tatsachenaussage, eine ausschlaggebende Rolle.

Neben dieser einfachen Zurückweisung der oben genannten Sprachprobleme sind Wissenschaftler, hier besonders die kritischen Rationalisten, zu nennen, die darauf verweisen, daß die Sprache zwar eine eigene Ausdrucksform mit eigenem Wirklichkeitscharakter besitzt und Erfahrungen ersetzt, daß sie aber nicht völlig unabhängig von Erfahrung und offensichtlich als Kommunikationsmittel im sozialen System erfolgreich ist. Darüber hinaus aber behaupten sie eine eigenständige wissenschaftliche Geltung von Kommunikationsformen und halten sprachlich geformte Aussagen über Wirklichkeit als die Wirklichkeit wiedergebend dann für begründet, wenn und solange sie in der Wissenschaft als unbestritten richtig gelten. Diese so verstandene wissenschaftliche Sprache zeichnet sich durch Verwendung nur eindeutig bestimmter Begriffe aus. Sie ist eine *Kunstsprache* (Metasprache).

Wir haben zu fragen, ob dieser vorgeschlagene Ausweg uns tatsächlich von dem Vorwurf normativen Sprachgebrauchs in der Wissenschaft befreien kann; zwei gewichtige Einwände bestehen gegen diesen Ausweg:

Bei jeder *Definition* geht es immer darum, einen unbekannten Begriff durch bekannte zu erklären. Dies aber führt zu schwerwiegenden Problemen. Man erklärt den unbekannten Begriff durch andere, die selbst wieder zu erklären sind, so daß man in einen unbegrenzten Erklärungsprozeß gerät, der eine abgeschlossene und damit begründete Definition nicht zuläßt. Erkennt man diesen ad infinitum fortzusetzenden Definitionsprozeß nicht an, so definiert man Begriffe mit selbst noch zu definierenden und erliegt damit einem logischen Zirkel oder dogmatisiert bestimmte Begriffe. Dieser Einwand trifft übrigens nicht nur die Bemühungen, Übereinstimmung von Begriff und Gegenstand nachzuweisen. Er gilt für jeden Sprachgebrauch.

Der zweite Einwand betrifft den Charakter der *Kunstsprache.* Jede Kunstsprache ist abhängig von der Umgangssprache, ohne die sie weder entwickelt noch ihre Aussagen verstanden werden können. Die Definition der wissenschaftlichen Begriffe erfolgt unter Rückgriff auf die Alltagssprache und die Kommunikation mit Hilfe wissenschaftlicher Begriffe wird nur möglich sein, wenn die Teilnehmer am Kommunikationsprozeß das mit den Begriffen Gemeinte verstehen. Dies erfolgt dann erneut in der Umgangssprache. Da diese aber die oben aufgeführen Probleme der Wertgebundenheit besitzt, gilt dies auch für Wissenschaft, die sich einer Kunstsprache bedient.

Wir sollten uns also darüber im klaren sein, daß eine ganze Reihe von Faktoren – mit unterschiedlicher Bedeutung in der wissenschaftstheoretischen Diskussion – den wissenschaftlichen Erkenntnisprozeß beeinflussen und den Anspruch auf Objektivität wissenschaftlicher Aussagen beeinträchtigen:

1. Der *Entwicklungsstand der Gesellschaft*, in der der Forscher lebt und arbeitet, und das jeweilige *Erkenntnisinteresse*, das offenkundig oder versteckt den Forscher leitet. Der Entwicklungsstand ist mitverantwortlich für die Auswahl der Fragestellung, und das Erkenntnisinteresse ist zumindest in den Sozialwissenschaften nicht zu trennen von sozialen und politischen Erfahrungen und Zielen des Wissenschaftlers.
2. Die *Sprache*, das in der jeweiligen Wissenschaft erreichte *Erkenntnisniveau* und die *Methoden* des wissenschaftlichen Arbeitens.

Es liegt nach diesen Feststellungen auf der Hand zu fragen, ob Wissenschaft überhaupt noch eine sinnvolle Beschäftigung des Menschen ist. Die wissenschaftstheoretischen und erkenntnistheoretischen Fragen, die hier anzusprechen waren, beschäftigen das menschliche Denken seit Jahrhunderten. Neben diesen grundsätzlichen Diskussionen und unabhängig von den bisher nur unbefriedigenden, eher Probleme aufwerfenden als lösenden Ergebnissen haben die vielen Fachdisziplinen ihre Forschungen vorangetrieben und Erkenntnise formuliert. Wenn sich der Wissenschaftler der Bedingtheit und der Beschränktheit wissenschaftlicher Aussagen bewußt ist, wird wissenschaftliches Forschen durchaus seine Bedeutung behaupten können.

Allerdings fördert es die wissenschaftliche Diskussion, wenn die jeweilige Fragestellung, die gewählten Methoden und das Erkenntnisinteresse dem Leser erklärt werden und die Arbeit auf eindeutigen, explizit formulierten und während des gesamten Forschungsprozesses durchgehaltenen Definitionen aufbaut. Nur eindeutige Definitionen garantieren unter den eben dargestellten Begrenzungen die kommunikative und konsistente Verwendung der Begriffe. Ohne mehr oder weniger strenge und systematische Problemstellung und Fragestellung, Begriffsbildung und Hypothesenbildung kommt keine Wissenschaft, wie auch immer ihre wissenschaftstheoretische Orientierung ist, aus. Aber schon die Prioritäten sind unterschiedlich, und erst recht sind die Formen der Analyse und der Aussage kontrovers.

Definitionsarten

Man unterscheidet verschiedene *Arten von Definitionen.* Wenn wir von den genannten Problemen der Sprache und der Definition ad infinitum einmal absehen, geht es bei allen Definitionen um die Bestimmung von Merkmalen des jeweiligen Gegenstandes. Die wichtigsten Definitionen sind:

1. Die *Nominaldefinition:* Sie legt fest, welche Bedeutung einem bestimmten Terminus von jetzt an gegeben werden soll. Sie kann nicht falsch, wohl aber unsinnig sein.
2. Die *Realdefinition:* Sie gibt eine Aussage über die für wesentlich gehaltenen Eigenschaften eines Phänomens in der Realität. Sie ist eine Behauptung über die Beschaffenheit eines Gegenstandes und beansprucht empirische Gültigkeit, kann also falsch sein.
3. Die *operationale Definition:* Sie gibt die Art und Weise von Operationen an, mit denen ein empirischer Begriff gemessen werden kann. Zum Beispiel: Ein Ortsverein einer Partei wird als politisch aktiv in der geplanten Untersuchung verstanden, wenn von den Mitgliedern durchschnittlich eine bestimmte, eindeutig festzulegende Prozentzahl an den Veranstaltungen teilnimmt.

Beim Vorgang des Operationalisierens geht es um zwei Probleme bzw. Ziele: Die Problemstellung und die in ihr auftauchenden Begriffe müssen so gefaßt werden, daß sie vergleichende Messungen erlauben: Es ist die Aufgabe der Operationalisierung, eine detaillierte Menge von Instruktionen anzugeben, die es ermöglichen sollen, die in der Fragestellung enthaltenen Begriffe genau zu messen. Eine Entscheidbarkeit über Fragen muß möglich gemacht werden. Zweitens soll die Operationalisierung eines theoretischen Konzepts einen solchen Grad an Genauigkeit erreichen, daß die daraus resultierenden Ergebnisse intersubjektiv überprüfbar sind. Ein besonderes Problem der Operationalisierung besteht darin, daß viele soziale Einheiten, wie z. B. Interessenverband, soziale Klasse, Integration, derartig komplexer Natur sind, daß sie nur indirekt erkannt werden können. Es kommt dann darauf an, meßbare Phänomene, die auf diese sozialen Einheiten schließen lassen, zu untersuchen. Die Schwierigkeit besteht aber darin, daß häufig ein großer Unterschied zwischen einem solchen Indikator oder einer ganzen Reihe von Indikatoren, die zu einem Index zusammengefaßt werden, und dem zugrunde liegenden und zu untersuchenden Phänomen besteht.

Wenn wir auch in diesem Kapitel noch nicht die handwerklichen Elemente des Forschungsprozesses ausbreiten wollen, scheint es an dieser Stelle doch nötig zu sein, wenigstens kurz auf die Frage einzugehen, wie der Wissenschaftler in dieser Phase der Vorbereitung des Forschungsplanes noch ohne ausreichende Kenntnis des zu untersuchenden Gegenstandsbereiches und der bisher vorliegenden wissenschaftlichen Aussagen zur gestellten Frage oder zu Teilaspekten der Untersuchung bereits die Forschungsfrage aufschlüsseln und untergliedern sowie die wichtigsten Begriffe klären kann. In den meisten Fällen bringt die Lektüre von Handbüchern und Einführungen, in denen der in Frage stehende Untersuchungsgegenstand – eventuell nicht unter der hier gestellten Frage – behandelt wird, ausreichend Informationen, die die Durchführung dieser Aufgaben erleichtern. Mit Fortschreiten des Studiums werden die allgemeinen Kenntnisse des Studenten in seinem Fach wachsen, so daß er dann – auf diesen aufbauend und diese von anderen Forschungsergebnissen übertragend – ein Rüstzeug besitzt, das Kriterien zur Entwicklung von Fragestellungen beinhaltet. Zur Klärung von Begriffen greift auch der erfahrene Wissenschaftler immer noch zum Lexikon – wobei vor allem die spezifischen Fachlexika von besonderer Bedeutung sind. Mehr dazu im Kapitel über die Arbeitstechniken.

Hypothesen

Ist für eine wissenschaftliche Arbeit die Fragestellung systematisch formuliert und begrifflich abgeklärt, so besteht die Möglichkeit, nicht aber der Zwang, eine Hypothese explizit zu formulieren. Der Zwang besteht insofern nicht, als der Wissenschaftler in aller Regel – wenn auch manchmal unausgesprochen – eine bestimmte Antwort auf seine Frage sowieso erwartet und dies durch die Art der Fragestellung schon deutlich macht. Der Vorteil einer klar gedachten bzw. explizit gemachten Hypothese ist, daß der Wissenschaftler während des weiteren Forschungsprozesses eine Leitlinie zum Abfragen des Gegenstandsbereiches besitzt. Hypothesen sind solche Aussagen, die noch nicht dahingehend überprüft worden sind, ob die von ihnen behaupteten Sachverhalte auch den Tatsachen entsprechen.

Man unterscheidet mehrere *Arten von Hypothesen* nach ihrem Komplexitätsgrad. Die für uns wichtigsten sind:

1. Die *Existenzhypothese* behauptet die Existenz von eindeutig bestimmbaren Sachverhalten. Sie wird besonders bei beschreibenden, deskriptiven Untersuchungsverfahren herangezogen.

2. Die *Korrelationshypothese* behauptet die Existenz von Beziehungen zwischen Gegenständen und Sachverhalten. Sie ist in den Sozialwissenschaften sehr viel häufiger als erstere vorzufinden. Spezialfälle von

Korrelationshypothesen sind *Kausalhypothesen* – A verursacht, bedingt B – und *Nullhypothesen* – A und B sind voneinander unabhängig.
Auf den Unterschied von Korrelationshypothese und Kausalhypothese muß hier eindringlich verwiesen werden. Korrelationsaussagen geben zunächst nur einen bestimmten Grad an Wechselbeziehung zwischen zwei oder mehr sozialen Einheiten wieder, ohne daß damit kausal eindeutig begründete Verhältnisse zwischen Gegenständen bzw. Sachverhalten belegt sind. Was Ursache und was Wirkung ist, wissen wir damit noch nicht. In vielen empirisch ausgerichteten sozialwissenschaftlichen Arbeiten findet man eine allzu leichtfertige Gleichsetzung von Aussagen über Korrelationsbeziehungen und kausalen Beziehungen.

Arbeitsschritte

Der letzte Teil in dieser Phase des Forschungsprozesses besteht im *Entwurf der einzelnen Schritte*, mit denen der Forschungsplan durchgeführt werden soll. Durch die vorläufige Abgrenzung und Gliederung des in Frage stehenden Themas ist bereits eine gewisse Klärung des Untersuchungsfeldes erfolgt. Es ist jetzt notwendig, daß die zur Beantwortung der gestellten Frage benötigten Quellen und Daten bestimmt werden. Auch dies kann noch nicht abschließend sein, da bei Verwirklichung des Forschungsplanes eventuell Zwischen- bzw. Zusatzfragen auftauchen, die nur auf der Basis neuer Quellen beantwortet werden können. Hinzu kommt, daß in aller Regel vor Durchführung des Forschungsplanes der gesamte Gegenstandsbereich und die Bedeutung einzelner Teile für die gesuchte Antwort dem Wissenschaftler noch nicht in allen Einzelheiten bekannt sind. Auch hier wird wiederum die Offenheit des Wissenschaftlers gegenüber neu auftauchenden Quellen zu fordern sein.
Neben der Bestimmung des Untersuchungsfeldes ist jetzt auch das Verfahren zur Erhebung und Auswertung von Quellen und Daten festzulegen. Dies kann je nach dem Thema bis zur Konstruktion von Instrumenten und Auswertungstechniken – wie Skalen, Indizes oder Fragebögen – reichen. Schließlich ist an dieser Stelle, soweit nötig, bereits das Stichprobenverfahren zu bestimmen, mit dem die gefundenen Ergebnisse überprüft werden sollen. Gleichzeitig mit der Bestimmung der in der Untersuchung zu befragenden Quellen und Daten wird zu diesem Zeitpunkt bereits ein – wenn auch wiederum nur vorläufiges – Verzeichnis der zu verarbeitenden Literatur aufzustellen sein. Näheres über diese eher technischen Teile des Forschungsprozesses wird in den späteren Kapiteln folgen.
Zusammenfassend lassen sich für den vorbereitenden ersten Arbeitsgang folgende Elemente, die in einem Forschungsvorhaben in den

Sozialwissenschaften eine mehr oder weniger große Bedeutung haben, nennen:

1. Entscheidung zur Behandlung einer *Problematik* und Entwicklung der wissenschaftlichen *Fragestellung*.
2. Vorläufige *Abgrenzung* und *Ordnung* des Themas durch Aufstellung einer als Vordisposition zu verstehenden ersten Gliederung. Diese Schritte bauen auf auf einer Zusammenstellung der sich bietenden Möglichkeiten der Bearbeitung des Themas.
3. Bestimmung der auf der Gliederung beruhenden einzelnen *Untersuchungsziele* und Formulierung von *Arbeitshypothesen*.
4. Wahl geeigneter *Methoden* und *Untersuchungsverfahren* und Aufstellung eines vorläufigen *Literaturverzeichnisses*.

d) Durchführung des Forschungsplanes und Auswertung

Materialsammlung

Die erste Aufgabe in dieser Phase des Forschungsprozesses besteht in der *Materialerhebung*. Die Durchführung des Forschungsplanes verlangt zwei Schritte, die in einer gewissen Gleichzeitigkeit und gegenseitigen Verschränkung erfolgen sollten: Die Sammlung der Quellen und der bisher vorliegenden wissenschaftlichen Meinungen über diese Quellen.
Die Gleichzeitigkeit beider Arbeitsgänge ist vor allem deshalb wichtig, weil sie sich gegenseitig beeinflussen können. Aus der Kenntnis der wissenschaftlichen Diskussion wird der Stellenwert mancher in der Vorbereitungsphase formulierten Teilfrage verdeutlicht werden und die Suche nach bestimmten Quellen erfordern. Andererseits wird die wachsende Kenntnis des Untersuchungsgegenstandes eventuell Lücken oder Fehlinterpretationen in den bisher vorliegenden wissenschaftlichen Aussagen zum Untersuchungsfeld aufdecken und Anlaß zu besonderen Überlegungen geben. Die Aufgabe einer wissenschaftlichen Arbeit liegt ja nicht nur in der Beantwortung der aufgeworfenen Frage, sondern auch in der Diskussion und Beurteilung der bisher wissenschaftlich üblichen Interpretationen des in Frage stehenden Gegenstandes.
Die Bedeutung dieser beiden Arbeitsgänge für die jeweilige wissenschaftliche Studie mag unterschiedlich sein. Sie hängt von der gestellten Frage ab. Es gibt wissenschaftliche Arbeiten, in denen die Frage sich überhaupt nicht auf einen empirischen Gegenstand bezieht – oder genauer: empirische Studien zur Beantwortung der aufgeworfenen Fragen als überflüssig angesehen werden – oder bei denen die Aussagen anderer empirisch angelegter Studien lediglich verarbeitet werden. In dieser Form wissenschaftlicher Beschäftigung wird die Suche und Bearbeitung der Quellen kaum entscheidend sein. Diese Fälle finden wir

vor allem bei theoretischen Studien oder bei Arbeiten, die auf Fallstudien aufbauend allgemeiner geltende Aussagen versuchen. Andererseits kennt die Wissenschaft auch Forschungsvorhaben, bei denen eine Fülle von Quellen zu verarbeiten ist, Sekundärliteratur aber noch nicht vorliegt.

Es scheint notwendig, an dieser Stelle die Begriffe *»Quelle«* und *»Sekundärliteratur«* zu erklären. Auch dies soll hier nur andeutungsweise geschehen, da wir im Kapitel über die Arbeitstechniken nochmals darauf eingehen müssen.

Als *Quelle* bezeichnet man alles, was den in Frage kommenden Gegenstand darstellt. Texte – wie Urkunden, Verträge usw. –, Gegenstände – wie Bauten, Kunstwerke oder Produkte der Wirtschaft usw. – und Tatsachen – wie die Verbreitung von Sprachen oder soziale Verhaltensformen – werden als Quellen verstanden. In den Sozialwissenschaften werden die Quellen in aller Regel Gegenstände sein, die durch menschliches Handeln entstanden oder verändert sind, oder die ganz allgemein menschliche Tätigkeit oder menschliche Ansichten widerspiegeln. Man unterscheidet Quellen, die zufällig auf uns überkommen sind – man spricht von Überresten – und Quellen, die angelegt worden sind, um zu berichten – man spricht von Tradition.

Für uns ist an dieser Stelle wichtiger, daß es insoweit unterschiedliche Quellen gibt, als nicht jede Quelle dem Wissenschaftler manifest und sofort analysierbar gegenübertritt. Texte und Gegenstände sind lediglich zu sammeln und zu untersuchen. Daneben steht das weite Feld von Einstellungen und Verhaltensformen, die erst durch Anwendung bestimmter Techniken greifbar und damit analysierbar werden. Daten über die Einstellung von Bürgern gegenüber Parteien werden z. B. zwischen den Wahlterminen erst durch Befragung dieser Personen gewonnen werden können. Hier werden dann die oben schon einmal kurz angesprochenen Methoden der Erhebung von Daten angewandt werden müssen, um das Material sammeln zu können. Über die Bedeutung und Gewinnung von primären und sekundären Daten wird in späteren Kapiteln zu sprechen sein.

Schließlich müssen wir auf den Unterschied von Quellen und *Sekundärliteratur* verweisen. Quelle ist der noch nicht durch wissenschaftliche Meinungen interpretierte Gegenstandsbereich, der befragt werden soll. Sekundärliteratur beinhaltet wissenschaftlich begründete Aussagen über diesen Gegenstand. Sie sind für uns dann von Bedeutung, wenn sie die gestellte Frage inhaltlich anders beantworten, als wir es tun wollen, oder wenn sie die gestellte Frage mit anderen Methoden bzw. anderen Argumenten in gleicher Form beantworten. Sie sind aber auch dann für uns von Bedeutung, wenn sie Teilaspekte der in Frage stehenden Problematik behandeln, wenn sie andere Fragen, als wir behandeln

wollen, an den gleichen Gegenstand stellen oder ähnliche Theorien, wie wir sie herausarbeiten wollen, bei Behandlung anderer Gegenstände formuliert haben.
Als Besonderheit ist der Fall anzusprechen, bei dem Sekundärliteratur selbst zur Quelle wird. Bücher können diesen doppelten Charakter haben.

Wenn uns z. B. die Geschichte der großen europäischen Mächte des 16. bis 18. Jahrhunderts interessiert, so wären die Studien von Leopold von Ranke für uns eventuell Sekundärliteratur. Sollten uns aber die wichtigsten Theorien deutscher Historiker zur Erklärung staatlichen Verhaltens – hier z. B. die These von Ranke über das Primat der Außenpolitik – interessieren, so würden die gleichen Studien von Ranke für uns den Charakter der Quelle haben.

Die Fragestellung der eigenen Arbeit entscheidet also darüber, ob eine Schrift eines anderen Wissenschaftlers für uns Quelle oder Sekundärliteratur ist. Geht es uns bei unserer Frage nicht um einen Gegenstand, sondern um Meinungen über diesen Gegenstand, so sind diese Quellen. Dies befreit uns eventuell aber nicht von der Aufgabe, im Rahmen dieser Arbeit auch den Gegenstand selbst zu befragen. Dies ist nowendig, wenn wir die als Quelle verstandene wissenschaftliche Meinung unter anderem auf die Richtigkeit ihrer Aussage hin überprüfen wollen.
Sind die Quellen und die wissenschaftlichen Darstellungen über den Fragenkomplex gesammelt, gesichtet und grob geordnet, so folgt die Auswertung beider mit dem Ziel der Beantwortung der Forschungsfrage. Dieser Schritt der Auswertung hängt in seiner spezifischen Form von der untersuchten Fragestellung, von der Art des Quellenmaterials, von den angewandten Methoden, aber auch von den persönlichen Arbeitsgewohnheiten des Wissenschaftlers ab. Die Auswertung muß so gründlich erfolgen, daß Fehlinterpretationen des Gegenstandsbereiches und der wissenschaftlichen Meinungen über diesen nicht durch unzureichende Beschäftigung mit beiden entstehen. Eventuell sind jetzt auch die Ergebnisse durch spezielle Verfahren zu überprüfen.

Gliederung und Geltungsbereich

Nachdem nun der Gegenstand bekannt ist, kann auch die begründete und nun auch endgültige Abgrenzung der Fragestellung erfolgen. Es ist also durchaus üblich, daß ein Wissenschaftler sehr viel mehr Quellenmaterial durcharbeitet, als er später zur Beantwortung seiner Frage benötigt. Das gleiche gilt für die zu lesende Sekundärliteratur. Es ist nicht unbedingt ein Zeichen guter wissenschaftlicher Arbeit, alles erarbeitete Material später in die Darstellung aufzunehmen. Wenn es zur Beantwortung der aufgeworfenen Frage nichts beiträgt, und es für den

Leser verwirrende Umwege bedeutet, sollte auf eine solche reine Materialanhäufung verzichtet werden.

Gleichzeitig mit der Entscheidung über die Abgrenzung der Fragestellung kann nun auch die *Gliederung der Argumentation* festgelegt werden. Diese Gliederung hat primär dem Gesichtspunkt eines logischen Aufbaus der Gedankengänge zu folgen. Der Gesichtspunkt der Spannungskurve in der Darstellung hat demgegenüber untergeordnete Bedeutung. Vor allem sollte die Argumentation nicht – wie dies z. B. bei Kriminalromanen sinnvoll und gerechtfertigt wäre – auf fesselnde Darstellung achten, wenn dies nur mit einer Verwirrung des Lesers oder gar mit einem nicht schlüssigen Aufbau der Argumente zu erkaufen wäre.

Eine dritte Aufgabe besteht für uns in dieser Phase des Forschungsprozesses. Wir haben den *Geltungsbereich der gewonnenen Aussage* abzustecken. Dies bedeutet: Wir müssen uns darüber klarwerden, für welchen Gegenstandsbereich unter welchen Bedingungen die erarbeiteten Ergebnisse Gültigkeit haben. Es wird Fälle geben, bei denen der Geltungsbereich dadurch festgelegt wird, daß ein einmaliger Fall untersucht wird. Dies gilt z. B. häufig für historische Fragestellungen. Es wird auch Fälle geben, bei denen die zunächst begrenzt erarbeiteten Ergebnisse für eine sehr viel größere Zahl adäquater Fälle gelten. Die entsprechenden Überlegungen sollten mit äußerster Vorsicht und eventuell unter Einschaltung von erneuten empirischen Studien zur Klärung von Grenzfällen erfolgen. Die oben angesprochene Abgrenzung der Fragestellung und die jetzt betonte Vorsicht bei der Bestimmung des Geltungsbereiches der Aussagen schließen jedoch die Möglichkeit nicht aus, auf der Basis theoretischer Annahmen oder der Kenntnis anderer Studien über ähnliche Fragestellungen jetzt auch eine Erweiterung der Gültigkeit der Ergebnisse z. B. durch begründete Verallgemeinerung zu erreichen. Der meistens gewählte Weg einer solchen Ausweitung des Gültigkeitsanspruches besteht in der Herstellung eines wohl belegten Zusammenhanges zu bestehenden und schon ausreichend begründeten Theorien und der Einbettung in diese.

Mit dem gerade gegebenen Hinweis auf die möglicherweise notwendige Rückwendung zu erneuten empirischen Studien in der Spätphase des Forschungsprozesses haben wir einen wichtigen Punkt angesprochen. Es ist durchaus nicht so, daß die hier genannten einzelnen Schritte des wissenschaftlichen Arbeitens in dieser Gradlinigkeit nacheinander ablaufen. Manche Schritte erfolgen gleichzeitig und überlappen einander eventuell, manche Rückschritte zu eigentlich schon abgeschlossenen Phasen des Forschungsprozesses werden nicht auszuschließen sein, weil die inzwischen erarbeiteten Erkenntnisse eventuell neue Unter- oder Teilfragen aufwerfen, ohne deren Beantwortung wir die Gesamtfrage nicht ausreichend schlüssig abgrenzen, gliedern oder gar beantworten können. Der Wissenschaftler wird also auch in diesem Punkte flexibel bleiben müssen. Er hat auch hier einen großen Spielraum in Verfahrensfragen, dessen Ausfüllung seine persönliche Entscheidung ist.

Arbeitsschritte und Ergebnisse

Nach Abschluß dieser Schritte folgt als letzte Phase des Forschungsprozesses die *schriftliche Darstellung der Ergebnisse*. Erst durch diesen Arbeitsvorgang tritt die wissenschaftliche Beschäftigung mit einem Themenbereich aus der privaten Sphäre in die der wissenschaftlichen Diskussion. Auch dieser Arbeitsgang kann sich in mehrere Teilschritte untergliedern, die aufeinander bezogen sind. Auch hier kann die Gliederung erneut im Sinne eines Rückschrittes nochmals – meist allerdings nur geringfügig – verändert werden. Auch in dieser Schlußphase des Forschungsprozesses kann sich nochmals die Notwendigkeit ergeben, die bereits abgeschlossenen empirischen Studien oder die Lektüre der Sekundärliteratur erneut zu eröffnen. Der Grund für diese Forderung nach Flexibilität bis zum Schluß liegt darin, daß der Wissenschaftler meist erst im Augenblick und unter dem Zwang des schriftlichen Formulierens sich völlig sicher wird, alle notwendigen Argumente zur Beantwortung der gestellten Frage im Forschungsprozeß kennengelernt zu haben.
Zusammenfassend lassen sich also folgende Elemente des Forschungsprozesses im Rahmen der Durchführung des Forschungsplanes nennen:
1. *Sammlung und Auswertung der gesamten Fachliteratur*, die zum bearbeiteten Thema erschienen ist, und *Durchführung von Untersuchungen*, Experimenten, Erhebungen usw. im anstehenden Quellenbereich. Es ist für den weiteren Arbeitsprozeß sinnvoll, Untersuchungsniederschriften und Beobachtungsprotokolle anzufertigen und Auszüge aus der Literatur bzw. aus den Quellen zu erstellen. Eventuell ist jetzt auch eine Überprüfung der Untersuchungsergebnisse durch mathematische und statistische Verfahren notwendig.
2. Endgültige und begründete *Abgrenzung und Gliederung* der erarbeiteten Antwort auf die gestellte Forschungsfrage. Kritische Beleuchtung und Überprüfung der eigenen Untersuchungsergebnisse unter Berücksichtigung der Fachliteratur. Zugleich Festlegung des Geltungsbereiches der eigenen Ergebnisse.
3. *Schriftliche Formulierung des Forschungsergebnisses* durch Aufnahme der für die Beantwortung der gestellten Frage tatsächlich notwendigen Ergebnisse des quellenbezogenen Forschungsteiles und der Diskussion und Beurteilung der wichtigen Aussagen in der Sekundärliteratur. Aufstellung des Inhalts- und Literaturverzeichnisses, eines Verzeichnisses der Abkürzungen und Abbildungen, Anfertigung der Tabellen und Abbildungen – soweit vorhanden.

Schließlich Überprüfung des Manuskriptes, d. h. des Textes, des Inhaltsverzeichnisses, der Zitate, der Abkürzungen und Fußnoten auf sachliche und sprachliche Richtigkeit.

2. Zum Aufbau einer schriftlichen wissenschaftlichen Arbeit

a) Forschungsprozeß und seine schriftlichen Ergebnisse

Zunächst einmal ist der Hinweis wichtig, daß die Stufen des Forschungsprozesses – die einzelnen Schritte, die uns zur Beantwortung unserer Forschungsfrage führten – nicht identisch sind mit der Gliederung der schriftlichen Arbeit. Die Darstellung der Forschungsergebnisse ist als Teil des Forschungsprozesses zu verstehen, die allerdings einem eigenen Aufbau folgt, da sie eine andere Funktion besitzt als der Forschungsprozeß selbst. Die Systematisierung und Organisation der Arbeit an einem Forschungsprojekt dienen der begründeten Beantwortung einer Forschungsfrage. Die schriftliche Arbeit verfolgt ein anderes Ziel. Sie will diese erarbeitete Antwort anderen mitteilen. Das Ordnen der Gedanken in der Gliederung der schriftlichen Arbeit erfolgt sicherlich nach inhaltlichen, logischen und methodischen Gesichtspunkten. Neben diesen drei Kriterien muß aber der Gesichtspunkt entscheidend sein, daß die Ergebnisse in einer Form vorgetragen werden, die dem Leser leicht verständlich und nachvollziehbar ist. Die einzelnen Teile einer schriftlichen wissenschaftlichen Arbeit stellen also nicht willkürliche und nur äußerliche Trennstriche des Gedankenganges dar. Jeder Abschnitt im Aufbau einer solchen Arbeit hat eigene wichtige Funktionen, die dem besseren Verstehen der ganzen Darstellung dienen sollen.
Wir wollen im folgenden die Aufgaben dieser einzelnen Teile kennenlernen. Dazu nochmals der Hinweis: Die Kenntnis der folgenden Überlegungen erleichtert nicht nur die Anfertigung eigener schriftlicher Arbeiten. Sie verbessert auch die Möglichkeit, sich fremde Arbeiten rascher zu erschließen, zu verstehen und zu kritisieren.

b) Vorwort und Einleitung

Manche wissenschaftliche Arbeit besitzt ein *Vorwort* – auch Vorrede genannt. Dieses Vorwort ist kein integraler Bestandteil der schriftlichen Darstellung der Forschungsergebnisse. Überlegungen und Argumente, die in irgendeiner Form zur Formulierung und Beantwortung der aufgeworfenen Forschungsfrage beitragen, gehören nicht hierher. Im Vorwort mag der Autor eventuell berichten, warum er gerade der behandelten Frage nachgegangen ist und welche Schwierigkeiten vielleicht bei der Materialbeschaffung bestanden haben. Biographische Anmerkungen und Danksagungen – eventuell auch gegenüber demjenigen, der den Autor auf die Fragestellung gewiesen hat – sind an dieser Stelle unterzubringen.

Wir können allerdings leider nicht verschweigen, daß die geforderte klare Trennung von Vorwort, das nicht zur eigentlichen Arbeit gehört, und *Einleitung*, die ein sehr bedeutsamer Teil der Darstellung ist, nicht immer durchgehalten wird. Teilweise findet man Verwechslungen der Überschriften »Vorwort« und »Einleitung«, so daß unter dem Begriff »Vorwort« bereits in das Thema eingeführt wird. Außerdem wird der Leser sicherlich auch schnell auf Bücher stoßen, bei denen Vorwort und Einleitung miteinander vermischt werden – welcher Begriff auch immer als Überschrift gewählt worden ist. Bei klarem Begriffsgebrauch läßt sich sagen, daß das Vorwort kaum etwas über das wissenschaftliche Projekt aussagt und daher zum Verständnis der Studie auch nicht bekannt sein muß. Da der Leser aber nicht sicher sein kann, ob Vorwort und Einleitung klar im angesprochenen Sinne getrennt sind, wird es nützlich sein, das Vorwort wenigstens zu überfliegen und auf wichtige Aussagen zum behandelten Thema hin zu überprüfen.

Aus dem Gesagten sollte schon deutlich geworden sein, daß das Vorwort bei einer wissenschaftlichen Arbeit fehlen kann – ganz im Gegensatz zur Einleitung, der fast immer ein ganz entscheidendes Gewicht in der schriftlichen Darstellung des Forschungsergebnisses zukommt. Statt des Begriffs »Einleitung« finden wir auch die Überschrift »Einführung«. Einige Autoren verzichten auf diese Begriffe bei der Kennzeichnung ihrer Einleitung und geben dieser schon eine vom jeweiligen speziellen Gegenstand her bestimmte Überschrift. Dies ist legitim, wenn dieses einführende Kapitel die gleichen Funktionen übernimmt wie die Einleitung.

c) Die Funktionen der Einleitung

Die *Einleitung* hat so viele verschiedene Aufgaben, daß man ohne Übertreibung sagen kann, sie habe die gleiche Bedeutung wie der dann folgende Hauptteil der schriftlichen Darstellung. Eine gute Einleitung sagt dem Leser manchmal mehr über die Forschungsfrage und die Probleme ihrer Beantwortung als der Hauptteil.

Es wird häufig gefragt, welchen Umfang die Einleitung haben sollte, und als Antwort wird meist gesagt, sie sollte ein Sechstel der Gesamtdarstellung nicht überschreiten. Uns scheint diese Antwort wenig sinnvoll zu sein, da einzig die behandelte Thematik für den Umfang entscheidend ist. Wichtiger als der Umfang ist die jeweilige Überprüfung, ob die formulierte Einleitung auch alle an sie gestellten Aufgaben erfüllt.

Ebensowenig Bedeutung hat der häufig gemachte Vorschlag, in das Thema von einem Gemeinplatz, einem aktuellen Ereignis oder einer konkreten Episode her einzuführen. Dies mag für den Leser die Spannung erhöhen und, solange ein solcher Einstieg die Aussage der Studie nicht verfälscht, auch nicht schädlich sein. Nur sollte man einen solchen Einstieg nicht überbewerten. Eine wissenschaftliche Studie wird nicht wegen der Aufmachung, sondern wegen der Erkenntnisse, die sie vermittelt, gelesen. Sie ist kein Kriminalroman, bei dem die auf Spannung angelegte Komposition des Stoffes den Leser zum Weiterlesen reizen soll. Wichtiger ist, daß die Einleitung die ihr übertragenen Funktionen ausfüllt. Das Gesagte ist auf keinen Fall ein Plädoyer für staubtrockene Wissenschaft. Natürlich sollte man – soweit die Logik der Argumentation nicht durchbrochen wird – den Stoff dem Leser so »spannend« wie möglich servieren.

Die erste Aufgabe der Einleitung besteht in der Formulierung der behandelten Problemstellung und der darauf aufbauenden Fragestellung. Dies sollte nicht dadurch geschehen, daß man dem Leser in einem einzigen Satz die gestellte Thematik in Frageform vorlegt. Es trägt zum Verständnis bei, wenn der Autor einer Studie die Fragestellung problematisiert, diskutiert und dem Leser ausbreitet. Diese Aufschlüsselung der behandelten Thematik kann durch die Entwicklung von Unterfragen geschehen. Es ist dabei nicht nötig, die Fragen in Frageform vorzutragen.

Nützlich für eine Einschätzung der Arbeit durch den Leser sind in diesem Zusammenhang Überlegungen zur *Relevanz der Fragestellung*, wobei wir unter Relevanz die Bedeutung der behandelten Thematik für den Fortschritt der Wissenschaft, aber auch für die Weiterentwicklung von sozialer Wirklichkeit verstehen. Die häufig zu hörende Meinung, daß der jeweilige Wissenschaftler durch die Tatsache, daß er sich eines Themas annimmt, bereits stillschweigend bewiesen habe, es sei ausreichend relevant, kann nicht befriedigen. Andererseits wird jede wertende Aussage dem Meinungsstreit unterworfen sein, so daß die Relevanz eines Themas nicht apodiktisch behauptet, sondern lediglich argumentativ diskutiert werden sollte. Aber auch dieses bescheidenere Verständnis des Relevanzkriteriums nimmt ihm nichts von seiner Bedeutung. Abgesehen davon, daß der Autor sich selbst über sein Thema Sicherheit verschaffen kann, wenn er sich zwingt, über die Relevanz seiner Frage nachzudenken und die Ergebnisse schriftlich niederzulegen, wird dieser Vorgang auch ganz erheblich zum frühzeitigen Verständnis seiner Ausführungen durch den Leser führen.

Ist die Problemstellung genannt, die Fragestellung erarbeitet und die Relevanz diskutiert, so ist in der Einleitung die *Abgrenzung der Fragestellung* bzw. der folgenden Ausführungen dem Leser vorzutragen. Dies kann wiederum nicht in einer einfachen Setzung erfolgen. Dem Leser müssen begründet und mit Blick auf die den untersuchten Gegenstand betreffenden wissenschaftlich bereits erarbeiteten Theorien und Erkenntnisse sowie auf die Merkmale des untersuchten Gegenstandsbereiches die Abgrenzungskriterien erläutert werden. Es muß vor allem gezeigt werden, daß die Abgrenzung nicht willkürlich durchgeführt wird und durch sie keine für die Beantwortung der Forschungsfrage zentralen Elemente des Quellenbereiches, der Sekundärliteratur, aber auch möglicher Argumente aus der folgenden Darstellung ausgeschlossen sind. Dies kann allerdings nicht dadurch geschehen, daß alle inhaltlichen Ergebnisse der Forschungsarbeit schon in der Einleitung ausgebreitet werden. Sollte es mal nötig werden, für eine begründete Abgrenzung schon zu stark in die inhaltliche Diskussion einsteigen zu müssen, so empfiehlt es sich, diese Begründung der Abgrenzung in der Einleitung nur anzudeuten und im übrigen auf den folgenden Hauptteil zu verweisen.

Schließlich besteht in der Einleitung die Möglichkeit – nicht aber der Zwang –, die schon begründet abgegrenzte Fragestellung in die Form einer *Hypothese* zu bringen. Eine Hypothese ist seit Newton eine Annahme über Wirklichkeit, von der behauptet wird, daß sie Erscheinungen erklären kann. Im Hauptteil der Studie wäre dann zu zeigen, daß diese Annahme tatsächlich diese Fähigkeit besitzt. Allerdings muß an dieser Stelle bereits darauf verwiesen werden, daß sich heute die meisten Wissenschaftler darüber einig sind, daß ein Beweis der Richtigkeit der Annahme im Sinne einer vollständigen Induktion im Bereich der Sozialwissenschaften aus logischen Gründen heraus nicht möglich ist. Dies hat zur Folge, daß die Grenze zwischen Hypothese und Theorie verschwimmt, da auch eine Theorie nur bewiesen werden kann unter dem Zusatz, daß die Gültigkeit nur so lange gilt, wie die Wirklichkeit nicht widerspricht. Oder anders formuliert: Wissenschaftliche Erklärungen von Wirklichkeit werden heute ausgehend vom kritischen Rationalismus im Forschungsprozeß nicht mehr verifiziert – es wird nicht bewiesen, daß alle denkbaren Fälle der These entsprechen –, sondern falsifiziert, was bedeutet: Wir kennen im Augenblick noch keine Erkenntnis, die der Theorie widerspricht oder in der Reichweite ihrer Deutung von Wirklichkeit weiter einschränkt, als dies die formulierte These selbst tut.

Die Einleitung einer wissenschaftlichen Arbeit hat weitere Aufgaben zu übernehmen. In ihr sind die wichtigsten in der folgenden Darstellung gebrauchten *Begriffe* zu klären. Zumindest die zentralen Termini der Überschrift müssen dem Leser frühzeitig erläutert werden. Dieses Klärungsbedürfnis gilt nicht nur für Begriffe, bei denen der Autor annehmen muß, daß sie dem Leser unbekannt sind, so daß bei mangelnder Klärung Mißverständnisse die Folge wären. Wir müssen leider immer wieder feststellen, daß der gleiche Terminus von verschiedenen Wissenschaftlern bzw. wissenschaftlichen Schulrichtungen unterschiedlich gebraucht wird. Um dies an einem Beispiel deutlich zu machen, sei auf folgende Kontroverse verwiesen:

Der Begriff »Faschismus« ist nicht nur in der politischen Polemik umstritten. Er wird in der Wissenschaft sowohl als Individual- als auch als Allgemeinbegriff gebraucht. Einmal meint er die isolierten einmaligen Vorgänge in Italien unter Mussolini; zum anderen wird er verstanden als Sammelbegriff für alle möglichen oder doch einen großen Teil der Rechtsdiktaturen. Entsprechend unterschiedlich ist Reichweite und Gehalt des jeweils benutzten Begriffs.

Der Leser sollte frühzeitig in der Einleitung über die Definitionen informiert werden, die der Autor für die zentralen Begriffe seiner Arbeit entwickelt hat.

In der Einleitung sollte außerdem, soweit für das Verständnis notwendig, dem Leser gesagt werden, mit welcher *Methode* die aufgeworfene Frage im Hauptteil der Studie beantwortet werden soll. Dies ist vor allem dort von Bedeutung, wo die gewählte Methode ausschlaggebend für die Bearbeitung der Thematik ist, vielleicht als ausgefallen zu gelten hat und zu erwarten ist, daß sie umstritten sein wird. Die Angabe der Methode ist auch dort von Bedeutung, wo die Frage in der Wissenschaft bereits eine Antwort kennt, der Autor aber auf einem anderen Wege und mit anderen Argumenten zum gleichen oder auch zu einem anderen Ergebnis kommt. Sollte die Diskussion der angewandten Methoden aber – eventuell in Auseinandersetzung mit anderen wissenschaftlichen Studien – einen zentralen Stellenwert der gesamten Arbeit mit umfangreichen Darlegungen ausmachen, so empfiehlt es sich, diese Methodenfrage in der Einleitung nur kurz anzudeuten und die eigentliche Diskussion der Arbeitsmethoden in den Hauptteil zu verschieben.

Schließlich ist es von Vorteil, in der Einleitung dem Leser bereits die *Gliederungsgesichtspunkte* zu erklären. Das Ordnungsprinzip der Argumentation ist von ganz entscheidender Bedeutung für das Verständnis, aber auch für eine Überprüfung der in der Studie vorgetragenen Aussagen. Dieses Ordnungsprinzip darf nicht zufällig sein, sondern muß wohlbegründet werden. Läßt es sich allerdings nur unter Heranziehung des gesamten Inhalts der Studie begründen, so sollte dieser Arbeitsschritt erst im Hauptteil dem Leser vorgeführt werden.

Schließlich werden wir in einigen wissenschaftlichen Arbeiten bereits in der Einleitung eine *Beschreibung des untersuchten Gegenstandes* finden. Dies kann immer dann geschehen, wenn es sich vom Umfang her vertreten läßt, wenn es zum Vorverständnis wichtig ist und wenn es nicht von zentraler Bedeutung für die inhaltliche Diskussion im Hauptteil ist. Ein

Archäologe wird eventuell einen Gegenstand, den er auf eine bestimmte Frage hin untersuchen will, in der Einleitung kurz darstellen. Ein Sozialwissenschaftler, der sich z. B. unter einer bestimmten Thematik mit einer sozialen Gruppe beschäftigt, wird eventuell die schon bekannten Merkmale dieser sozialen Einheit kurz darstellen.

Fassen wir das Gesagte unter der Frage zusammen: Was sollte der Leser nach der Lektüre der Einleitung einer Studie von dieser wissen? Er sollte erfahren haben, welche Frage in dieser Forschungsarbeit in welcher Form begrenzt und unter Verwendung welcher wichtigen Begriffe nach welchen Gliederungsgesichtspunkten mit welcher Methode beantwortet werden soll. Eventuell ist diese Frage bereits als Hypothese formuliert. Nach Lektüre der Einleitung wird er noch nicht die einzelnen, vom Gegenstand und von der Sekundärliteratur her entwickelten Begründungen der zu entwickelnden Antwort auf die Forschungsfrage bzw. Hypothese kennen.

Wir müssen uns darüber im klaren sein, daß das hier über die Einleitung Gesagte – wie auch das noch zu den anderen Teilen der schriftlichen Arbeit zu Sagende – heuristischer Natur im Sinne einer Checkliste ist. Wir werden nicht immer alle diese Elemente in allen Einleitungen finden, sei es, weil der einzelne Wissenschaftler auf einige Punkte einfach verzichtet, sei es, weil das behandelte Thema nicht alle diese Aufgaben von der Einleitung erfordert. Trotzdem ist die Kenntnis dieser Funktionen der Einleitung wichtig für die wissenschaftliche Arbeit. Sie gibt die Möglichkeit, eine Einleitung auf diese Funktionen hin zu lesen und bei Beantwortung dieser Fragen durch den Autor einen Überblick über die in der Studie behandelte Frage zu gewinnen. Auch wenn wir den Hauptteil der Arbeit gar nicht lesen – eventuell weil wir aus der Einleitung erkennen, daß die hier in Frage stehende Problematik für unser eigenes Forschungsvorhaben nicht von Bedeutung ist – wissen wir jetzt doch schon, in welcher Richtung die gesamte wissenschaftliche Diskussion durch die vom Autor aufgeworfene Fragestellung weitergetrieben wird. Allerdings sollten wir uns nach der Lektüre der Einleitung davor hüten, die gesamte Studie in ihrer Bedeutung schon beurteilen zu wollen. Dazu ist die Kenntnis der inhaltlichen Argumentation, die wir nur durch das Studium des Hauptteiles der Arbeit erfahren können, nötig. Den Wissenschaftler interessiert allerdings an einer fremden Studie häufig zunächst einmal nur die Frage nach den augenblicklichen Forschungsthemen in der Wissenschaft – ohne daß er in jedem Fall dann auch die Beantwortung der Forschungsfrage wünscht. Dieses bescheidenere Ziel sollte bei einer guten Einleitung für den Leser erreichbar sein.

Ein Wort an dieser Stelle noch zu einer bestimmten Form wissenschaftlicher Diskussion. Es gibt eine besondere Art von *wissenschaftlichen*

Aufsätzen in den Fachzeitschriften, die im Grunde einer solchen Einleitung entsprechen. Auch sie wollen keine positiven wissenschaftlichen Ergebnisse vortragen, sondern mögliche Forschungsthemen in Frageform bzw. in Hypothesenform formulieren – meist geschieht dies als Vorbereitung zu einer größeren wissenschaftlichen Arbeit. Dies ist eine häufig gewählte Form, eine bestimmte Hypothese in der Wissenschaft zur Diskussion zu stellen, bevor dann darauf aufbauend der intensive Forschungsprozeß beginnt. Die regelmäßige Lektüre derartiger Aufsätze in den Fachzeitschriften gibt auch dem wissenschaftlichen Neuling die Möglichkeit, schnell den Gang der wissenschaftlichen Auseinandersetzungen und der gerade wissenschaftlich behandelten Fragestellungen kennenzulernen. Wir haben bereits darauf hingewiesen, daß wissenschaftliches Arbeiten nicht in der Wiederholung schon bekannter Erkenntnisse bestehen kann. Es ist daher für den Wissenschaftler von großer Bedeutung, den Gang der wissenschaftlichen Diskussion ohne großen Aufwand an Zeit kennenzulernen. Die Lektüre von Einleitungen im oben beschriebenen Sinne und entsprechender Aufsätze kann hier sehr hilfreich sein.

d) Die Funktionen des Hauptteiles

Der Hauptteil der wissenschaftlichen Arbeit hat zwei Aufgaben zu erfüllen, die dem Ziel dienen, die aufgeworfene und in der Einleitung vorgestellte Forschungsfrage jetzt für den Leser zu beantworten.
Dies verlangt in aller Regel eine *Befragung des Gegenstandsbereiches*, der in Frage steht. Der Autor wird dem Leser also vorzuführen haben, welche Aussagen sich aufgrund der Untersuchung des empirischen Gegenstandes ergeben. Der Gegenstand ist insoweit vor dem Leser auszubreiten, zu diskutieren und zu analysieren, wie es notwendig ist, um die entwickelten Thesen zu verstehen. Überflüssige Informationen über den Quellenbereich – auch wenn sie für sich genommen noch so interessant sind –, die zur Beantwortung der gestellten Frage nichts beitragen, sollten möglichst nicht in den Text aufgenommen werden.
Die zweite Aufgabe des Hauptteiles besteht in der Diskussion der anderen in der Wissenschaft zu dieser oder zu vergleichbaren Fragen entwickelten Meinungen. *Sekundärliteratur* kann also zwei Aufgaben haben. Sie kann uns zusätzlich Aussagen über den Gegenstand geben. Hier aber ist die zweite Aufgabe gemeint, die Erklärungsversuche des behandelten Themas oder übertragbarer Themenbereiche. Einwände, mögliche Widersprüche, gegensätzliche Auffassungen, aber auch bestätigende oder erweiternde Aussagen sind zu behandeln und zu beurteilen. Auch hier kommt es darauf an, wichtige wissenschaftliche Meinungen nicht zu übergehen, andere Aussagen, die zwar ihren besonderen Wert

für den Fortgang der wissenschaftlichen Erkenntnis ganz allgemein haben mögen, aber zur Beantwortung der hier behandelten Fragen nichts beitragen, bewußt nicht zu berücksichtigen.
Wenn wir von den zwei Aufgaben – der Darlegung, Ordnung und Analyse der Fakten und der Auseinandersetzung mit anderen Lehrmeinungen – sprachen, so haben wir sicherlich wieder in idealtypischer Form die Funktionen des Hauptteiles angesprochen. Es handelt sich um zwei Aufgaben, deren Bedeutung für die einzelnen Forschungsarbeiten unterschiedlich ist. Es gibt einerseits Arbeiten, für die die Auseinandersetzung mit dem Gegenstand im Sinne empirischer Studien weniger Gewicht besitzt, weil die Fragestellung sich stark in die theoretische Diskussion hineinbegibt, sich auf die Auseinandersetzung über verschiedene widersprüchliche Aussagen in der Wissenschaft konzentriert – wie dies z. B. Literaturberichte tun – oder sich mit der Klärung von Begriffen beschäftigt. Wir wollen dies an einem Beispiel deutlich machen, das nicht aus dem Bereich der Sozialwissenschaften stammt, aber dafür besonders eindringlich ist.

In der modernen Physik hat sich heute teilweise eine Arbeitsteilung durchgesetzt. Einige Wissenschaftler konzentrieren und beschränken sich auf die Entwicklung theoretischer Annahmen zur Erklären von Phänomenen, andere arbeiten vor allem empirisch. Sie beweisen die Übereinstimmung der Empirie mit diesen von anderen Wissenschaftlern entwickelten Annahmen oder formulieren Problemstellungen aufgrund der Beobachtungen der Empirie, die noch erklärunggswürdig sind – für die eine erklärende Theorie gesucht wird.

Auch wenn sich in den Sozialwissenschaften eine so deutliche Trennung der wissenschaftlichen Arbeitsgänge noch nicht zeigt, ist sicherlich doch in den Ansätzen auch hier schon von einer gewissen Arbeitsteilung zu sprechen. Dies um so mehr, als sich in diesen unterschiedlichen Zielen wissenschaftlicher Studien die weiter oben beschriebenen wissenschaftstheoretischen Positionen widerspiegeln.
Andererseits kennen die Sozialwissenschaften auch Arbeiten, die sich zwangsläufig auf eine Analyse sozialer Wirklichkeit beschränken müssen, da diskussionswürdige Sekundärliteratur zum Thema in der Wissenschaft noch nicht vorliegt.
Ein letztes Wort zum Hauptteil. Dieser Abschnitt der schriftlichen Arbeit wird meist einen solchen Umfang haben, daß er unbedingt untergliedert werden sollte. Die Gesichtspunkte, die zur Gliederung und Komposition des Stoffes in verschiedenen Kapiteln führen, werden sich aus der Argumentationsreihe ergeben. Auf jeden Fall sollte die Gliederung nicht zu einem Auseinanderreißen der Behandlung der Fakten und der Diskussion der Sekundärliteratur in zwei getrennte Abschnitte des Hauptteiles führen. Diese beiden Funktionen sind meist so weit ineinander verwoben, daß sie gleichzeitig behandelt werden sollten.

e) Die Funktionen der übrigen Teile einer schriftlichen wissenschaftlichen Arbeit

Schlußteil

Wenn die Funktionen des Hauptteiles einer schriftlichen wissenschaftlichen Arbeit klar und eindeutig zu beschreiben waren, so ist dies von den Aufgaben des *Schlußteiles* einer solchen Darstellung nicht so eindeutig zu sagen.

Meistens wird vom Schlußteil gefordert, daß er eine *Zusammenfassung* der Forschungsergebnisse bringen soll. Wir müssen ein wenig vor dieser Auffassung warnen, auch wenn wir sie nicht völlig ablehnen wollen. Die Zusammenfassung darf und kann keine bloße Wiederholung des in der Einleitung und im Hauptteil Ausgesagten werden. Wenn man tatsächlich die Forschungsergebnisse in der kurzen zusammenfassenden und ausreichend begründeten Form behandeln kann, ist die umfassendere, offensichtlich dann unnötig verlängerte Darstellung des Hauptteiles überflüssig. Die Zusammenfassung kann also höchstens in einer thesenartigen, die Begründung der Antwort nicht wiederholenden oder höchstens andeutenden, in wenigen Punkten formulierten Wiedergabe der Forschungsergebnisse bestehen. Dies mag bei einer Reihe von wissenschaftlichen Arbeiten sinnvoll sein, eignet sich aber nicht in jedem Fall. Wenn eine solche Zusammenfassung gewählt wird, sollte darauf geachtet werden, daß sie nicht bloß eine simplifizierende Wiederholung der komplexeren Aussagen des Hauptteiles darstellt. Der differenzierende Charakter, durch den fast jede wissenschaftliche Aussage gekennzeichnet ist, darf auch in der Zusammenfassung nicht verlorengehen.

Wichtiger sind andere Aufgaben des Schlußteiles. An erster Stelle sind die Bestimmungen des Geltungsbereiches der Aussage und die Festlegung einer möglichen Generalisierung der Aussagen bis hin zur Theoriebildung zu nennen. Es gibt viele sozialwissenschaftliche Arbeiten, bei denen diese drei Aufgaben bereits im Hauptteil mit zu erfüllen sind. Die behandelten Fragestellungen sind ausschlaggebend für die Entscheidung, diese drei Probleme im Hauptteil zu behandeln oder, wenn sie sich so weit von der im Mittelpunkt des Hauptteiles stehenden Beantwortung der Forschungsfrage trennen lassen und nicht die zentralen Aufgaben des Forschungsprojektes selbst sind, dies erst im Schlußteil zu tun.

Aber unabhängig von der Frage, an welcher Stelle der Darstellung diese Dinge zur Sprache kommen, sind sie von großer Bedeutung. In der Einleitung hatten wir die behandelte Fragestellung begründet eingegrenzt. Jetzt aber erst hat der Leser die einzelnen Argumente der Beantwortung der Frage kennengelernt. Erst jetzt können wir ihm daher auch begründen, für welchen Gegenstandsbereich die Aussage gilt. Und erst wenn diese begründet vorliegt, wird dem Leser zu sagen sein, in welchem Umfange die Aussage mit anderen in der Wissenschaft erarbeiteten übereinstimmt, diese ergänzt, eventuell aber auch einschränkt. Erst jetzt werden wir dem Leser Überlegungen vorführen können, die sich mit der Frage beschäftigen, ob und in welchem Maße unsere Aussagen vielleicht auch für von uns nicht untersuchte Bereiche sozialer Wirklichkeit gelten. Um dies an einem Beispiel zu verdeutlichen:

Gesetzt den Fall, wir haben uns mit dem Willensbildungsprozeß und dem in ihm zum Ausdruck kommenden Demokratieverständnis in einer bestimmten Partei oder einem Verband beschäftigt, so könnten wir jetzt fragen, ob diese Ergebnisse auch für andere Parteien beziehungsweise Verbände gelten.

Ein Vergleich wird immer da leicht möglich sein, wo wir auf ausreichend begründete Aussagen anderer wissenschaftlicher Studien zurückgreifen können. In diesen Fällen können wir uns fragen, ob auf der Basis der nun vorliegenden verschiedenen Einzelfallstudien eine allgemeiner geltende Aussage gewagt werden kann. In vielen Fällen werden diese Verallgemeinerungen spezieller Ergebnisse nur mit großer Vorsicht und mit dem Hinweis auf die damit verbundenen Probleme erfolgen müssen. Dies vor allem dann, wenn die für diese Generalisierung notwendigen empirischen Studien bisher nicht durchgeführt wurden. Aber selbst wenn diese vorzuliegen scheinen, bleibt vor einer generalisierenden Aussage der Zwang zur Überprüfung der Frage, ob die mit ähnlichen Gegenstandsfeldern beschäftigten Studien auch tatsächlich die gleichen oder doch vergleichbare Fragestellungen an den Gegenstand gestellt haben. Wenn die Frage bei fremden, aber zum Vergleich herangezogenen Studien anderen Aspekten des Gegenstandsbereiches gegolten hat, kann eine Parallelität der Aussagen darüber hinwegtäuschen, daß Unvergleichbares verglichen und unter einer allgemeineren Aussage subsumiert wird. Es wird dann, auch um unnötige Angriffe auf die eigene Aussage zu verhindern, dem Leser zu sagen sein, daß es sich bei diesem Versuch einer Generalisierung der eigenen Aussagen um hypothesenartige Annahmen handelt.

Das hier Gesagte kann sowohl Teil des Hauptteiles als auch Teil des Schlußteiles sein. Dies gilt kaum von der folgenden Aufgabe des Schlußteiles.

Eine sehr wichtige Funktion des Schlußteiles besteht darin, dem Leser bei der Festlegung des Geltungsbereiches der Aussage auch mitzuteilen, welche Fragen *nicht* beantwortet worden sind und welche Fragen sich gerade durch die Antwort neu stellen. Jede wissenschaftliche Studie ist ein Ausschnitt aus den permanenten gesamtwissenschaftlichen Bemühungen um mehr Erkenntnisse des Menschen überhaupt. Sie beantwortet einige Fragen und führt gleichzeitig dazu, daß *neue Wissenslücken* deutlich werden. Diese durch die Forschungsarbeit erkannten neuen Fragestellungen sollten im Schlußteil der Studie möglichst genannt werden. Auch dies fördert den Fortschritt der Wissenschaft. Wir haben schon darauf verwiesen, daß manchmal für den Fortgang der Wissenschaft die Entwicklung neuer Fragestellungen wichtiger ist als die Beantwortung einer speziellen Frage. Und wir haben bereits bei der Diskussion der Funktionen der Einleitung festgestellt, daß die Lektüre der Einleitungen von wissenschaftlichen Arbeiten dem Leser einen Überblick über die im jeweiligen Bereich behandelten Forschungsfragen geben kann. Dies gilt nun auch für den Schlußteil, der dem Leser nicht nur zusammenfassend die positiven Ergebnisse mitteilt, sondern ihm auch sagt, in welcher Richtung eventuell sinnvoll weitergeforscht werden sollte.

Wir müssen eine letzte sehr umstrittene Aufgabe des Schlußteiles ansprechen. Die Tatsache, daß diese Funktion umstritten ist, hat etwas mit den unterschiedlichen wissenschaftstheoretischen Positionen zu tun, die wir in früheren Kapiteln behandelt haben.

Wissenschaftler, die eine werturteilsfreie wissenschaftliche Aussage nicht nur für möglich halten, sondern dies auch von jeder derartigen Aussage fordern, und denen es bei Wissenschaft ausschließlich um die Vermehrung menschlichen Wissens geht, neigen häufig dazu, dem Schlußteil die Aufgabe der Bewertung der Forschungsergebnisse auf normative soziale und politische Fragen hin zu übertragen. Die Ergebnisse werden dann an wissenschaftlich nicht weiter behandelten Wertkatalogen gemessen oder gar zur Verwirklichung oder Verhinderung dieser als außerwissenschaftlich verstandenen Normen herangezogen. Eventuell werden dann im Schlußteil – wenn nicht schon die gesamte Studie darauf angelegt war – Handlungsanleitungen an die praktische Politik formuliert, die zur Veränderung oder Unterbindung von Veränderung sozialer Wirklichkeit – je nach meist nicht zugegebener Interessenlage – in Verbindung mit gesetzten, nicht weiter begründeten Wertvorstellungen beitragen sollen.

Für Wissenschaftler, die wissenschaftliches Arbeiten in allen Phasen als eine wertende Tätigkeit verstehen, die zugleich auch immer Gesellschaft betrifft, von dieser beeinflußt wird und diese beeinflußt, und die daher in der wissenschaftlichen Arbeit nicht nur das Ziel verfolgen, Erkenntnisse zu gewinnen, sondern auch Gesellschaft zu verändern, wird nicht die Möglichkeit bestehen, die Wertung von sozialer Wirklichkeit auf den Schlußteil einer Studie zu verschieben und der wissenschaftlichen Aussage anzuhängen. Hier wird die ganze Studie als eine wertende Aussage verstanden.

Mit dem Schlußteil ist – auch wenn der Begriff «Schluß» in ihm enthalten ist – eine wissenschaftliche Arbeit noch nicht abgeschlossen. *Gliederung*, *Quellenverzeichnis*, *Literaturverzeichnis*, *Anhang*, *Abkürzungsverzeichnis* und *Register* können bzw. müssen noch folgen. Bei kurzen Studien werden zwar einige dieser Teile einer wissenschaftlichen Arbeit fehlen, grundsätzlich gilt aber, daß alle diese Teile eine Darstellung schneller und leichter erschließen helfen.

Eine *Gliederung* – auch Inhaltsverzeichnis genannt – sollte jeder Darstellung voran- oder nachgestellt werden. Das Inhaltsverzeichnis hat alle Überschriften – auch kleinere Zwischenüberschriften – aufzuführen. Wortlaut von Überschriften in Text und Inhaltsverzeichnis müssen völlig identisch sein. Andererseits ersetzt das Inhaltsverzeichnis nicht die Kapitel- und Unterkapitelüberschriften im Text. Es muß also bei einer wissenschaftlichen Studie beides vorhanden sein: die Gliederung und die gleichen Überschriften im Text. Häufig wird gefragt, wie weit die Untergliederung durchgeführt werden sollte und wie die Überschriften formuliert werden sollten. Auf beide Fragen gibt es keine grundsätzlich geltenden Antworten, nur einige allgemeine Anregungen. Auf jeden Fall sollte die Untergliederung nicht so weit gehen, daß sie für den Leser unübersichtlich wird. Andererseits sollten nicht zu umfangreiche Textteile ohne auflockernde Überschriften dem Leser zugemutet werden. Schließlich sollten Überschriften so formuliert werden, daß der Leser aus ihnen erkennen kann, mit welchen Problemen sich die jeweiligen Kapitel beschäftigen. Aus dem Inhaltsverzeichnis sollte der Leser möglichst in groben Umrissen den Gang der Argumentation erkennen können.

Ein *Quellenverzeichnis* gehört meist auch schon zu kleineren Studien. Es ist so anzulegen, daß der Leser mit den dort gemachten Angaben die Quellen, soweit sie schriftlicher Natur sind, wiederfinden kann. Dies bedeutet nicht, daß jede einzelne Quelle dort genannt werden muß. Wenn z. B. mehrere Quellen unter der gleichen Sammelnummer in einem Archiv aufbewahrt werden, reicht die Angabe dieser Registriernummer.

In das *Literaturverzeichnis* ist alle benutzte Sekundärliteratur aufzunehmen. Also nicht nur diejenige Literatur, aus der Zitate wörtlich übernommen worden sind, sondern auch diejenige, die durch ihre Argumentation auf den eigenen Forschungsgang Einfluß gehabt hat und daher im Anmerkungsapparat berücksichtigt wird. Es gibt darüber hinaus die Möglichkeit, aber nicht den Zwang, auch die gelesene, aber nicht in die Anmerkungen aufgenommene Literatur, von der der Autor eventuell annimmt, sie habe seine Überlegungen nicht beeinflußt, ebenfalls aufzuführen. Manchmal mag diese Beeinflussung dem Autor gar nicht auffallen, aber vom Leser bemerkt werden, so daß bei Fehlen einer Angabe der Verdacht eines wissenschaftlich unsauberen Arbeitens aufkommen könnte. Es ist denkbar, daß eine lange zurückliegende Lektüre eines Buches, das sich vielleicht auch noch mit einem ganz anderen Thema beschäftigt hat und dessen Studium in ganz anderem Zusammenhang erfolgt ist, die Anlage der eigenen Argumente entscheidend beeinflußt, ohne daß dies dem Autor bewußt wird. Andererseits kann der Autor nicht alle irgendwann gelesenen Bücher und Artikel aufführen.

Den *Anhang* wird es nicht in jedem Fall geben, wenn man einmal davon absieht, daß das Quellen-, Literatur- und Abkürzungsverzeichnis sowie das Register manchmal zusammenfassend als Anhang bezeichnet werden. Ein Anhang kann unterschiedliche Aufgaben übernehmen. Er kann eine Zeittafel, eine Namensliste oder ein Fundstellenverzeichnis für Quellen, einen Vergleich oder eine Auflistung von Gegenständen, die für die Darstellung von Bedeutung sind, oder besonders wichtige Quellen enthalten. Schriftlich an anderer Stelle vorhandene Quellen – auch nicht publizierte – werden in aller Regel nur in den Anhang aufgenommen, wenn sie von überragender Bedeutung für die eigene Argumentation sind und darüber hinaus unabhängig von der eigenen Studie von großem Interesse für die Wissenschaft. Häufig werden im Anhang Datensammlungen oder die Instrumente der Datensammlung – wie der Fragebogen bei einer Interviewserie – aufgenommen.

Das *Abkürzungsverzeichnis* ist überall dort anzulegen, wo die Arbeit mit vielen Abkürzungen – z. B. zur Angabe der Kürzel von Fachzeitschriften oder der Fundorte der Quellen – arbeitet. Allerdings sollte man bei Titeln von Fachzeitschriften die gängigen Abkürzungen benutzen. Ist die Anzahl der Abkürzungen gering, so können sie im Anmerkungsapparat erklärt werden. Es wird häufig gefragt, welche Abkürzungen im Verzeichnis aufgenommen werden müssen. Dies ist in allgemeiner Form schwer zu sagen. Alle im Alltag gebräuchlichen Abkürzungen können als beim Leser bekannt vorausgesetzt werden. Allerdings ist auch hier entscheidend, welcher Leser mit der Studie angesprochen werden soll. Soll die Darstellung bewußt nicht nur dem engeren Zirkel der Wissenschaft zur Diskussion vorgestellt werden, wird das Abkürzungsverzeichnis sicherlich umfangreicher werden, wenn man nicht ganz auf Abkürzungen verzichtet.

Ein Wort noch zum *Register*. Wir unterscheiden verschiedene Formen von Registern: das *Personenregister*, das *Sachregister* und das *gemischte Register*. Register sind bei kleineren Arbeiten kaum zu erwarten, bei größeren helfen sie dem Leser sehr, einzelne Teil der Argumentation schnell zu finden. Das Register ist also ein weiteres Instrument, sich eine

Studie leicht zu erschließen und ohne Lektüre der gesamten Darstellung die Teile zu finden, die den Leser besonders interessieren. Für den Leser ist wichtig, daß er beim Aufsuchen von Begriffen im Register darauf achtet, ob der Autor zum gesuchten Begriff synonyme Begriffe gebraucht oder einen Begriff durch mehrere Unterbegriffe aufgegliedert hat, die dann alle nachzuschlagen sind. Schließlich wird der Benutzer eines Registers, wenn er einen Begriff nicht in der alphabetischen Reihenfolge finden kann, sich fragen müssen, ob bei einem untergliederten Sachregister der gesuchte Begriff unter einem anderen Oberbegriff als Unterbegriff subsumiert ist.

3. Zu den Aussageformen der Wissenschaft

a) Unterschiedliche Fragestellungen, Ziele, Methoden

Wir haben uns im Verlauf dieses Kapitels mit dem Forschungsprozeß und dem Aufbau einer wissenschaftlichen Arbeit bzw. mit den Funktionen der einzelnen Teile einer wissenschaftlichen Studie beschäftigt. Wir müssen in diesem Zusammenhang noch einen kurzen Blick auf die verschiedenen Aussageformen in schriftlichen wissenschaftlichen Arbeiten werfen, da selbst bei gleichartigem Forschungsprozeß und gleichartigem Aufbau der schriftlichen Aussage die Bedeutung dieser Aussage für den Fortgang der wissenschaftlichen Diskussion unterschiedlich sein kann.

Da das Gewicht bzw. die Art der Aussage von der Art der behandelten Frage, von der Art des untersuchten Gegenstandes, von der Art der angewandten Methode aber entscheidend auch von der jeweiligen wissenschaftstheoretischen Grundposition des Forschers abhängt – die ja auch bei der Auswahl von Problemstellung, Gegenstandsbereich und Untersuchungsform durchschlägt –, müssen wir kurz zusammenfassend auf diesen Zusammenhang nochmals eingehen.

Die ersten Kapitel haben uns gezeigt, in welch großem Umfang in der wissenschaftlichen Diskussion das Selbstverständnis von Wissenschaft überhaupt, die Frage nach den Aufgaben und nach dem methodischen Vorgehen wissenschaftlichen Arbeitens umstritten sind. Dies ist nicht nur ein Merkmal der Sozialwissenschaften, sondern ein allgemeines Phänomen der Entwicklung der Wissenschaften – auch wenn manche Fachdisziplinen die Fragwürdigkeit der Grundlagen ihres Faches bisher nicht erkannt haben oder aber einer ernsthaften Diskussion ausweichen.

Das Bild der heutigen Wissenschaften zeichnet sich durch ein immer stärkeres Auseinanderfallen von Fragestellungen, Zielen und Methoden der einzelnen Forschungsrichtungen aus. Der im Verlauf der Geschichte der Wissenschaften immer wieder vertretene Optimismus, die Entwicklung der Wissenschaften verlaufe auf einen Zusammenschluß aller möglichen Richtungen der Fachwissenschaften zu einer einzigen einheitlichen und übergreifenden Wissenschaft zu, die dann die an den umfassenden Gegenstand zu stellenden Fragen letztlich aus einem einheitlichen Grund heraus beantworten kann, ist heute kaum zu vertreten. Dieser Optimismus hat schon immer einen guten Schuß an Diskriminierung der jeweils anderen Positionen in der Wissenschaft und einen gewissen Hang zur Verabsolutierung jeweils eigener Denk- und Erklärungsformen beinhaltet.

Die vorstehenden Kapitel sollten gezeigt haben, daß die Ablehnung dieses Optimismus nicht nur damit zusammenhängt, daß nirgendwo eine alle wissenschaftlichen Aussagen umgreifende und letztlich schlüssig erklärende Begründung sichtbar ist. Die Ablehnung dieses Optimismus hat zunächst einmal ganz einfach auch etwas damit zu tun, daß wir von den unterschiedlichsten Ansprüchen an die Wissenschaft ausgehen müssen. Umstritten ist eben – um diese Kontroverse sicherlich etwas verkürzt nochmals anzusprechen –, ob Wissenschaft Wahrheiten über Seiendes aussagen soll, oder ob sie auch die Alternativen zum Seienden diskutieren, eventuell legitimieren und zu realisieren versuchen soll. Dieser Streit hat zu unterschiedlichen Theorieverständnissen im Rahmen der wissenschaftstheoretischen Diskussion geführt. Wir haben dies in früheren Kapiteln bereits ausführlicher geschildert.

b) Unterschiedliche Arten von Wissenschaft

Für uns ist an dieser Stelle zunächst wichtig, daß diese Tatsache uns die Möglichkeit gibt, von einer *Pluralität von Wissenschaften* zu sprechen und diese nach verschiedenen Typen einzuteilen. Diese verschiedenen Typen streben unterschiedliche Ziele mit ihren wissenschaftlichen Bemühungen an, was sich dann auch in den Aussageformen jeweils niederschlägt. Wir können dabei hier das geradezu klassische Einteilungsschema in *Geistes-* und *Naturwissenschaften* und das teilweise benutzte Schema mit der Bildung einer dritten Klasse – den Sozialwissenschaften – übergehen, da sie für unsere Problemstellung ein zu grobes Raster darstellen und kaum etwas aussagen.

Die Wissenschaften können eingeteilt werden nach der Art der behandelten Gegenstände. Wir würden dann, wenn wir einmal Teile der Philosophie und der Theologie nicht berücksichtigen, zwischen *Wissenschaften*, die *auf Erfahrungen beruhen*, und Wissenschaften, die *formale Grundlagen* besitzen – wie Mathematik und formale Logik – unterscheiden. Die Wissenschaften können aber auch nach ihren unterschiedlichen Zielen eingeteilt werden. Wir würden dann von den *theoretischen Wissenschaften*, die allein auf Wahrheiten ausgehen, und von *praktischen Wissenschaften*, denen es um die Anwendung von als wahr ausgemachten Erkenntnissen geht, sprechen. Letztere sind meist an den Ergebnissen theoretischer Wissenschaften orientiert. Im übrigen ist es denkbar, daß sowohl der stärker theoretische und der stärker praktische Ansatz innerhalb einer Fachdisziplin gemeinsam vorzufinden ist. Die Wissenschaften könnten aber auch eingeteilt werden nach der Reichweite der jeweiligen Ergebnisse der Forschung, bzw. nach dem Umfang des Ausschnittes des Gegenstandes, der von einem Ergebnis betroffen ist. Wir würden dann zwischen Gesetzeswissenschaften – auch *nomothetische Wissenschaften* genannt –, denen es um die Gewinnung allgemeiner oder grundsätzlich geltender Aussagen geht, und historischen Wissenschaften – auch *ideographische Wissenschaften* genannt –, denen es um die Beschreibung und Analyse des je Individuellen geht, zu differenzieren haben. Hier wäre dann im übrigen auf Wissenschaften zu verweisen, die wir als *dogmatische* bezeichnen wollen, entweder weil sie aus einem Text ein System von Handlungsnormen ableiten – z. B. die Rechtsdogmatik – oder weil sie aus Texten ein System von Wahrheiten ableiten – z. B. die traditionelle Theologie. Auch diese drei Spielarten von Wissenschaft können wiederum innerhalb einer Fachdisziplin angesiedelt sein. In den Sozialwissenschaften kennen wir Studien, die allgemeiner gültige und generalisierende Aussagen anstreben. Wir kennen die z. B. auf historische Ereignisse gerichtete Einzelfallstudie, aber auch die Aufstellung sogenannter Wahrheiten durch Exegese von als richtig angesehenen aber nicht weiter problematisierten Texten.

Andere Einteilungsschemata von Wissenschaft wären denkbar. Für uns ist dies hier nicht von zentraler Bedeutung, da es uns lediglich darum ging, zu zeigen, wie unterschiedlich die Art der Fragestellung, das Erkenntnisinteresse, die Methode der Untersuchung und die Gültigkeit des Ergebnisses sein kann. Die Folge ist, daß die unterschiedlichsten Positionen in der wissenschaftstheoretischen Auseinandersetzung entwickelt worden sind. Dies um so mehr, als jede Fachdisziplin in diesen genannten Einteilungsschemata durchaus an mehreren Stellen auftauchen können, bzw. daß diese Einteilungsschemata alle für jede Fachdisziplin mindestens einen Ort ausmachen, was dazu führt, daß die Ausdifferenzierung von theoretischen Positionen noch vermehrt wird.

Wir müssen daher bei dem Versuch, die Aussageformen der Wissenschaften kurz anzudeuten, notgedrungen sehr allgemein bleiben. Es gibt nämlich nur in einem Teil der Fälle eine eindeutige Zuordnung von wissenschaftstheoretischer Position und Aussageform. Andererseits ist die teilweise Abhängigkeit der Aussageform von den wissenschaftstheoretischen Grundannahmen auch nicht zu übersehen.

Die Frage nach der *Interpretation* des Materials, das zur Beantwortung der aufgeworfenen Problemstellung erhoben worden ist, die Frage nach der Bewertung und Erklärungsreichweite dieses Materials führt uns also erneut zu den methodologischen und erkenntnistheoretischen Problemen wissenschaftlichen Arbeitens. Die Interpretation der gesammelten Quellen und Daten hängt von der schon vorher feststehenden methodologischen Orientierung des Forschers ab, die ja auch schon in die Definitionsphase der Datenerhebung und Quellensammlung mit eingegangen ist. Wir betonen also die enge Beziehung zwischen wissenschaftstheoretischer Position und jeweiliger Aussageform in der schriftlichen wissenschaftlichen Arbeit. Trotzdem werden wir im folgenden die wichtigsten Arten ohne Berücksichtigung dieser engen Beziehungen vorstellen, da eine eindeutige Zuordnung von wissenschaftstheoretischer Position und Aussageform nicht behauptet werden kann.

c) Unterschiedliche Aussageformen

Die einfachste Form der Aussage eines wissenschaftlichen Forschungsergebnisses ist die reine Beschreibung – auch *Deskription* genannt – eines Tatbestandes. Hier liegt noch keinerlei ordnender oder gar theoretischer Anspruch vor. Ein Vorgang wird lediglich in seinem zeitlichen, räumlichen oder kausalen Ablauf oder in seinen entsprechenden Beziehungen dargestellt. Natürlich ist auch eine reine Deskription nicht unabhängig von der Subjektivität des Forschers – was Definition, Sprachgebrauch, Auswahl und Anordnung des Materials usw. angeht. Man sollte also bei Deskriptionen nicht ohne weiteres annehmen, ihre Aussage besitze unbedingt und a priori einen größeren Grad an Objektivität als die anderen noch darzustellenden Aussageformen. Andererseits wird bei der Deskription noch nicht das Ziel verfolgt, Schlüsse aus dem vorgetragenen Material zu ziehen. Deskriptionen können trotz dieser Beschränkung im Anspruch für die Wissenschaft von Bedeutung sein. So können auf eine größere zusammenfassende Studie hin Beobachtungsprotokolle von Handlungsabläufen als derartige Deskriptionen angesehen werden; seien dies nun Beobachtungen über das Verhalten von Kleingruppen in bestimmten genau festgelegten Situationen oder nur beschreibende Augenzeugenberichte von großen politischen Ereignissen.

Die nächste hier zu nennende Form der wissenschaftlichen Aussage geht bewußt über die reine Deskription hinaus und sucht – wenn auch noch im vortheoretischen Raum – durch *Klassifizierung*, *Kategorisierung* und *Typenbildung* Erkenntnisse über den Gegenstandsbereich zu formulieren. Es handelt sich hierbei um die Analyse eines Ausschnittes von Wirklichkeit, bei der der Forscher nicht nur diese Wirklichkeit wiedergibt, sondern sie bewußt zu ordnen und damit zu erklären sucht. Wir kennen unter diesem Aspekt der Analyse eine Fülle unterschiedlicher Aussageformen.

Da ist einerseits die *Einzelfallstudie*, die sich bewußt auf die Erklärung eines bestimmten einmaligen oder – falls eine Einmaligkeit nicht vorliegt – für diese Studie isolierten Vorganges konzentriert. Daneben gibt es diejenigen Aussageformen, die schon eine Reihe von Beispielen unter eine gemeinsame Aussage zu subsumieren suchen, ohne damit schon Theorie darzustellen. Eine solche Aussageform ist der *Typus*, bei dem ähnliches herausgearbeitet wird. Es geht also bei dem Typus nicht darum, Individuelles, Einmaliges festzuhalten, andererseits wird auch kein Allgemeinbegriff entwickelt.

Eine besondere Form des Typus ist der *Idealtyp*, der nichts mit ethischen Idealen zu tun hat. Bei einem Idealtyp handelt es sich vielmehr um eine pointierende, hervorhebende, einzelne Elemente der Realität übersteigernde Abstraktion. Ein Idealtyp ist nach Max Weber eine gedankliche Konstruktion, gewonnen durch einseitige Übersteigerung einiger Elemente der Wirklichkeit, die in den einzelnen Beispielen der Wirklichkeit in unterschiedlichem Umfange vorhanden sind, und durch bewußte Vernachlässigung anderer Merkmale dieses Ausschnittes der Wirklichkeit. In seiner begrifflichen Reinheit liegt dieses einheitliche Gedankengebilde nirgends in der Wirklichkeit vor. Es läßt sich daher fragen, wozu die Wissenschaft eine solche Aussageform, die Realität nicht trifft, gebraucht. Die Antwort ist einfach: Diese Vernachlässigung der komplexen Realität und die Konzentration der Aussage auf bestimmte Teilaspekte der Wirklichkeit ist vor allem bei dem Versuch klarer Hypothesenbildung von Vorteil. Als Schlußaussage einer wissenschaftlichen Studie wird sie selten zu verwenden sein.

Neben dem Typus müssen wir das *Modell* erwähnen. Es übernimmt vor allem die Aufgabe, die Beziehungen mehrerer Elemente von Wirklichkeit zueinander darzustellen. Es erfaßt besser als der Typus die Individualität in der Pluralität, Entwicklungen und Prozesse. Eine Unterform der Modelle sind die *Pattern* – auch Muster, Gestalten genannt. Hier handelt es sich um Typen von immer wiederkehrender Regelmäßigkeit in sozialen Strukturen.

Die meist angestrebte Aussageform der Wissenschaft ist die *Theorie* über Wirklichkeit bzw. Ausschnitte der Wirklichkeit. Die Theoriebildung geht über die beschreibende Ordnung, Klassifizierung und Kategorisierung des empirischen Materials hinaus und strebt eine sinnvoll geordnete Menge allgemeiner Sätze zur Erklärung von Einzelphänomenen an. Anders formuliert: Es geht um die Aufstellung von Erklärungsmustern so allgemeiner Form, daß über später untersuchte Elemente von Wirklichkeit nicht nur im ordnenden Sinne gesagt werden kann, daß sie unter diese Aussage fallen oder nicht, sondern daß das Erklärungsmuster auch begründet feststellen kann, warum ein Element der Wirklichkeit unter die Aussage zu subsumieren ist.

Über diese allgemeine Beschreibung von Theorie wird vielleicht noch eine gewisse Einigkeit unter den verschiedenen Wissenschaftlern zu erzielen sein, der Versuch einer Konkretisierung der Theoriefunktionen wird sicherlich zur Kontroverse führen. Wir haben bereits im dritten Kapitel die verschiedenen Auffassungen von Theorie kennengelernt. Erinnern wir uns: Da gab es zunächst die Theorie, die begrenzte Ausschnitte von Wirklichkeit durch einen begrenzten Katalog von Gründen zu erklären suchte – so z. B. Theorien des Wahlverhaltens oder Theorien zum Verhalten von Bürokratien bei Entscheidungsfällen in Krisensituationen. Diese Form der Theorie bemüht sich, einzig auf als wahr erkannten Aussagen über Einzelfälle der Wirklichkeit aufbauend allgemeiner geltende Erklärungsmuster zu entwickeln. Diese Erklärungsmuster verfolgen nicht das Ziel, die Gesamtheit der Erscheinungen zu begründen. Es geht immer nur um den Versuch, die Reichweite der empirisch belegten Aussage auf gleiche oder ähnliche Fälle zu erweitern.

Daneben standen Theorien, die nicht nur den Umfang des zu erklärenden Gegenstandes erheblich erweiterten – die Theorien über gesamtgesellschaftliche Entwicklungen –, sondern in der theoretischen Aussage über Beschreibung und Erklärung von Seiendem hinausschritten und normative Entscheidungen zur Entwicklung und Transformation von Gesellschaft zu begründen suchten; sei es nun, daß in einem solchen Begründungszusammenhang monokausal argumentiert wurde oder eine Pluralität von Gründen genannt wurde, die für viele Wissenschaftler dann aber wieder die Aufgabe eines Zusammenführens dieser verschiedenen Gründe zu einem Grund offenließ. Die Basis derartig normativer Entscheidungen konnten ahistorische, als grundsätzlich geltend angenommene Wertkataloge sein oder die Annahme, historische Gesetzmäßigkeiten aus einer wissenschaftlichen Untersuchung der Geschichte ableiten und so das normative Problem umgehen zu können, da nicht die Realisierung von Werten, sondern die gesetzmäßig verlaufende Geschichte zur Verwirklichung besserer Gesellschaftsformen führt. Bei letzterer Position blieb dann als Desiderat die Frage, ob aus einer noch so großen Zahl historischer Beispiele die logische Stringenz eines Argumentes abgeleitet werden kann. Neben diesen beiden Theorieformen stand schließlich im Rahmen der wissenschaftstheoretischen Diskussion die Theorie der Theorie oder Metatheorie, auf die wir hier nicht weiter einzugehen haben.

Wenn wir zunächst die Theorien mit begrenzter Reichweite ansprachen und als entscheidendes Merkmal den Induktionsschluß von einigen hinreichend begründeten Fällen auf andere nannten, so muß doch zugegeben werden, daß auch dies umstritten ist. Die in der Methodenfrage vor allem von den Naturwissenschaften und ihrem Wissenschaftsverständnis herkommenden Wissenschaftler werden induktive Theorien – auch deskriptive Theorien genannt – als die normalen Aussageformen ansehen. Ein Induktionsschluß liegt vor, wenn hinlänglich bewährte qualitative oder quantitative Aussagen über Empirie generalisiert werden. Ihre Erklärungskraft liegt darin, daß später untersuchte Einzelphänomene unter einem induktiv aufgestellten allgemeinen Satz subsumiert werden können.

Das besondere Problem des Induktionsschlusses in den Sozialwissenschaften besteht darin, daß aus einer noch so großen Zahl von relativ homogenen Einzelfällen nicht logisch ausreichend abgesichert in einem verallgemeinernden Schluß auf den Genus geschlossen werden kann. Aussagen, die auf einem Induktionsschluß beruhen, gelten im Grunde nur hier und heute.

Systematische Theorien bemühen sich, diesen Problemen des Induktionsschlusses zu begegnen, indem empirische Regelmäßigkeiten in den Rahmen allgemeiner, relativ abstrakter und auf anderem Wege begründeter beziehungsweise zu begründender Annahmen gestellt werden. Durch diesen Schritt kann dann die Reichweite der ursprünglichen empirischen Ergebnisse beträchtlich erweitert und zunächst disparate Gleichförmigkeiten aufeinander bezogen werden.

Eine *funktionale Theorie* liegt vor, wenn von einem Teilphänomen behauptet wird, es übe eine bestimmte notwendige Funktion zur Aufrechterhaltung oder Verwirklichung eines Gesamtphänomens aus. Eine *genetische Theorie* bemüht sich, ein augenblicklich feststellbares Phänomen aus einem bestimmten früheren Zustand heraus zu erklären. Beide Theorieformen stehen vor den besonderen Gefahren einer zu starken monokausalen Argumentation oder – vor allem bei funktionalen Theorien – einer Auflösung kausaler Beziehungen überhaupt zugunsten »komplexer« struktureller Aussagen.

In der Mathematik kennen wir neben dem Induktionsschluß auch die *deduktive Theorie*, die von einer Reihe von Sätzen mit Axiomscharakter ausgehend ihre Schlüsse zieht. Diese deduktiven Theorien finden wir in den Sozialwissenschaften kaum, auch wenn wir viele Fälle deduktiver Hypothesenbildung kennen und die kritisch-rationalistische Schule gerade im Gegensatz zum klassischen Positivismus heute unterstreicht, daß fast alle Hypothesenbildung deduktiv erfolgt. Da für diese Wissenschaftler die Grenze zwischen Hypothese und Theorie andererseits schwimmend ist, darf unsere Aussage über die Häufigkeit der deduktiven Theorie in den Sozialwissenschaften nicht zu apodiktisch verstanden werden. Vielleicht sollte man von daher sogar festhalten, daß der Induktionsschluß im klassischen Verständnis kaum größere Bedeutung

für die sozialwissenschaftliche Forschung hat, als die deduktiv formulierte Hypothese – dies vor allem, weil die Hypothese starken Einfluß auf die Anlage der empirischen Studien hat.
Wissenschaftler, die geisteswissenschaftlichem Theorieverständnis wie z. B. der Hermeneutik oder Topik nahestehen, werden diese Vorstellung von theoretischen Aussagen nicht teilen. So geht es einer topischen Argumentation nicht darum, nomothetische Aussagen auf der Basis induktiver Schlüsse zu entwickeln. Ihre theoretische Aussage läuft vielmehr auf die Formulierung von Entscheidungshilfen in problematischen Situationen hinaus. Ihr geht es nicht um grundsätzliche Gültigkeit einer Aussage, sondern um die beste Lösung eines konkreten konfliktträchtigen Problems.
Wir besitzen also weder bei den Theorien mit bewußt begrenzter Reichweite noch bei den Theorien, die komplexe Gesamtphänomene wie Gesellschaft und Geschichte erklären bzw. bewegen wollen, eine unbestritten gemeinsame Aussageform in der Wissenschaft. Vorfinden werden wir alle diese Aussageformen in mehr oder weniger großem Umfange im Bereich der Sozialwissenschaften. Dabei wird nicht nur ganz allgemein die wissenschaftstheoretische Position des Forschers, sondern konkret die Art der Fragestellung, die Auswahl des Gegenstandes und die Form der Methode – auch wenn alle drei von der wissenschaftstheoretischen Orientierung eines Forschers nicht ganz zu trennen sind – für die Wahl der Aussageform mitentscheidend sein.

6. Kapitel: Die Arbeitstechniken

1. Zum Verhältnis von Methoden und Arbeitstechniken

Vorweg eine Bemerkung: unter dem Begriff »Arbeitstechniken« verstehen wir mehr als nur die rein handwerklichen Schritte wissenschaftlichen Arbeitens. Er überschneidet sich also stark mit dem Begriff »Verfahrenstechniken«, der oben in Tabelle 8 benutzt wurde.
Ein erster Hinweis im Rahmen der Darstellung der verschiedenen Arbeitstechniken als ein Aspekt des Forschungsprozesses gilt dem Verhältnis von *Methoden* und *Arbeitstechniken*. Beide – die Auswahl der einzuschlagenden Methode und der anzuwendenden Arbeitstechniken – sind von folgenden drei Faktoren abhängig:
1. vom wissenschaftstheoretischen Verständnis;
2. vom Gegenstand, der untersucht werden soll, bzw. von der Frage, die beantwortet werden soll;
3. vom Ziel, das mit der Arbeit verfolgt wird.

Über die Bedeutung der wissenschaftstheoretischen Grundpositionen für jede wissenschaftliche Arbeit haben wir in früheren Kapiteln gesprochen. Die Bedeutung des Gegenstandes für die Auswahl der Methode und der Arbeitstechniken läßt sich durch folgenden kurzen Hinweis verdeutlichen: Die Untersuchung eines einmaligen historischen Vorganges, der sich eventuell in einer bestimmten Quelle niederschlägt, wird anders verlaufen müssen als die Befragung eines großen, zunächst noch diffusen und nicht eindeutig abgegrenzten Datenmaterials nach politischen Einstellungen und ihren Wandlungen in einer zeitlichen Längsschnittanalyse. Daß auch das Ziel der Arbeit einen Einfluß auf die Auswahl von Methoden und Arbeitstechniken hat, soll durch eine kurze Erläuterung einiger möglicher Ziele verdeutlicht werden. Methoden und Arbeitstechniken werden meist anders sein, wenn das Ziel in der Entwicklung von Entscheidungshilfen in einer konkreten politischen Situation durch topisches Argumentieren besteht, als wenn das Ziel verfolgt wird, durch Induktionsschluß allgemeiner geltende Aussagen über typische Verhaltensformen in Entscheidungssituation zu gewinnen.

Diese drei genannten Abhängigkeiten gelten für die Methoden und die Arbeitstechniken. Die angedeutete Parallelität in den Funktionen geht auch noch einen Schritt weiter, wenn man feststellt, daß die verschiedenen Methoden und Arbeitstechniken in gewissem Umfange dem gleichen Ziel dienen: dem Auffinden, dem Zugängigmachen und der Bearbeitung des Quellenmaterials und der Literatur und der Entwicklung von Argumentationsreihen, um die aufgeworfene Frage beantworten zu können. Mit diesen allgemeinen Hinweisen aber endet bereits die Parallelität.

Vor einer Gleichsetzung von Arbeitstechniken und Methoden ist vielmehr zu warnen. Wir haben bereits in früheren Kapiteln darauf verwiesen, daß die Methoden der Analyse und ihr Stellenwert bei der Beantwortung wissenschaftlicher Fragen im Rahmen der wissenschaftlichen Diskussion kontrovers sind und enge Abhängigkeit von der jeweiligen wissenschaftstheoretischen Position besitzen. Sie stellen keine neutralen Rezepte dar, die unabhängig vom jeweiligen Wissenschaftsbegriff verstanden und angewandt werden könnten. Methoden haben ihren bestimmten Stellenwert im Kontinuum zwischen Wissenschaftstheorien und Arbeitstechniken.

Wir müssen zusätzlich betonen, daß die Begriffe *»Methode«* und *»Arbeitstechniken«* in ihrem Bedeutungsgehalt und -umfang umstritten sind und nicht immer mit gleicher Definition gebraucht werden. Erschwert wird die Benutzung dieser Begriffe, da zusätzlich der Begriff *»Methodologie«* in die wissenschaftliche Diskussion eingeführt worden ist. Die kontroversen Positionen können hier nur angedeutet werden. Den einen sind

Methodologien dabei in Forschungspraxis umgesetzte Wissenschaftstheorien, Methoden die systematisierte und theoretisierte Formulierung von Arbeitstechniken. Den anderen ist der Begrff der Methode der übergeordnete Begriff, der sich aufteilt in Methodologien – z. B. die geisteswissenschaftlichen Methoden der Hermeneutik und Dialektik – und Arbeitstechniken. In beiden Fällen könnte man aber von einer gewissen Nachordnung und Abhängigkeit der eingesetzten Arbeitstechniken von dem wissenschaftstheoretischen Standpunkt eines Autors vermittelt über den Weg der methodischen bzw. methodologischen Überlegungen sprechen.
Arbeitstechniken stehen also nicht losgelöst im Raum, sie haben Bezug zu den allgemeineren und schon diskutierten Problemen der Wissenschaftstheorie und der Methoden. Andererseits sind die Arbeitstechniken nicht mehr so unmittelbar an die wissenschaftstheoretischen Positionen gebunden, wie dies noch bei den verschiedenen Methoden bzw. Methodologien der Fall ist. Sie sind in größerem Umfange unabhängig von der wissenschaftstheoretischen Orientierung des einzelnen Autors. Dies zeigt sich unter anderem darin, daß sehr verschiedene wissenschaftstheoretische Positionen gleiche Arbeitstechniken anwenden – wenn auch auf unterschiedliche Fragen bezogen und auf unterschiedliche wissenschaftliche Ergebnisse ausgerichtet (vgl. 3. Kapitel, 3.c). Wir können daher im folgenden diesen Bezug vernachlässigen und uns auf die eher handwerkliche Seite der Arbeitstechniken beschränken. Wir begreifen *Arbeitstechniken* des wissenschaftlichen Arbeitens als *Instrumente, die Analyse von Fragestellungen und die Kommunikation der Ergebnisse zu erleichtern und zu systematisieren.* Sie beziehen sich besonders auf die *Suche, Sammlung, Auswertung* und *Verwertung* von Quellen und von Sekundärliteratur.

2. Zur Entwicklung und Erschließung von Fragestellungen

a) Das vorgegebene Thema

Die folgenden Überlegungen zu den verschiedenen Arbeitstechniken und ihrer Anwendung werden sich erneut mit den verschiedenen Etappen des Forschungsprozesses und der schriftlichen Darstellung der Forschungsergebnisse beschäftigen. Eine gewisse Parallelität zum vorstehenden Kapitel wird die Folge sein.
Ausgangspunkt des Forschungsprozesses war die Bestimmung der zu behandelnden *Problemstellung* bzw. die Entwicklung der *Fragestellung.* Wir hatten gesagt, daß dies eine der schwierigsten Aufgaben wissenschaftlichen Arbeitens darstellt und daß gerade für diese Aufgabe wenig

praktische Hinweise, deren Anwendung einfach gelernt werden könnte, gegeben werden können. Trotzdem lassen sich auch hier einige Anregungen formulieren.
In der ersten Phase des Lernens des wissenschaftlichen Arbeitens – vor allem in den Anfangssemestern – wird dem Studenten in aller Regel das zu *bearbeitende Thema* im Rahmen von Seminarveranstaltungen genannt und aufgegeben werden. Befassen wir uns zunächst mit diesem für den wissenschaftlichen Forschungsprozeß nicht typischen Fall. Der Student kann bei einem so übernommenen Thema zunächst auf zwei Probleme stoßen: Das Thema ist nicht als Frage formuliert, oder aber er versteht nicht, worauf das Thema zielt, gleich ob es in Frageform formuliert ist oder nicht.

Nehmen wir an, das gestellte Thema laute: »Bonn–Weimar: ein Vergleich«. Hier bestände zunächst die Aufgabe darin, dieses Thema in Frageform zu gießen, festzulegen, wonach man den Gegenstand Bonn–Weimar befragen will. Diese Frage könnte bei unserem Beispiel lauten: Ist Bonn Weimar? Wird die Bonner Demokratie scheitern wie die Weimarer scheiterte? Oder: Welche politischen Einrichtungen und welche sozialen Verhaltensformen unterscheiden sich in den beiden angesprochenen politischen Systemen und worauf ist dies zurückzuführen? Die Zahl der Fragen, die man an den Gegenstand »Bonn–Weimar« heranbringen könnte, ist fast unbegrenzt.

Sinnvoll wäre es schon jetzt, die Frage in einem wenn auch zunächst nur vorläufigen Katalog von Unterfragen aufzuschlüsseln. Allerdings ist dazu ein zumindest oberflächliches Verständnis des aufgegebenen Themas notwendig. Dies muß aber nicht immer gegeben sein oder kann sich später als ein Mißverständnis herausstellen. Wir haben hier bei dem Thema »Bonn–Weimar« sofort angenommen, es solle sich um einen Vergleich politischer Tatbestände handeln. Dies war im Thema gar nicht ausgesagt. Genauso denkbar wäre, die Architektur, das Klima, die Kochkunst, das durchschnittliche Längenwachstum der männlichen und weiblichen Bevölkerung oder die Zahl und Ausstattung der Gartenlauben in beiden Städten zu vergleichen. Wir haben Bonn und Weimar ohne weitere Begründung sofort als Symbole zweier politischer Systeme verstanden. Für viele politisch weniger Aufgeklärte wird dies nicht unmittelbar auf der Hand liegen. Aber selbst wenn man derartige Symbolwerte anerkennt und den Umfang der eventuell mit dem Thema gemeinten Fragen damit erweitert, ist noch nicht begründet, warum mit Bonn und Weimar unbedingt politische Gegebenheiten zu verknüpfen sind. Ein Kulturhistoriker würde bei Bonn eventuell viel eher an Beethoven und bei Weimar an Goethe denken und bei dem gestellten Thema einen Kulturvergleich als Aufgabe erwarten.
Wir sollten also nicht allzu leichtfertig annehmen, es sei bei einem gestellten Thema immer völlig klar, was alles einschränkend und präzi-

sierend zwar nicht mitformuliert, wohl aber mitgemeint sei. Nun wird natürlich das allgemeine Thema des Seminars, das der Student besucht, ihm eine grobe Angabe im Sinne einer Konkretisierung des Themas vermitteln. Nur sollte auch hierin nicht eine allzu schnelle Lösung des Problems erblickt werden. Der Themenstellende könnte ja gerade die auf den ersten Blick abwegig erscheinende Frage gemeint haben, ob das unterschiedliche Klima oder die verschiedene Kochkunst auch zu unterschiedlichem sozialen Verhalten in beiden Städten führe. Unser gewähltes Beispiel ist sicherlich ausgefallen und wir würden es vielleicht eher in das Programm eines Kabaretts verweisen wollen. Wir sollten aber nicht übersehen, daß schon häufig Hypothesen, die zunächst wenig Realitätsgehalt zu haben schienen, die wissenschaftliche Diskussion stark befruchtet haben.

Wir wollen hier nur auf die These von Max Weber verweisen, in der er eine enge Beziehung zwischen calvinistischer Ethik und Entwicklung des Kapitalismus behauptet hat. Sollte bei unserem Beispiel tatsächlich eine Beziehung – eventuell mit einer hohen Korrelation oder gar mit kausalem Charakter – nachweisbar sein, so würde in Zukunft das Klima oder die Kochkunst zu einer im Rahmen von Untersuchungen über soziales Verhalten zu berücksichtigenden Variablen. Aber selbst wenn das Ergebnis der Studie besagen würde, daß es keinerlei Beziehungen zwischen Kochkunst und sozialem Verhalten in diesen beiden Städten gibt, wäre dies auch eine wissenschaftlich nicht völlig uninteressante Aussage.

Wir können also grundsätzlich feststellen, daß der Student bei einem so allgemein formulierten Thema selbst die Konkretisierung und Abgrenzung der Fragestellung vornehmen kann, daß er dabei eigene Akzente setzen kann und etwas ausgefallenere Fragen durchaus zulässig sind. Jeder Themenstellende hat eine Behandlung der Fragestellung in einem nicht von ihm gemeinten Sinne und in einer Form, die die gesamte Seminarveranstaltung nicht weiterbringt, selbst zu verantworten, wenn er das Thema dem Studenten in zu allgemeiner Weise aufgibt. Allerdings sollte der Student in der Lage sein, seine Sicht des Themas beziehungsweise die von ihm ausgewählten Fragen an den Gegenstand wohl zu begründen. Hier spielt das schon früher diskutierte Relevanzproblem dann wieder eine Rolle. Sollte der Student den Eindruck gewinnen, er weiche mit seiner Fragestellung zu weit von dem ab, was der Dozent eventuell bearbeitet sehen will, und seine Begründung für dieses Abweichen sei eventuell nicht ausreichend plausibel, sollte er sich mit dem Dozenten schon in der Frühphase der Bearbeitung des Themas in Verbindung setzen.

Das Problem des Verstehens eines nicht selbst gewählten, sondern übernommenen Themas besteht aber nicht allein darin, die nicht ausgesprochene aber gemeinte Fragestellung zu erfassen. Ein zweites Problem des Verstehens kann in den im Titel benutzten Begriffen liegen. Zwei Klippen sind hier vom Studenten zu umgehen:

1. Die Wissenschaft kennt unterschiedliche Schulen, d. h. Gruppen von Wissenschaftlern, die zum gleichen Gegenstand unterschiedliche Lehrmeinungen vertreten. In der Öffentlichkeit ist als ein solches Beispiel der Streit um die Brandstifter des Reichstages im Februar 1933 bekannt geworden. Die unterschiedlichen Auffassungen in einer wissenschaftlichen Diskussion sind an sich zu begrüßen und fruchtbar für den Fortgang eines Faches. Was dem Studenten an dieser Stelle aber Schwierigkeiten bereiten kann, ist die Tatsache, daß diese Schulen teilweise die gleichen Begriffe mit unterschiedlichen Inhalten gebrauchen. Langfristig hilft hier nur, im Laufe des Studiums die wichtigsten Schulen und ihre zentralen Begriffsdefinitionen kennenzulernen. In den Anfangssemestern sollte bei offensichtlichen Unklarheiten in den Begriffsdefinitionen, die Auswirkung auf das Verständnis des Themas haben könnten, der Dozent aufgesucht werden.
2. Es gibt Fälle, in denen die Wissenschaft einen Begriff zwar einheitlich aber anders als die Alltagssprache gebraucht. Auch hierzu ein Beispiel: In der Alltagssprache, zumal in der deutschen aber auch in der französischen, wird der Begriff »Kontrolle« meist gleichgesetzt mit Überwachung und Inspektion zur Aufrechterhaltung eines irgendwie geregelten und festgelegten Zustandes. Die Sozialwissenschaften gebrauchen diesen Begriff häufig – ohne den zunächst angedeuteten engen Inhalt ganz zu vernachlässigen – in dem umfassenderen Sinne einer Steuerung nach bestimmten Kriterien. Hier wird also nicht unbedingt der Status quo angestrebt – genauso denkbar ist das Ziel einer bewußten Veränderung – allerdings nicht einer chaotischen, ungeordenten, sondern einer gesteuerten.

Zum Prozeß des Verstehens des aufgegebenen Themas gehört also neben der Klärung, Konkretisierung und Abgrenzung der Fragestellung unmittelbar ein klares Erfassen der in der Überschrift genannten bzw. anklingenden Begriffe dazu. Dies kann nicht in jedem Fall durch eine eigene, mehr oder weniger willkürliche Definition geschehen, sondern wird häufig bei wissenschaftlich eingebürgerten Begriffen im Nachvollziehen und Wiederholen feststehender Definitionen bestehen. Über die Probleme und Wege der Begriffsklärung werden wir weiter unten berichten.

b) Die Themensuche

Zunächst gilt unser Blick den Problemen einer *freien Themensuche*, denen der Student spätestens im fortgeschrittenen Studium nicht nur begegnen wird, sondern auch begegnen sollte. Die Fähigkeit, wissenschaftlich zu arbeiten, belegt ein Student nicht dadurch, daß er sich eine Fülle von Fakten aneignet, die der Prüfer dann wie bei einem Computer abrufen kann. Wenn er Problemstellungen erkennt, ihre Relevanz diskutieren kann, und Fragestellungen begründen, konkretisieren, ordnen und abgrenzen kann, beweist er wissenschaftliche Fähigkeiten. Es ist daher eine zentrale Aufgabe des Studiums, das »in Frage stellen« eines Zustandes oder einer Tatsache zu lernen.

Wir hatten bereits im Kapitel über den Forschungsprozeß darauf verwiesen, daß der Ausgangspunkt wissenschaftlicher Fragestellung markiert werden kann durch Streitfragen in der Wissenschaft, durch Lücken in der menschlichen Kenntnis, aber auch durch Mißstände, deren Erklärung und Überwindung das Erkenntnisinteresse darstellen. Wir hatten zusätzlich gesagt, daß Wissenschaft nicht schon bekannte Aussagen lediglich wiederholen darf. Daraus ergibt sich, daß jede Entwicklung einer wissenschaftlichen Fragestellung und die Überprüfung der Neuartigkeit der Ergebnisse eine genaue Kenntnis des jeweiligen Standes der wissenschaftlichen Diskussion im behandelten Teilbereich voraussetzt.

In aller Regel wird sich die Formulierung einer Forschungsfrage also aus der dauernden Begleitung der wissenschaftlichen Diskussion ergeben. Sicherlich wird es im Rahmen der Sozialwissenschaften auch hin und wieder den Fall geben, daß die genaue Kenntnis eines bestimmten Quellenbereiches zu einer Frage führt. Zu warnen ist allerdings vor einem nicht durch die wissenschaftliche Diskussion geleiteten einfachen Abfragen eines archivierten Quellenmaterials auf eine Problemstellung hin. Aus einer noch so großen Zahl von einzelnen Fakten ergibt sich noch keine wissenschaftlich interessante Fragestellung.

Wie aber gewinnt man Kenntnis über den Stand der wissenschaftlichen Diskussion? Wir haben fast alle hier zur Verfügung stehenden Instrumente in anderem Zusammenhang schon einmal genannt, so daß wir uns jetzt auf die in diesem Augenblick wichtigen Punkte beschränken können: Die Entwicklung der wissenschaftlichen Diskussion ist primär aus den schriftlich vorliegenden Ergebnissen der einzelnen Forschungsprojekte zu entnehmen. Lesen, viel Lesen ist also der wichtigste Weg, um später Fragen stellen zu können, die wissenschaftliches Gewicht besitzen. Nun ist gerade in den letzten Jahren der Umfang der wissenschaftlichen Literatur stark angestiegen, so daß auch ein ausgebildeter Fachwissenschaftler nur noch in Teilbereichen seines Faches einen tieferen Einblick in den Stand der Diskussion gewinnen wird. Es muß also darauf ankommen, nicht Unnötiges zu lesen, bzw. bereits bei Beginn eines Lesevorganges zu wissen, wonach man den Text befragen will. Um dies an einem Beispiel zu verdeutlichen: Wir haben bereits im vorstehenden

Kapitel über die verschiedenen Funktionen der einzelnen Teile einer wissenschaftlichen Arbeit berichtet. Geht es uns in einem bestimmten Zusammenhang nur um die Weiterentwicklung einzelner Fragestellungen, so können wir unsere Lektüre auf die Einleitung wissenschaftlicher Arbeiten beschränken, geht es uns aber um eine konkrete Beweiskette für eine aufgestellte Hypothese, so werden wir den Hauptteil einer Arbeit gründlich studieren müssen.

Neben der Lektüre der größeren wissenschaftlichen Arbeiten spiegeln vor allem die *Fachzeitschriften* und die *Arbeitspapiere wissenschaftlicher Kongresse* den aktuellen Stand der Diskussion wider. Das regelmäßige Lesen der Fachzeitschriften sollte daher zum normalen Pensum des Studiums gehören. Der Anfänger wird schnell herausfinden, welches die wichtigsten Zeitschriften im jeweiligen Fach sind.

Auch wenn der Student sein Thema selbst bestimmt und formuliert hat, wird er dann zunächst vor der Aufgabe stehen, die für das Thema zentralen Begriffe zu klären. Das wichtigste Instrumentarium zur eindeutigen Klärung der Begriffe – soweit man sie nicht selbst durch Definition bestimmen kann, was selten vorkommen wird – sind die *Lexika*, vor allem die *Fachlexika*. Nur sind die Lexika in ihren Aussagen nicht identisch. Auch in ihnen spiegeln sich unterschiedliche wissenschaftliche Auffassungen und – nicht nur im Bereich der Sozialwissenschaften – unterschiedliche politische Standorte wider. Es wird also darauf ankommen, mehrere Lexika nach dem gleichen Begriff zu befragen. Aus den unterschiedlichen Definitionsversuchen lassen sich manchmal neue Fragen an den Gegenstand ableiten.

Die Fachlexika werden allerdings allein nicht in jedem Fall zur eindeutigen Definition eines Begriffes ausreichen. Wir haben bereits darauf verwiesen, daß es in der wissenschaftlichen Diskussion immer wieder zu Schulenbildung auch im Bereich von Begriffsfestlegungen und --gebrauch kommt, die dann teilweise in den Lexika mit diesen speziellen Bedeutungen nicht erfaßt werden. Hier wird ein Blick in die jeweilige Spezialliteratur nötig sein.

Wenn wir von Lexika bzw. Fachlexika sprachen, sollten wir kurz noch diese Begriffe klären. Für jeden Wissenschaftler hat der Brockhaus bzw. Meyers Konversationslexikon und all die anderen allgemeinen Lexika ihre Bedeutung, auch wenn man sie in einer wissenschaftlichen Arbeit in aller Regel in der Eigenschaft der Sekundärliteratur nicht zitiert. Neben ihnen aber stehen in allen wissenschaftlichen Bibliotheken die jeweils auf das Fach ausgerichteten Lexika. Ihre Kenntnis und Benutzung wird vor allem unnötige Umwege bei der Bearbeitung eines Themas ersparen. Es empfiehlt sich bei Arbeitsbeginn zunächst, diese Fachlexika in die Hand zu nehmen, sich über den Herausgeber und seine wissenschaftliche und politische Einstellung zu vergewissern und den Aufbau und Umfang des

Lexikons kennenzulernen. Auch wenn die dort vertretene wissenschaftliche bzw. politische Position nicht voll zusagt, sollte man das Lexikon neben anderen weiter benutzen.
Ein letztes Wort zur Frage, wie weit man die Begriffsklärung treiben sollte. Das Problem besteht darin, daß jeder Begriff durch neue – eventuell auch unbekannte oder doch zumindest schwammige – Begriffe geklärt wird. Man kann daher nur sehr allgemein raten, die Begriffe – auch die in Definitionen neu auftauchenden – so weit nachzuschlagen, daß gravierende Mißverständnisse durch Fehldeutung der Begriffe ausgeschlossen werden können. Aufgrund der arbeitsökonomischen Probleme besteht nicht die Möglichkeit, jeden gelesenen bzw. selbst benutzten Begriff erst durch Konsultierung mehrerer Lexika abschließend und eindeutig zu bestimmen. Auf die besonderen philosophischen und wissenschaftstheoretischen Probleme von Definitionsvorgängen, die wir im vorhergehenden Kapitel angesprochen haben, sei hier nur noch einmal verwiesen.

3. Zur Sammlung und Auswertung von Sekundärliteratur

a) Suche der Literatur

Wir haben bereits im Kapitel über den Forschungsprozeß erklärt, daß wissenschaftliches Arbeiten dem Ziel der Beantwortung einer aufgeworfenen Problemstellung durch Befragung des Gegenstandes unter Berücksichtigung der in der Wissenschaft schon vorliegenden Meinungen zu dieser oder ähnlichen Fragen dient. Es wird daher darauf ankommen, den Gegenstandsbereich und die Auffassungen über ihn genau kennenzulernen.
Wir wollen uns zunächst dem Umgang mit der *Sekundärliteratur* zuwenden. Dies ist insoweit berechtigt, als in der großen Mehrzahl aller wissenschaftlichen Studien die sich in der Sekundärliteratur niederschlagende wissenschaftliche Diskussion Ausgangspunkt für die Entwicklung neuer Fragestellungen ist und außerdem in einem ersten Arbeitsgang meist die Durchsicht des vorliegenden Schrifttums zur vorläufigen Prüfung des Stellenwertes der aufgeworfenen Frage im gesamtwissenschaftlichen Erkenntnisfortgang noch vor der Quellenbearbeitung erfolgt. Im Grunde gehört die schon angesprochene Klärung von Begriffen auch hierher.
Lexika, Sachwörterbücher, Nachschlagewerke, Standardwerke, Sammelwerke und Einführungen stehen dem Bearbeiter in diesem ersten noch nicht voll systematisierten Arbeitsgang vor allem zur Verfügung. Es kommt in dieser frühen Phase der Arbeit noch nicht darauf an, alle

Bücher gründlich zu lesen und alle Fakten zu erfassen. Der Überblick muß so gründlich sein, daß eine erste Konkretisierung und Abgrenzung der Fragestellung und eine Vordisposition als Arbeits- und Ordnungshilfe für die folgende Befragung von Quellen und Literatur möglich wird.

Einen gründlicheren Umgang mit der Literatur fordert der dann folgende Arbeitsgang, bei dem es darum geht, den Stoff zu sammeln – und zwar ineinander verschränkt die Sekundärliteratur und die Quellen.

Drei Fragen sind in diesem Zusammenhang für uns von besonderem Interesse:

1. Wie findet man die relevante Sekundärliteratur?
2. Was interessiert im einzelnen an dieser Literatur?
3. Wie archiviert man diese Literatur?

Befassen wir uns zunächst mit dem *Sammeln der Literatur*. Das Erfassen der gesamten für das Thema wichtigen Literatur ist durchaus nicht immer leicht. Zumindest alle Standardwerke zu einem Thema muß der Bearbeiter in der Regel berücksichtigen. Das bedeutet durchaus nicht, daß er aus allen Anregungen und Erkenntnisse für sein Thema gewinnen wird. Da er aber im voraus nicht wissen kann, welche Literatur für seine Fragestellung weiterführende Fakten oder Argumente vorträgt, würde er nachlässig handeln, wenn er nicht alle Standardwerke, die sein Thema berühren könnten, einsehen würde.

Der Zugang zur Literatur geschieht über den Vorgang des *Bibliographierens*. Das kann anhand des Sachkatalogs einer Bibliothek, des Literaturverzeichnisses von Fachbüchern oder anhand von speziellen Bibliographien und schließlich durch Literaturbesprechungen in Fachzeitschriften erfolgen. Die Verkaufsprospekte von Verlagen und Buchläden können manchmal hilfreich sein, die allerneueste Literatur zu berücksichtigen.

Die *Sachkataloge* werfen in ihrer Benutzung ein Problem auf. Sie erfassen selten vollständig die wichtige Literatur, da sie in aller Regel nur die in der jeweiligen Bibliothek vorhandenen Bestände in den Katalog aufnehmen, und unterliegen der zufälligen Anschaffungspolitik des Bibliothekars. Darüber hinaus ist fast jede wissenschaftliche Bibliothek auf ein Fachgebiet spezialisiert, aus dem sie die Neuerscheinungen möglichst lückenlos anschafft, während sie die anderen Bereiche meist dilatorisch behandelt. Außerdem wird ein Thema kaum einmal mit einem Stichwort des Sachkatalogs zusammenfallen. Es wird entweder ein Unterabschnitt eines Stichwortes oder aber – was häufiger der Fall ist – mehrere Stichworte betreffen. Der Suchende wird sich also darüber klarwerden müssen, unter welchem der Stichworte er Literatur zu seinem Thema eventuell finden kann. Diese Suche nach Literatur wird noch dadurch erschwert, daß in manchen Sachkatalogen leider immer noch jeder

Buchtitel nur einmal und ohne Verweise bei anderen Stichworten aufgenommen wird. Da aber die eindeutige Zuordnung eines Buches zu einem Stichwort meist nicht möglich ist, da es vom Thema und den formulierten Erkenntnissen her unter mehrere subsumiert werden könnte, wird in einem solchen Fall die eher zufällige Entscheidung des Bibliothekars dafür verantwortlich sein, unter welchem Stichwort ein Buch zu finden ist. Es kommt also darauf an, die Suche breit anzulegen. Dazu können heute auch Computer zu Hilfe genommen werden. Näheres dazu unten in Abschnitt 6.

Die *Bibliographien* – soweit vorhanden – sind ohne Zweifel die wichtigsten Zusammenstellungen der wissenschaftlichen Literatur. Neben den allgemeinen Bibliographien – z. B. die *Deutsche Nationalbibliographie*, das *Deutsche Bücherverzeichnis*, die *Bibliographie der deutschen Hochschulschriften* und die *Internationale Bibliographie der Zeitschriften* – interessieren uns vor allem die fachbezogenen Bibliographien. Dabei unterscheiden wir dann wiederum zwei verschiedene Arten: Die eine erfaßt möglichst alle Themenbereiche eines Faches – und wird daher in aller Regel wegen der Fülle der anfallenden Literatur nicht vollständig sein können – die andere beschränkt sich auf ein einziges Thema – wie umfangreich oder begrenzt dies auch sein mag – und bemüht sich, möglichst alle zu diesem Thema erschienene Literatur zu nennen. Eine zweite Unterscheidung ist für uns ebenfalls von Bedeutung: Wir kennen Bibliographien, die kontinuierlich – meist jährlich – erscheinen, und solche, die einmalig oder in unregelmäßigen größeren Zeitabständen auf den Markt kommen. Bei Bibliographien, die regelmäßig erscheinen, wird der Suchende mehrere Jahrgänge durchsehen müssen; bei Bibliographien, die einmalig erscheinen, wird der Suchende sich nach dem Erscheinungsdatum – besser noch nach dem Datum, an dem die Bearbeitung dieser Bibliographie beendet wurde – erkundigen müssen, was in aller Regel in der Bibliographie angegeben ist. Für den Zeitraum nach diesem Datum wird die Literatur dann auf den anderen Wegen zusammengetragen werden müssen. Grundsätzlich gilt, daß der Bearbeiter eines Themas möglichst die neueste Literatur zu seiner Fragestellung benutzen sollte, da sie den Stand der augenblicklichen Diskussion zu diesem Thema am ehesten widerspiegelt. Man sollte also mit dem Studium der neuesten Bibliographien beginnen und dann rückwärtsschreiten.

Für die verschiedenen Stufen der Sammlung von Material ist es vorteilhaft, von der allgemeinsten und am einfachsten zugänglichen zur speziellen und meist aktuelleren, noch nicht von anderen Wissenschaftlern verarbeitete Literatur fortzuschreiten. Fast jedes gefundene Buch wird uns auf neue Titel stoßen. Das bedeutet, daß schon in der Phase der Literatursammlung nicht nur die Titel gesucht werden sollten, sondern auch schon so manches Buch in die Hand genommen und durchgeblättert werden sollte. Voraussetzung für ein sinnvolles, das heißt zielgeleitetes Suchen nach Literatur ist nämlich ein Mindestmaß an Sachkenntnis. Daher die Forderung, zunächst Begriffe und Namen zu klären, und daher die Forderung, in die Bücher hineinzusehen, die Gliederung zu studieren und die Darstellung anzulesen.

b) Formen des Lesens

Wir kennen verschiedene Arten des *Lesens*. In dieser Phase der Literatursuche wird die Beschäftigung mit einzelnen Büchern meist noch auf das Überfliegen längerer Textstellen hinauslaufen. Wir nennen dies ***kursorisches** Lesen*. Es verfolgt das Ziel, einen Eindruck von dem behandelten Stoff und den vorgetragenen Thesen zu gewinnen. Diese Art des Lesens erfaßt nicht den gesamten Text mit den Augen. Man kann vertikal oder horizontal lesen, man kann auf die Verben und Substantive sehen, man kann sich auf die Adjektive zu den jeweiligen Hauptworten konzentrieren. Man kann sich auf jeweils die ersten und letzten Sätze eines Absatzes beschränken oder auf Signalwörter wie »erstens«, »zweitens«, »am wichtigsten«, »schließlich«, »daher«, »im Gegensatz dazu« und so weiter achten. Allerdings wird auch dieses zeitsparende kursorische Lesen uns nur weiterhelfen, wenn wir eine klare Vorstellung von dem haben, was wir suchen. Eine Frage hat in der Regel verschiedene Aspekte, die vielleicht nicht alle im anstehenden Thema behandelt werden sollen. Andererseits wird man den Rahmen der aufzunehmenden Literatur auch nicht zu eng ziehen können, da einige Aspekte im Laufe der weiteren Arbeit ein zunächst vielleicht nicht erwartetes Gewicht gewinnen können. Auf jeden Fall sollte man bei der Literatursuche nicht ausschließlich den Wortlaut des gestellten Themas berücksichtigen. Die Literaturauswahl muß sich an den größeren Zusammenhängen des Themas orientieren.
Die Literatursammlung sollte Lexika, Sachwörterbücher, Sammelwerke, Monographien und Zeitschriftenaufsätze erfassen. Einige Bibliotheken kennen gesonderte Sammlungen und die entsprechende katalogmäßige Erfassung von Zeitschriftenaufsätzen, auf die hier besonders hingewiesen werden soll.
Ein Wort zur Literatursammlung zum Schluß: Dieser Arbeitsgang ist nicht ein einmaliger Schritt zu Beginn der Arbeit, der dann abgeschlossen ist. Während des gesamten Forschungsprozesses muß der Bearbeiter des Themas offen sein für die Aufnahme weiterer Literatur. Und dies aus zwei Gründen. Er kann eher zufällig oder durch die Lektüre von Sekundärliteratur auf weitere Titel stoßen, die dann noch zu lesen wären. Er kann aber auch durch die Behandlung des Gegenstandsbereiches auf neue Fragen stoßen, bei denen er sich vergewissern muß, ob dazu bereits Literatur vorliegt.

Wenden wir uns kurz der Frage zu, *was uns an der Sekundärliteratur besonders interessiert.* Uns interessieren nicht nur der vorgetragene Stoff und die entwickelten Aussagen. Genauso wichtig sind für uns die Gliederung der Darstellung und der Gang der Argumentation. Wir sollten uns bei der Lektüre fragen, ob diese Argumentation logisch verläuft und dem Gegenstand gerecht wird. Wir sollten uns bei der Lektüre fragen, welche Konstanten und Variablen – und hier wieder, welche abhängigen und welche unabhängigen – in die Begründung einer Aussage eingeführt werden. Wir sollten versuchen, die wissenschaftliche Terminologie und die wissenschaftstheoretische Position des Autors zu erfahren. Wir sollten uns merken, wie er die Aussagen anderer Wissenschaftler beurteilt.

Die Art des *Lesens,* in der wir uns jetzt intensiver mit der Literatur auseinandersetzen, unterscheidet sich also stark von dem schon genannten kursorischen Lesen. Jetzt geht es um eine sorgfältige Durcharbeitung fremder Standpunkte, wir sprechen von *studierendem Lesen.* Bei diesem verweilenden Lesen wird die Literatur gründlich, zielbestimmt befragt. Diese Fragen können lauten: Welche Lösung eines Problems würde ich vorschlagen? Würde ich genauso argumentieren, wie es der Autor tut? Was kenne ich bereits von dem in Frage stehenden Problem? Stimmt die vorgetragene These mit meinen bisherigen Kenntnissen überein? Wie müßte die Argumentation fortgesetzt werden? Welche Bedeutung hat die These für andere Themen? Sind die Begriffe des Autors einheitlich gebraucht und klar definiert? Welche Forschungsmethoden hat der Autor gebraucht? Wären bessere denkbar? Welche Fragen sind durch die Studie nicht beantwortet worden? Welche Elemente im Aussagengebäude des Autors werden von mir nicht akzeptiert – und dies mit welcher Begründung? Weitere Fragen wären denkbar.

Bei der kritischen Auseinandersetzung mit fremder Literatur unterscheiden wir zwei Arten der Kritik. Zum einen sprechen wir von der *immanenten Kritik.* Diese fragt: Von welchen – ausgesprochenen oder unausgesprochenen – Voraussetzungen geht der Autor aus? Sind seine Schlußfolgerungen auf dem Boden seiner eigenen Voraussetzungen logisch oder liegen Fehlschlüsse vor? Und wenn, welche? Die zweite Form der *externen Kritik* geht davon aus, daß die Argumentation in sich schlüssig ist und fragt dann, ob die Voraussetzungen, von denen der Autor ausgeht, Allgemeingültigkeit beanspruchen können. In diesem Zusammenhang ist dann auch die Frage zu stellen, ob die Begründung für eine vorgetragene These eines Autors die einzig mögliche Begründung ist, oder ob diese These eventuell anders sehr viel besser erklärt werden könnte. Wir haben dann gleichzeitig zu fragen, ob der Autor diese anderen möglichen Erklärungsformen bewußt und argumentativ aus seiner Darstellung ausgeschlossen hat oder ob er sie einfach übersehen hat.

An dieser Stelle ein zusätzlicher Tip für Anfänger. Die meisten Anfänger neigen dazu, einen Text zu lesen, um dann davon auszugehen, diesen Text verstanden zu haben. Bei Vorträgen – z. B. in Seminaren – oder in Prüfungen sind sie dann überrascht, mit dem Stoff nicht zurechtzukommen. Es gilt eine grundsätzliche Regel: Ein Text ist erst dann wirklich verstanden, wenn man ihn in eigenen Worten und mit einer kritischen Würdigung seiner Aussagen wiedergeben kann. Diese Fähigkeit kann man einüben. Es empfiehlt sich z. B., einem Bekannten die eigenen Thesen und Meinungen über einen Gegenstand oder die Sekundärliteratur dazu geordnet und auf Einwände eingehend vorzutragen.

c) Erfassen der Literatur

Bei dem Umfang der jeweils zu bearbeitenden Literatur werden alle diese Aufgaben nur zu erfüllen sein, wenn die *Literatur systematisch erfaßt und geordnet wird.* Karteikarten, Zettelkästen und Archivierung können dies – vor allem bei größeren Arbeiten – wesentlich erleichtern. Eine klare Ordnung muß Leitprinzip bei der gesamten Materialsammlung sein – sowohl bei der Literatur- als auch bei der Quellensammlung. Diese Forderung nach Ordnung geht in zwei Richtungen. Die schon erwähnte Vordisposition bzw. vorläufige Gliederung wird als Ordnungskriterium verwendbar sein.

Ordnung betrifft aber auch die sehr viel technischeren Dinge wie die Benutzung einheitlicher Karteikarten und die einheitliche Aufteilung dieser Karteikarten für die verschiedenen Notizen.

Für die wissenschaftliche Arbeit im Bereich der Geistes- und Sozialwissenschaften reichen meist die einfachsten Ausführungen der in der Bürotechnik hoch entwickelten Karteiformen, Steilkarteien, Sichtkarteien, Faltkarteien usw. mit den zahlreichen Hilfsmitteln, Taben, Reitern und Signalmitteln aller Art. Wir gebrauchen für verschiedene Funktionen unterschiedliche Formen von Karteikarten. Geht es uns darum, lediglich die Titel von Büchern und Aufsätzen zu sammeln, so verwenden wir am besten das Normformat A 7 oder das internationale Bibliotheksformat (75 mal 125 mm). Handelt es sich um dauernd benutzte Karteien, so sind Karten aus festerem Karton zu empfehlen. Wollen wir die Kartei nur vorübergehend benutzen, z. B. für die Herstellung eines Literaturverzeichnisses oder eines alphabetischen Sachregisters, so genügen auch einfache Zettel.

Wollen wir neben dem Titel von Büchern auch Notizen, Zeichnungen, Tabellen, Skizzen oder Schaltbilder auf den Karteikarten erfassen – was häufig der Fall ist – eignet sich besser das Normformat A 6 (Postkarten-

format) oder die noch größeren Formate A 5 und A 4. Müssen wir für eine Arbeit Sonderdrucke von Aufsätzen, Fotokopien, Abschriften, Auszüge, Meß- und Versuchsprotokolle, Statistiken oder größere Zeichnungen sammeln – die in aller Regel im Format A 4 oder A 5 vorliegen –, ist es auch sinnvoll, für das übrige auf Karteikarten zu sammelnde Material das entsprechende Format zu benutzen.
Die Aufteilung der Fläche der Karteikarten für die verschiedenen zu notierenden Angaben steht jedem frei. Gewisse Formen haben sich aber als vorteilhaft herausgestellt. Wir wollen diese kurz beispielhaft nennen:

Auf jeder Karteikarte sollte oben links die Quelle bzw. der Autor und der Titel des benutzten Buches angegeben werden.
Auf jeden Fall sollte dabei auch die Auflage des Buches notiert werden, um sicher zu gehen, daß man bei einem späteren Nachschlagen die gleiche Auflage benutzt.
Im übrigen sollte man, so weit eben möglich, die neueste Auflage – vor allem, wenn sie überarbeitet und verändert ist – verwenden.
In der rechten oberen Ecke der Karteikarte sollte Platz sein für einen Hinweis auf den Teil bzw. die Teile der eigenen Arbeit, in dem bzw. in denen man die Aussage des Buches oder der Quelle verwerten will.
Da diese Gliederung noch sehr vorläufiger Natur sein kann und sich vermutlich im Laufe der Bearbeitung des Themas ändern wird, empfiehlt es sich, diese Eintragung nur mit Bleistift zu machen.

Für die Form der weiteren Notizen ist entscheidend, ob die Bücher und Aufsätze dem Bearbeiter während der gesamten Arbeit zur Verfügung stehen, oder ob er sie nur kurze Zeit einsehen kann. Kann er während der gesamten Arbeit über sie verfügen, so mag es ausreichen, unter diese ersten durch Angaben über das Buch und die eigene Vordisposition ausgefüllte Zeile lediglich noch Stichworte mit Angabe der Seitenzahl aufzunehmen. Dies würde dann z. B. wie folgt aussehen:

Name, Vorname, Titel, Auflage Gliederungsgesichtspunkte
Erscheinungsort, -jahr

Stichwort: Verhalten von A in der Entscheidung B gegenüber C
S. XXXX

Sollten die Bücher und Aufsätze aber nur kurze Zeit für den Bearbeiter greifbar sein, so kommt es darauf an, schon in der Phase der Materialsammlung alles später für die eigene Arbeit wichtige aus der Literatur zu exzerpieren. Da in diesem Zeitpunkt der Arbeit noch nicht in jedem Falle eindeutig entschieden werden kann, ob ein in der Literatur genanntes Faktum oder ein Argument für die eigene Aussage später wichtig sein wird, besteht die Gefahr, daß der Bearbeiter unnötig viel aus der Literatur herausschreibt. In gewissem Umfange werden die eigene

Vordisposition und die klar formulierten Fragestellungen der Arbeit dem Bearbeiter bei der Entscheidung über Aufnahme oder Nichtaufnahme einer Aussage der Literatur auf die Karteikarte behilflich sein. Der Student sollte sich vor allem davor hüten, allzu viele Fakten auf der Karteikarte zu sammeln, sie werden ihm im Laufe der Bearbeitung des Themas eventuell in den Standardwerken oder Handbüchern leichter zugängig sein, und dies ohne allzu großen Schreibaufwand. Anders ist dies bei Argumenten und Thesen fremder Autoren. Trotz dieser Kenntnisse wird nicht nur der Anfänger nach Abschluß seines Manuskriptes merken, daß er auf seinen Karteikarten sehr viel mehr notiert hat, als er in der Arbeit verwenden konnte.

Man kann die festzuhaltenden Aussagen fremder Schriften auf der Karteikarte in eigene Worte fassen. Dies hat gegenüber dem Fotokopieren oder einfachen Abschreiben eines Textes den Vorteil, daß man sich mit dem Inhalt des fremden Textes gründlicher auseinandersetzen muß. Die eigenen Ausführungen auf der Karteikarte sollten so ausführlich sein, daß der Bearbeiter auch später, wenn er bei der schriftlichen Formulierung seiner Ergebnisse wieder zur Karteikarte greift, sicher ist, das früher Formulierte auch eindeutig und richtig zu verstehen. Schon in dieser Phase der Sammlung des Materials ist es gut, eigene Fragen oder kritische Anmerkungen zur aufgenommenen Literatur auf der Karteikarte festzuhalten. Dies muß allerdings in einer Form geschehen, die ein späteres Auseinanderhalten von Ansichten des fremden Autors und eigenen Meinungen möglich macht.

In vielen Fällen wird der Bearbeiter dazu neigen, die Ansichten des fremden Autors in wörtlichen Zitaten auf der Karteikarte festzuhalten. Auch dazu ein Tip für Anfänger. Meist ist es gut, in eigenen Worten kurz zu schildern, wie die Argumentationskette bis zu dem notierten Zitat verlaufen ist. Dieses Vorgehen sichert den Bearbeiter davor, das Zitat später nicht aus dem Zusammenhang zu reißen und ihm einen falschen Stellenwert zu geben.

Auf jeden Fall sollte die grundsätzliche Regel beachtet werden, daß die Sammlung der Sekundärliteratur – wie natürlich auch der Quellen – so klar geordnet und systematisch erfolgen sollte, daß man nicht in späteren Phasen der Bearbeitung wegen Unordnung erneut die Materialsammlung durchführen muß. Andere Gründe – wie Erweiterung der Fragestellung, Entwicklung von Zwischenfragen oder neue Erkenntnisse – können sehr wohl dazu zwingen, die Materialsammlung nochmals zu eröffnen.

Ein Punkt zum Schluß. Viele Wissenschaftler legen ihre Karteikarten nicht allein für die Bearbeitung eines bestimmten Themas an. Sie verfolgen das Ziel, die auf Karteikarten erfaßten Erkenntnisse und Diskussionen fremder Literatur später auch bei ganz anderen Fragestel-

lungen bzw. Arbeiten verwerten zu können. Für sie hat der Zettelkasten die sehr viel weitergehende Funktion einer grundsätzlichen Archivierung des durch Auseinandersetzung mit fremder Literatur und Quellen erarbeiteten eigenen Wissens. In solchen Fällen ist die Angabe der Gliederungsgesichtspunkte einer bestimmten gerade bearbeiteten Fragestellung in der rechten oberen Ecke der Karteikarte zumindest nach Abschluß der Arbeiten an diesem Thema nicht mehr brauchbar. Wir gebrauchen diesen Platz dann für andere Aufgaben. Wird eine Kartei unabhängig von einem einzelnen Thema mit diesem grundsätzlicheren Ziel geführt, so werden in der oberen rechten Ecke der Karteikarte stichwortartig die Themenbereiche angegeben, zu denen auf der Karteikarte Material zu finden ist. Wird diese Karteikarte dann später im Rahmen der Erstellung einer bestimmten Studie gebraucht, so wird die Beziehung zur Gliederung dieser speziellen Studie z. B. durch Reiter hergestellt.
Es zeigt sich damit im Grunde, daß es keine ganz festen Regeln für die Anlage eines Zettelkastens gibt. Hier kann jeder seiner eigenen Phantasie folgen, nur sollte diese so viel Ordnung enthalten, daß man den Zettelkasten später auch gebrauchen kann. Auf jeden Fall sollte ein einmal eingeführtes Ordnungsprinzip beibehalten werden. Zur Literaturverwaltung mit PC geben wir unten im Abschnitt 6 Hinweise.

4. Zur Sammlung und Auswertung von Quellen

Wenden wir uns nun der *Sammlung* und *Auswertung* der *Quellen* zu. Vieles von dem, was wir über die Literaturauswertung gesagt haben, gilt auch hier. Dies vor allem im Zusammenhang mit der Archivierung der Quellen. Wir brauchen daher an dieser Stelle nicht noch einmal auf das Karteikarten- und Zettelkastenwesen verweisen. Das dort Vorgetragene wäre hier sinngemäß zu übernehmen.
Bereits im Kapitel über den Forschungsprozeß haben wir auf die Unterscheidung von Quellen und Sekundärliteratur hingewiesen. Während Sekundärliteratur das Schrifttum meint, das über den Gegenstand wissenschaftliche Thesen und Aussagen entwickelt, verstehen wir unter Quellen die unvermittelte Information über den Gegenstandsbereich bzw. den Gegenstandsbereich selbst.
Für die Politikwissenschaft sind die wichtigsten Quellen: Urkunden, Verträge, Akten, Protokolle, Flugschriften, Zeitungen, Memoiren, Statistiken, Umfragen, Interviews – aber eventuell auch Bauwerke oder Gebrauchsgegenstände. Das jeweilige Thema ist ausschlaggebend für die Frage, welche Quellen zur Beantwortung der Fragestellung herangezogen werden müssen. Wir wollen bereits an dieser Stelle darauf

verweisen, daß einige dieser Quellenarten dem Forscher unmittelbar zur Auswertung vorliegen – so vor allem die schriftlichen Quellen. Andere – z. B. die Einstellung und das Verhalten von Individuen und Gruppen – werden, wenn sie nicht schon durch Statistiken als schriftliche Quellen und somit als sogenannte sekundäre Daten greifbar sind, erst vom Wissenschaftler in einem gesonderten Arbeitsgang »lesbar« gemacht werden müssen. Wir sprechen in diesem Falle von primären Daten. Auf das Erarbeiten primärer Daten und die dazu anzuwendenden Techniken werden wir in späteren Kapiteln zu sprechen kommen.

Wir müssen uns daher zunächst auf die Frage konzentrieren, wie der Wissenschaftler an die schon *schriftlich vorliegenden Quellen* herankommt. Wir müssen hier zuallererst zwischen veröffentlichten und unveröffentlichten Quellen unterscheiden. Wir kennen in der Wissenschaft publizierte Quellensammlungen – z. B. Sammlungen von Parteiprogrammen. Diese Sammlungen können häufig hilfreich, ihre Benutzung zunächst ausreichend sein. Für größere Arbeiten wird man sich allerdings kaum allein auf diese Quellensammlungen beschränken können. Und dies aus zwei Gründen: Erstens würden diese publizierten Parteiprogramme z. B. kaum etwas über den Entscheidungsprozeß und die Auseinandersetzungen um ihre Formulierung wiedergeben, was manchmal interessanter ist als das Ergebnis selbst. Zweitens ist jede publizierte Quellensammlung von den Auswahlkriterien des Herausgebers abhängig. Dieser mag das Material aber unter einer ganz anderen Fragestellung ausgewählt haben, als sie der eigenen Arbeit zugrunde liegt. Die eigene Fragestellung würde eventuell andere, nicht publizierte Quellen für wichtiger ansehen.

Andererseits sollte man bestimmte Quellenveröffentlichungen in ihrer Bedeutung nicht unterschätzen. Viele für die Wissenschaft bedeutsamen sekundären Daten sind z. B. in amtlichen Statistiken publiziert. Darüber später im Teil III mehr.

Zumindest bei größeren Arbeiten ist es aber in aller Regel wichtig, die *unveröffentlichten Quellen* aufzusuchen. Dies gilt vor allem, wenn Einzelfälle oder singuläre Entscheidungen untersucht werden und einzelne Quellenstücke daher für die Interpretation von ganz entscheidender Bedeutung sein können. Meist sind die unveröffentlichten Quellen in Archiven gesammelt und dort in Registern erschlossen.

Wenn wir davon sprachen, die unveröffentlichten Quellen aufzusuchen, so meinten wir damit auch die Eigenschaft des Originals einer Quelle. Auch wenn es sprachliche Anstrengungen erfordert, sollten Quellen in der Originalsprache gelesen werden. Übersetzungen sind immer schon beeinflußt durch das Sprachempfinden des Übersetzers. Diese Problematik gilt natürlich auch für den Bearbeiter, wenn er eine Quelle in einer fremden Sprache liest, in der er nicht voll zu Hause ist. Nur kann der

Bearbeiter eines bestimmten Themas dann doch unter den Aspekten seiner Fragestellung kritisch gegenüber seiner eigenen Übersetzung der Quelle sein – dies vor allem dann, wenn einzelne Worte oder Satzkonstruktionen ein besonderes Gewicht in der Interpretation eines Vorganges oder einer Tatsache gewinnen. Ein weiterer Vorteil der eigenen Übersetzung besteht darin, daß der Bearbeiter eines Themas in aller Regel die Terminologie des Faches, in dem das Thema angesiedelt ist, kennt. Das ist bei einem Übersetzer nicht unbedingt gegeben.
Die Aufforderung, Quellen im Original zu lesen, betrifft aber nicht nur die Frage der Fremdsprachen. Publizierte Quellen können sich z. B. auf den Text eines Dokumentes beschränken, während für uns andere Teile der Quelle eventuell viel aussagekräftiger sind. Randbemerkungen an einem Text können manchmal sehr viel mehr über einen Entscheidungsprozeß aussagen als das endgültige Dokument. Die Tintenfarbe der Paraphe oder Marginalie an einem Schriftstück kann etwas über die Hierarchie in einer Verwaltung mitteilen. Nur zwei Beispiele, die zeigen, wie wichtig die Beschäftigung mit der jeweiligen Originalquelle ist.
Häufig wird die Frage gestellt, in welchem Umfange man sich mit dem Quellenbereich beschäftigen muß bzw. wieviele Quellen zu bearbeiten sind, um die aufgeworfene Frage zu beantworten. Die Antwort kann nur lauten, daß die Fragestellung und eventuell noch die Quellenlage darüber entscheiden, in welchem Umfang Quellen die eigene These abdecken und belegen können und müssen. Eine wissenschaftliche Aussage sollte möglichst umfassend durch Aussagen der Quellen gesichert sein. Andererseits gibt es meist eine Grenze, bei der jede weitere angeführte Quelle kaum noch entscheidend Zusätzliches zur Absicherung der These beiträgt, weil sie nur Bekanntes wiederholt. Es wird also darauf ankommen, sich selbst und dem Leser zu zeigen, daß die zitierte Quelle auch für viele andere steht und nicht gerade der Ausnahmefall ist, der dem Gegenstand weniger gerecht wird als all die nicht zitierten Quellen. Der Bearbeiter eines Themas wird daher sehr viel mehr Quellen lesen müssen, als er später zitieren wird.
Besondere Probleme treten dort auf, wo die Quellenbasis schmal ist – nicht weil es um einen einmaligen Vorgang geht, sondern weil keine größere Zahl von Quellen über ähnliche oder gleiche Vorgänge greifbar sind. In solchen Fällen wird der Autor nur mit besonderer Vorsicht und einschränkenden Hinweisen seine Thesen entwickeln können. Um so kleiner die Zahl der zur Verfügung stehenden Quellen nämlich ist, um so größer ist die Gefahr, daß die Interpretation auf einer Fälschung oder Ungenauigkeit in der Aussage der Quelle aufbaut. Wir können hier nicht im einzelnen die Probleme und Möglichkeiten der Quellenkritik ansprechen.

Interessante Ergebnisse sind gerade für den Lernenden zu erwarten, wenn er kritisch Memoiren und wissenschaftliche Darstellungen zum gleichen Thema vergleicht, wenn er Meldungen in verschiedenen Zeitungen zum gleichen Thema vergleicht und dabei auf den Umfang der Informationen, auf die Beeinflussung der Informationen durch die Anlage der Meldungen, auf die Vermischung von Informationen und Kommentierung und auf den Kommentar zur Meldung achtet, wenn er Definitionen von Begriffen in verschiedenen Lexika mit dem Ziel, die kritische Einstellung auch gegenüber wissenschaftlichen Aussagen zu schulen, vergleicht und wenn er schließlich Definitionen von Begriffen in Lexika, die zu verschiedenen Zeiten erschienen, mit dem Ziel eines Auffindens des Wandels in der Bedeutung von Begriffen vergleicht. Als Beispiel für den letzten Punkt sei auf die Veränderung des Verständnisses des Begriffs »appeasement« verwiesen, unter dem früher »Frieden stiften«, »schlichten« verstanden wurde und der heute gleichgesetzt wird mit »Forderungen nachgeben«, »beschwichtigen«.

5. Anforderungen an die schriftliche wissenschaftliche Arbeit

a) Formale Kriterien

Jede schriftliche Arbeit, die wissenschaftlichen Ansprüchen genügen soll, muß alle zum behandelten Thema in Beziehung stehende Literatur und die entsprechenden Quellen verarbeiten. Dabei sollte sie die Literatur kritisch auswerten. Das bedeutet, daß auf einseitige Darstellungen, unlogische Schlußfolgerungen und Entstellungen des Gegenstandsbereiches in der verarbeiteten Literatur in der eigenen Untersuchung hingewiesen und diese Literatur mit den eigenen Hypothesen und Analysen konfrontiert werden sollte. Das bedeutet aber auch, daß der Autor sich tatsächlich in seinen Aussagen auf die Interpretation und Deutung der geprüften Quellen und der Literatur beschränken sollte und daß er sich und dem Leser Rechenschaft über die Grenzen der Reichweite des angewandten Verfahrens zur Analyse der Tatbestände und damit auch der entwickelten Aussagen ablegt.
Das Eingeständnis von Grenzen der Aussagen entspricht zugleich dem Prinzip permanenten Fortschreitens der Wissenschaften. Dieses Prinzip besagt im Grunde, daß es abschließende, endgültige, grundsätzliche, die weitere wissenschaftliche Arbeit überflüssig machende Erkenntnisse nicht gibt. Eine wissenschaftliche Arbeit würde sofort auf die Kritik der Fachkollegen stoßen, wenn sie nur eine einseitige Auswahl von Literatur und Quellen berücksichtigen und diese auch noch unkritisch verwenden würde. Das gleiche würde für eine Arbeit gelten, die um des dramatischen Aufbaus willen auf die alleinige Interpretation von Tatsachen mit dem Ziel wahrer Aussagen über sie verzichten würde.

Dies sind nicht die einzigen Forderungen an eine schriftliche wissenschaftliche Arbeit. Genauso bedeutsam ist die Forderung nach sprachlicher und stilistischer Klarheit, da jede schriftliche wissenschaftliche Arbeit der Kommunikation dienen soll. Auch wenn man immer wieder Wissenschaftler erleben kann, die eine wissenschaftliche Arbeit um so positiver beurteilen, je weniger sie zu verstehen ist, muß die Forderung unterstrichen werden, unnötige Fremdworte auszumerzen und unnötig lange Schachtelsätze zu unterteilen.

Diese Übersichtlichkeit und Lesbarkeit eines Manuskriptes wird auch durch äußere Faktoren beeinflußt. So wie jedes Buch ein *Titelblatt* hat, sollte auch eine Seminararbeit ein Titelblatt aufweisen. Dieses sollte Vor- und Zunamen des Autors sowie seine Anschrift, das Thema der Arbeit sowie das Thema der gesamten Lehrveranstaltung, in deren Rahmen die Studie angefertigt wird, und den Namen des veranstaltenden Dozenten sowie das Semester, in dem die Lehrveranstaltung stattfindet, aufweisen. Auf einem zweiten Blatt sollte die vollständige Gliederung der Arbeit mit Seitenangabe zu jedem Gliederungsgesichtspunkt stehen. Die Seitenzählung sollte in einem Referat vom ersten bis zum letzten Blatt durchlaufen. Der fortlaufende Text sollte in eineinhalbfachem Zeilenabstand geschrieben werden. Fußnoten – auch Anmerkungen genannt – erhalten meist einfachen Zeilenabstand. Literatur- und Quellenverzeichnis sollten bei einer Seminararbeit am Schluß gesondert aufgeführt werden.

Einige Worte zu den Anforderungen an die *Gliederung*. Die Zahl der Überschriften sollte in einem angemessenen Verhältnis zum Umfang des Textes stehen. Zu wenige Überschriften erschweren das Verständnis, da die einzelne Überschrift dann einen zu großen Umfang an Argumenten und Aussagen in knappen Formulierungen erfassen muß, und machen darüber hinaus das Wiederauffinden von einzelnen Thesen kaum noch möglich. Zu viele Überschriften können den Argumentationsfluß stören. Die Überschriften sollten möglichst kurz und konzentriert auf die wesentliche Aussage hin formuliert werden. Die im Inhaltsverzeichnis aufgenommenen Gliederungsgesichtspunkte müssen mit denen im Manuskript identisch sein. Dabei sollte sich der Autor während des gesamten Forschungsprozesses vergewissern, daß die Gliederung einem logischen Aufbau entspricht und nicht Scheinklassifikationen, die weder dem Gegenstand noch der Argumentation entsprechen, unterliegt. Eine Über- oder Unterordnung einzelner Darstellungsteile ist durchaus legitim, die Tiefe der Staffelung sollte aber nicht künstlich vergrößert werden. Der Grad der Komplexität der Argumentationskette wird über den Umfang der Untergliederung und der Über- bzw. Unterordnung zu entscheiden haben. Die endgültige Gliederung wird erst nach Fertigstellung des Manuskriptes erstellt werden können. Sie sollte auf jeden Fall den Gedankengang des Verfassers klar erkennen lassen. Zur Textgestaltung mit PC-Hilfe geben wir unten im Abschnitt 6 einige Hinweise.

b) Anmerkungen, Zitate, Literaturverzeichnis

Wenden wir uns den speziellen Problemen des *Zitierens* zu. Fast jede schriftliche wissenschaftliche Arbeit greift zum Belegen der eigenen Ansichten oder zum Widerlegen fremder wissenschaftlicher Thesen auf Quellen oder Werke anderer Autoren zurück. Bei jeder Verwertung von Sekundärliteratur oder Quellen in wissenschaftlichen Texten – seien es Referate im Studium, Aufsätze oder Bücher – müssen alle diese wörtlichen oder sinngemäßen Übernahmen der Argumente anderer Autoren bzw. der Aussagen des Quellenbereiches durch einen entsprechenden Hinweis gekennzeichnet werden. Aus der Forderung der Nachprüfbarkeit wissenschaftlicher Aussagen durch den Leser ergibt sich der Zwang, die zur Entwicklung der eigenen Aussagen gebrauchten Materialien und Veröffentlichungen ordnungsgemäß aufzuführen. Dieser Hinweis auf verarbeitete Quellen oder Literatur erfolgt in *Anmerkungen* am Schluß der Seite im Text oder bei größeren Arbeiten auch manchmal am Schluß des Buches überhaupt. Zumindest im zweiten Fall müssen die Anmerkungen durchlaufend gezählt werden. Auf jede Anmerkung wird in der Regel durch eine hochgestellte Ziffer an der entsprechenden Stelle im Text verwiesen. Diese Ziffer wird dann auch vor der Anmerkung wiederholt.

Erfolgt eine wörtliche Übernahme, so hat diese in der Form eines auch so gekennzeichneten wortgetreuen Zitats zu geschehen. Man macht ein Zitat kenntlich, indem man es in doppelte Anführungsstriche setzt. Zitate innerhalb von Zitaten werden durch einfache Anführungsstriche wiedergegeben. Durch Anführungsstriche werden nicht nur zitierte Sätze, sondern auch übernommene Einzelbegriffe gekennzeichnet.

Das Zitat muß vollständig und eindeutig bis hin zu den Einzelheiten der Interpunktion sein. Wörtlich zitieren heißt also, die Quelle bzw. die Sekundärliteratur in der Rechtschreibung, im Stil und in der Interpunktion unverfälscht wiederzugeben. Sind in einem Zitat bestimmte Worte oder Satzteile durch Sperrdruck, Kursiv- oder Fettdruck hervorgehoben, so muß diese Hervorhebung auch im Text deutlich gemacht werden, z. B. durch Unterstreichung. Von eigenen Hervorhebungen in übernommenen Zitaten soll möglichst wenig Gebrauch gemacht werden. Hält der Autor es doch für notwendig so muß dies entweder durch eine Klammerbemerkung –»(Verfasser)« – oder durch eine Anmerkung des folgenden Inhalts »Hervorhebung durch den Verfasser« deutlich gemacht werden. Interpolationen, d. h. Ergänzungen von Zitaten zur Erläuterung des Zitierten sollten in Klammern stehen und den Vermerk erhalten »der Verfasser« bzw. die Initialen des Bearbeiters oder aus dem Bereich der Gültigkeit der Anführungsstriche herausgenommen werden.

Kommt man als Bearbeiter eines Themas an eine Quelle oder Literatur nicht heran, so daß man nicht das Original, sondern eine andere Veröffentlichung zitieren muß, muß man mit der Formulierung »zitiert nach ...« die Veröffentlichung, die man tatsächlich benutzt hat, angeben. Man sichert sich auf diese Weise davor, Fehler im Zitat verantworten zu müssen, die die benutzte Literatur gemacht hat. Die Übernahme von Zitaten über den Umweg der Sekundärliteratur sollte allerdings wirklich nur dann erfolgen, wenn die Originalquelle bzw. der Originaltext nicht erreichbar ist – dies ist kein Ausweg für wissenschaftliche Bequemlichkeit. Auslassungen bei wörtlichen Zitaten die nur der Kürzung des Textes dienen, sind zulässig, solange dadurch das übernommene Argument gegenüber der urpsrünglichen Formulierung nicht verdreht wird. Diese Auslassungen sind jeweils genau an der entsprechenden Stelle durch drei Punkte zu kennzeichnen.

Die schon eben angesprochenen *Anmerkungen* bzw. Fußnoten können mehr Funktionen übernehmen, als nur die Wiedergabe des Hinweises auf benutztes Material. Auseinandersetzungen mit anderen Autoren, die für die eigene Argumentationskette nicht von zentraler Bedeutung sind, oder auch eigene Gedankengänge, die auf Nebengleise führen und die eigene These nicht weiterbringen, die aber grundsätzlich von Interesse für die Wissenschaft sein können, können z. B. in den Anmerkungsteil verbannt werden. Andererseits sind die Anmerkungen kein Teil des Textes. Sachliche Ausführungen, die die Argumentation des Themas fördern, gehören in den laufenden Text und nicht in die Anmerkungen. Die Anmerkungen sollen den Text ergänzen. Andererseits muß der Text so abgefaßt sein, daß er ohne die Anmerkungen zwar nicht belegt aber zu verstehen ist. Die wichtigste Funktion der Anmerkungen ist aber sicherlich der Hinweis auf benutzte Quellen und Sekundärliteratur.

Die Form der Anmerkungen innerhalb einer wissenschaftlichen Arbeit sollte klar und einheitlich sein. Es gibt sicherlich keine apodiktisch vorgeschriebenen Regeln der Angabe von benutzter Quelle bzw. Literatur in einer Anmerkung. Hat der Bearbeiter sich aber für eine Form der Angabe entschieden, sollte er sie während der ganzen Arbeit durchhalten. Die wichtigsten hierbei zu beachtenden Punkte sind:

1. Anordnung und Umfang der Angaben im Falle eines Hinweises auf eine *selbständige Buchveröffentlichung: Vorname* des Verfassers, *Familienname* des Verfassers, *Titel* des Buches, *Untertitel* – soweit vorhanden –, *Auflage* – soweit es nicht die erste Auflage ist –, *Erscheinungsort*, *Erscheinungsjahr*, Titel der *Reihe* und die *Bandziffer* – soweit das Buch in einer Reihe erschienen ist bzw. mehrere Bände eines Werkes

vorliegen –, *Seitenzahl* – auf die sich die Anmerkung bezieht, soweit der Hinweis nicht dem gesamten Buch gilt.

Ist der Erscheinungsort nicht angegeben, so schreibt man o. O., was bedeutet, daß die Ortsangabe fehlt – gelesen: »Ohne Ort«. Ist das Erscheinungsjahr nicht angegeben, so schreibt man o. J., was bedeutet, daß die Jahresangabe fehlt – gelesen: »Ohne Jahr«. Ist das Erscheinungsjahr nur aus dem Copyrightvermerk zu entnehmen, so setzt man die Jahresangaben in Klammern – gelesen: »Ohne Jahr 19XX«.

Der Verlag wird in Anmerkungen in deutschen wissenschaftlichen Publikationen selten genannt, die angelsächsische Literatur gibt den Verlag durchweg zusätzlich an. Soll der Verlag mit angegeben werden, so hätte dies vor der Angabe über den Erscheinungsort zu erfolgen.

Werke von zwei oder drei Verfassern werden in der Reihenfolge der angegebenen Verfasser genannt. Hat ein Werk mehr als drei Verfasser, so werden entweder nur die ersten drei Verfasser genannt mit einem folgenden »und andere« (u. a.) oder die Titelangabe beginnt mit dem Sachtitel des Werkes. Hat ein Buch keinen angegebenen Autor, so kann die Titelangabe ebenfalls mit dem Sachtitel beginnen oder aber für den Namen stehen »NN«. Bei Hochschulschriften, die nur im Universitätsdruck erschienen sind, sollte unmittelbar vor der Angabe der Seitenzahl die Tatsache, daß es sich um eine Diplomarbeit (Dipl.-Arbeit), Magisterarbeit (M.A.-Arbeit) oder Dissertation (Diss. mit abgekürzter Fakultätsangabe) handelt und an welchem Ort sie angenommen worden ist, vermerkt werden. Ähnlich verfährt man bei lediglich vervielfältigen Manuskripten von Forschungsinstituten.

Bei Festschriften muß die Tatsache der Festschrift (Fs.) einschließlich des Namens dessen, dem sie gilt, angegeben werden. Zwei Wege der Angabe bestehen im Falle, daß ein Buch herausgegeben worden ist. Entweder man gibt den Vornamen und Familiennamen an und fügt »Herausgeber« (Hrsg.) hinzu und setzt dann fort wie bei normalen Büchern, oder aber man verfährt wie bei wissenschaftlichen Beiträgen oder Aufsätzen in Sammelwerken oder Fachzeitschriften.

2. Anordnung und Umfang der Angaben im Falle eines Hinweises auf eine *nicht selbständige Veröffentlichung* eines Aufsatzes: *Vorname* des Verfassers, *Familienname* des Verfassers, *Titel* des Aufsatzes, *in:* Titel des *Sammelwerks* oder der *Zeitschrift*, bei Sammelwerken dann: herausgegeben von Vorname, Familienname, und dann weiter wie bei einer normalen Buchveröffentlichung. Bei einem Zeitschriftenaufsatz hat nach dem Titel der Zeitschrift die Angabe des *Bandes* bzw. der Nummer des Bandes, des *Erscheinungsjahres*, und eventuell noch

des *Heftes* bzw. der Folge und die Seitenzahl zu erfolgen (z. B. Vorname, Familienname, Titel, *in:* Merkur 19 (1965), H. 213, S. 1139–1153).

3. Anordnung und Umfang der Angaben im Falle eines Hinweises auf einen *Zeitungsaufsatz* oder eine Zeitungsmeldung: Vorname und Familienname entfallen in aller Regel, die Angabe enthält also den *Namen der Zeitung*, das *Datum* der Ausgabe, die *Art der Ausgabe* und – nicht immer erforderlich – den Titel des Aufsatzes bzw. der Meldung. Handelt es sich um einen größeren, einem wissenschaftlichen Aufsatz vergleichbaren Beitrag in einer Zeitung, so kann man die Angaben gliedern wie bei Aufsätzen in Fachzeitschriften. Die Angabe über die jeweilige Ausgabe der Zeitung, die von großer Bedeutung ist, da sie etwas aussagt über das Einzugsgebiet, in dem eine bestimmte Meldung verbreitet worden ist, findet man im Kopf der Zeitung auf der Titelseite.
4. Anordnung und Umfang der Angaben im Falle eines Hinweises auf *unveröffentlichte Manuskripte* oder *Kongreßberichte:* Soweit vorhanden Angaben wie bei einem Buch. Zusätzlich Hinweis auf die Tatsache, daß das Manuskript nicht veröffentlicht ist, und auf den Entstehungsort und die Entstehungszeit, bzw. die Bezeichnung des Kongresses, für den das Papier geschrieben wurde. Vorsicht: Keine Texte zitieren, die nicht zur Veröffentlichung freigegeben sind bzw. einen Vermerk des Zitierverbots tragen.
5. Anordnung und Umfang der Angaben im Falle eines Hinweises auf eine *Quelle:* Hier sind keine differenzierten Aussagen zu machen, da die Art der Quelle ausschlaggebend für die Form der Angaben ist. Es läßt sich nur grundsätzlich sagen, daß auch hier die Angaben so klar und deutlich sein müssen, daß der Leser die Quelle finden kann. Es ist nicht notwendig, jedes einzelne Dokument zu nennen. Es reicht bei Archiven, die Registriernummer der Aktenbestände – soweit diese vorhanden ist – anzugeben.
6. Anordnung und Umfang der Angaben im Falle eines wiederholten Hinweises auf eine *schon früher genannte Literatur:* Jede erste Nennung von Literatur im Anmerkungsteil hat in den oben genannten Formen zu erfolgen. Bei erneutem Hinweis auf diese Schrift kann diese Anmerkung sehr viel kürzer sein. Erfolgt der erneute Hinweis in einer Anmerkung unmittelbar, d. h. in der auf die erste Nennung eines Buches, eines Aufsatzes oder einer Quelle folgenden Anmerkung, so reicht die Angabe »Ebenda« (Ebd.) und Seitenangabe. Liegen Anmerkungen mit anderem Inhalt und anderen Hinweisen zwischen dem ersten und dem zweiten Verweis auf diese Schrift, so ist der Familienname – bei Verwechselungsgefahr auch der Vorname – anzugeben und dann folgen die drei Buchstaben »a. a. O.«, was bedeutet »am

angegebenen Ort«. Nach dem a.a.O. ist die Seite bzw. sind die Seiten, auf die Bezug genommen wird, anzugeben.
Gebraucht man im Rahmen einer Arbeit mehrere Publikationen eines Verfassers, so reicht es nicht, nach dem Verfassernamen das a.a.O. zu schreiben. In diesen Fällen muß – um Irrtümer beim Leser zu vermeiden – nach dem Familiennamen zunächst der Titel des herangezogenen Buches bzw. Aufsatzes genannt werden, bevor man auf den angegebenen Ort verweisen kann. Ist der Titel länger, kann man ihn in einer selbstgewählten Kurzform angeben. Diese Kurzform muß man dann allerdings im gesamten Manuskript durchhalten.

In der letzten Zeit hat sich auch in der deutschen Wissenschaft – oft aus Rationalisierungsgründen der Verlage – teilweise die anglo-amerikanische Zitierweise durchgesetzt, die wir auch im Teil I dieses Buches benutzt haben. Die Erstaufnahme eines Titels im Anmerkungsapparat kann in gleicher Vollständigkeit wie die deutsche Art des Hinweises geschehen. Bei späteren Verweisen auf diese Schrift – teilweise schon beim ersten Verweis – wird allerdings meist nur der Name des Verfassers, das Erscheinungsjahr der zitierten Schrift und die herangezogene Seitenzahl angegeben. Bei mehreren, aus dem gleichen Erscheinungsjahr stammenden Veröffentlichungen eines Autors werden diese in der Reihenfolge der Benutzung in der Studie durch kleine Buchstaben gekennzeichnet. Diese Reihenfolge ist dann auch bei der Angabe der Schriften im Literaturverzeichnis einzuhalten.

Ein Wort zum Schluß zum *Literaturverzeichnis:* Es enthält – eventuell nach Sachgesichtspunkten, nach Kapiteln oder nach Büchern und Aufsätzen aufgegliedert – alle Sekundärliteratur in alphabetischer Ordnung. Welche Literatur aufgenommen werden sollte, haben wir bereits im Kapitel über den Forschungsprozeß diskutiert. Die Aufnahme einer Schrift im Literaturverzeichnis erfolgt in der gleichen Form wie in den Anmerkungen mit folgenden Abweichungen: Der Familienname des Autors steht vor dem Vornamen. Bei Büchern werden keine Seitenzahlen angegeben und bei Aufsätzen werden die Seitenzahlen in der Form »von ... bis ...« genannt. Für das *Quellenverzeichnis* gilt, daß es ebenfalls vollständig und alphabetisch geordnet sein soll.

6. Einsatz von Personalcomputern bei der wissenschaftlichen Arbeit

Auch die Arbeitsweise von Geistes- und Sozialwissenschaftlern hat sich im letzten Jahrzehnt durch den Einsatz von Computern rasch und grundlegend verändert (siehe Tannebaum 1988). Dank fallender Preise für ständig verbesserte Hard- und Software haben Personalcomputer nicht nur in fast jedem Büro, sondern auch in studentischen Arbeitszimmern Einzug gehalten. Und wer sich keinen PC leisten kann, hat doch an vielen Orten die Möglichkeit, ein Gerät im Rechenzentrum oder in anderen Einrichtungen der Universität zu nutzen. Wer heutzutage mit einem Computer arbeitet, muß auch keine Programmiersprache mehr erlernen, um ein solches Gerät sinnvoll für seine Arbeit einsetzen zu können. Gerade auf dem Gebiet der Textverarbeitung gibt es gelungene Lösungen, die dem Anwender die Arbeit erleichtern und auch für die Abfassung wissenschaftlicher Arbeiten geeignet sind.

Darüber hinaus sind Bibliotheken vielerorts dazu übergegangen, ihre Bestände mit elektronischer Datenverarbeitung zu erfassen und ihren Nutzern über Terminals zugänglich zu machen. Zwar kann man bei der Literaturrecherche auch weiterhin auf Zettel- und Mikrofiche-Kataloge nicht verzichten, doch oft kann man sich die Arbeit dadurch erleichtern, daß man Titel zu bestimmten Autoren, Stich- und Schlagwörtern von einem Terminal aus sucht. An manchen Orten bieten Bibliotheken inzwischen auch einen weiteren Service an, nämlich Online-Recherchen mittels Datenfernübertragung bei verschiedenen Literaturdatenbanken. Besonders im Bereich der Zeitschriftenliteratur kommt man bei der Erschließung von jüngeren Arbeiten nicht umhin, solche Datenbanken zu nutzen. Allerdings ist eine Recherche mit Kosten verbunden, im günstigsten Fall mit einer Pauschalgebühr. Für eine Literaturrecherche bei einer Datenbank sollte man mit seinem Thema schon gut vertraut sein und eine entsprechende Liste von Schlüsselbegriffen parat haben, mit deren Hilfe man die Suche durchführen kann. Wer sich daran macht, eine Examensarbeit anzufertigen, sollte eine Literaturrecherche bei einer Datenbank auf jeden Fall in Erwägung ziehen. Studenten können außer bei ihrer Bibliothek auch eine Recherche beim Informationszentrum Sozialwissenschaften (IZ) in Bonn durchführen lassen. Dort kann man aus dem Forschungsinformationssystem Sozialwissenschaften (FORIS) Auskunft über laufende, geplante und abgeschlossene sozialwissenschaftliche Forschungsarbeiten in deutschsprachigen Ländern einholen. Von SOLIS, einer weiteren Datenbank des IZ, erhält man Hinweise auf deutschsprachige sozialwissenschaftliche Literatur. Das IZ nimmt auch Aufträge für Recherchen bei anderen internationalen sozialwissenschaftlichen Datenbanken entgegen. So kommt man an schwer zugängliche »graue«, d.h. noch nicht veröffentlichte, Literatur heran.

Wer über einen leistungsfähigen PC und entsprechende Software verfügt, kann sich heute selbst eine Literaturdatenbank aufbauen. Allerdings gibt es bislang nur wenige geeignete und erschwingliche Programme für die Literaturverwaltung mit dem PC. Wer bereits ein solches Programm genutzt hat, wird festgestellt haben, daß man oftmals zu Kompromissen gezwungen wird. Der Grund dafür ist, daß Literatur zwar in der Regel normiert ist, so daß Programme für die Literaturverwaltung mit bestimmten Eingabeformaten für Monographien, Zeitschriftenaufsätze, Kapitel aus Sammelbänden etc. auskommen. Doch die Literatur hält sich nicht immer an diese Regeln. Da gibt es Werke, die von Kollektivautoren oder Institutionen verfaßt oder herausgegeben worden sind; da möchte man vielleicht noch gern die Reihe und ihren Herausgeber zitieren; oder manchmal ist der Titel schlicht zu lang. Kniffelig wird's dann, wenn man sich als angehender Wissenschaftler bei der Veröffentlichung eines Aufsatzes oder einer sonstigen Arbeit der Willkür eines Herausgebers ausgesetzt sieht. Denn fast jede Zeitschrift hat ihr eigenes Zitierformat, und man braucht schon etwas Geduld und Konzentration, bis alle Punkte, Kommas und Leerzeichen an der richtigen Stelle stehen.

Was sollte ein Programm für eine flexible Literaturverwaltung alles leisten? Zunächst sollte man die Titel komplett eingeben können. Wenn es sein muß z. B. auch noch den fünften Autor komplett mit Vor- und Nachnamen. Dann sollte die Datenbank noch ein Feld haben, das lang genug ist, um den Titel nebst Untertitel vollständig aufzunehmen. Verlag, Ort, Jahr und Seitenzahl gehören ebenfalls dazu. Ein gutes Programm erlaubt dann noch die Eingabe von Stichwörtern, einem kurzen Text (»Abstract«) sowie dem Bibliotheksstandort. Natürlich sollte das Programm die Titel nach verschiedenen Kriterien sortieren können, z. B. nach den Autorennamen bzw. Erscheinungsjahr, oder Titel zu bestimmten Kombinationen von Stichwörtern zusammenstellen können. Glücklich ist der Benutzer dann, wenn sein Programm die Titel in den gängigsten Zitierformaten ausgeben oder wenn er sich solche Formate zumindest selbst herstellen kann. Inzwischen gibt es auch Programme für die Literaturverwaltung, die Textdateien durchsuchen und aus der Literaturdatenbank dann die zitierten Titel automatisch zusammenstellen können.

Wer mit einem solchen Programm arbeitet, kann sich viel Zeit und Ärger sparen. Doch zunächst muß man Zeit investieren, um ein solches Programm kennenzulernen. Wer Computer bei der Literaturrecherche und beim Abfassen wissenschaftlicher Arbeiten nutzen will, darf sich von dicken Handbüchern nicht schrecken lassen. Gute Programme zeichnen sich übrigens dadurch aus, daß man mit ihnen schon etwas anfangen kann, ohne gleich sämtliche Features des Programms zu kennen. Ohne eine Einführung zu den wichtigsten Programmbestandteilen geht's jedoch nicht; man sollte die entsprechenden Angebote z. B. der Rechenzentren an seiner Universität nutzen.

Das gilt besonders auch für die elektronische Textverarbeitung, ohne die die Arbeit eines Wissenschaftlers heute schon gar nicht mehr denkbar ist. Textverarbeitung mit dem Computer kann die Arbeit enorm erleichtern.

Wo früher Seiten neu geschrieben werden mußten und Tippex in großen Mengen verbraucht wurde, kann man heute ohne großen Aufwand Texte ändern und überarbeiten und anschließend neu ausgeben. Wer schon einmal versucht hat, einen Text mit Fußnoten auf einer herkömmlichen Schreibmaschine zu tippen, weiß sicherlich auch zu würdigen, daß das Textverarbeitungsprogramm einem heute die Arbeit abnimmt abzuschätzen, wieviel Text und wieviele Fußnoten auf eine Seite passen.
Natürlich haben Textverarbeitungsprogramme noch andere gute Seiten. Die komfortableren unter ihnen sind mit Rechtschreibprogrammen ausgestattet, die es dem wenig geübten Schreiber gestatten, Tippfehler auszumerzen. Außerdem kann man mit Hilfe von Textbausteinen auch umfangreichere Revisionen in einem Text, z. B. Umstellungen von Abschnitten, recht mühelos vornehmen. Schließlich hat man oft auch den Wunsch, Tabellen und Grafiken in den Text einzubauen. Auch dies ist mit neueren Versionen von Textverarbeitungssoftware möglich.
Natürlich bringt die Arbeit mit Computern auch Nachteile mit sich. Den erhöhten Zeitaufwand, den man für das Kennenlernen von Programmen einrechnen muß, haben wir schon erwähnt. Auch der Zeitaufwand für die Anschaffung eines Computers ist nicht unerheblich, besonders wenn das Budget begrenzt ist und man auf ein gutes Preis/Leistungsverhältnis achten muß. Ohne Studium von Computerfachzeitschriften, die heutzutage zu den zerlesensten Zeitschriften in Universitätsbibliotheken gehören, geht's nicht ab. Schließlich stellt man schon bald fest, daß jedes Programm Vor- und Nachteile besitzt; das eigene Programm kann womöglich bestimmte Dinge einfach und gut ausführen, die ein anderes Programm gar nicht oder nur umständlich erledigt, doch dafür hat es vielleicht ein paar andere Schwächen. Das hat zur Folge, daß verschiedene Anwender unterschiedliche Programme oder gar Computer nutzen und man sich früher oder später mit dem Problem der »Inkompatibilität« von Geräten, Disketten oder Programmen herumschlagen muß. Die Informationstechnologien erzeugen so ihre eigenen Probleme und Problemlösungen.
Wer die Anfangsschwierigkeiten überwunden hat, muß schließlich immer noch mit Pannen rechnen. Sie gehören einfach dazu: zerstörte Disketten, verschwundene oder unabsichtlich gelöschte Dateien. Jeder PC-Anwender kann vermutlich davon erzählen, wie einige Seiten mühselig eingetippten Texts oder gar Daten dadurch verloren gingen, daß man vergessen hatte, den Text rechtzeitig zu sichern, d. h. auf einer Diskette abzuspeichern. Eine weitere Schwierigkeit besteht darin, daß man schon bald mit einem Überfluß an Information zu kämpfen hat, denn auf Disketten gespeicherte Informationen lassen sich leicht kopieren. So hat man über kurz oder lang zwei oder drei Versionen seines Referats auf der Diskette, und wenn man es versäumt hat, Veränderun-

gen im Text zu dokumentieren, kommt viel Arbeit auf einen zu. Ein wichtiger Rat lautet deshalb, seine Arbeit stets mit genügend Geduld zu dokumentieren. Disketten müssen beschriftet werden; in Textdateien sollte man Kommentare einbauen, die nicht mitausgedruckt werden, aber Informationen dazu enthalten, wann der Text zum letztenmal überarbeitet und ausgedruckt wurde.

Natürlich lauern noch andere Gefahren auf den technologiebewußten PC-Anwender. Selbst einem erfahrenen Anwender gibt der PC manchmal Rätsel auf. Das gilt besonders, wenn sich »Viren« eingeschlichen haben, gegen die man sich mit geeigneter Software zur Wehr setzen kann, meist allerdings erst dann, wenn das Unglück bereits geschehen ist. Diese Verletzlichkeit moderner Informationstechnologien hat zur Folge, daß viele Programme und ihre Anwender den herkömmlichen Arbeitsweisen noch nicht ganz entsagt haben. Literaturverwaltungsprogramme bieten so oftmals die Möglichkeit, Titel auf Karteikarten auszudrucken – so kann man sich eine »Hardcopy«-Version seiner Literaturdatenbank halten, die u. U. leichter transportiert werden kann als der PC. Auch wenn Softwarehersteller den Nutzern mit Hilfe von elektronischen Notizzetteln, Kalendern oder eben auch mit Textverarbeitungsprogrammen den Umgang mit Bleistift, Kuli oder Füller abgewöhnen möchten, so kommt man doch als vernünftiger PC-Anwender um diese althergebrachten Technologien nicht herum.

Das Kennenlernen des Computers und der Anwendersoftware, der Umgang mit einer größeren Fülle von Information, das Herumschlagen mit Pannen – all dies erfordert Zeit und Geduld. Wenn man sich dann noch von seinem Computer für seine Mühen dadurch belohnen läßt, daß man hin und wieder dessen spielerische Qualitäten nutzt, kann die am Bildschirm verbrachte Zeit schnell andere Dimensionen annehmen. Computer können eine ganz neue Welt erschließen dank ihrer Möglichkeit, komplexe Zusammenhänge zu simulieren und spielerisch zu vermitteln. Doch wer seinen Computer sinnvoll anwenden will, muß nicht gleich alle Möglichkeiten nutzen, die in einem solchen Gerät stecken.

Es gibt zweifellos noch einen anderen Bereich sozialwissenschaftlichen Arbeitens, der durch den Personalcomputer einen grundlegenden Wandel erfahren hat, nämlich die empirische Sozialforschung. Im nächsten Kapitel gehen wir ausführlicher auf diese Arbeitstechniken ein, doch seien hier bereits einige Bemerkungen über den Nutzen von Personalcomputern für diesen Bereich der Forschung eingeschoben. Denn bis vor wenigen Jahren noch war es nur mit Hilfe großer Rechenanlagen möglich, sozialwissenschaftliche Datensätze zu verarbeiten und zu analysieren. Mit entsprechender Software können Personalcomputer inzwischen aber komplexe statistische Analysen durchführen. Wer Literatur auswertet oder einen Aufsatz schreibt, mag dies immer noch mit althergebrachter Technologie tun, doch wer die Methoden quantitativer Sozialforschung anwendet, kommt heutzutage ohne Computerkenntnisse nicht mehr aus. Was man früher mühselig von Hand ausrechnen mußte, erledigt heute zügig der Computer. Richtig eingesetzt, kann ein Personalcomputer die Arbeit mit sozialwissenschaftlichen Daten nicht nur erleichtern, sondern auch vieles verständlicher machen. Was mit einer Korrelation zwischen zwei Variablen passiert, wenn man eine dritte konstant hält, konnte man früher nur aufwendig in Erfahrung bringen: Es mußten Karten gelocht werden und es dauerte seine Zeit, bis man den Computerausdruck in den Händen hielt. Heute genügt dafür oftmals ein Druck auf eine Taste des PCs, sofern man über die richtige Software verfügt. Es muß jedoch nicht immer gleich die PC-Version eines Statistikpakets sein, mit der man arbeitet (siehe dazu: Brosius 1988 und Kähler 1990). Für die statistische Analyse von Daten gibt es auch zahlreiche andere Programme, z. B. im Bereich von »Public Domain«-Software, also frei kopierbarer Software, mit der man als Anfänger arbeiten kann. Wer außerdem noch programmieren kann, z. B. in BASIC, findet in der Statistikliteratur ein reiches Programmangebot für einfache und auch komplexere Statistikprozeduren. Schließlich sei noch auf Tabellenkalkulationsprogramme hingewiesen, die nicht nur Rechenoperationen wesentlich erleichtern, sondern oftmals auch die grafische Darstellung von Daten ermöglichen. Statt trocken statistische Maßzahlen zu berichten, kann man heute Verteilungen und Zeitreihen sehr gut visuell darstellen und so seine Aussagen wesentlich anschaulicher gestalten.

Sofern Datenanalysen dadurch nachvollziehbarer, transparenter werden, ist gegen den Einsatz solcher Technologien nichts zu sagen. Auch wenn durch die Nutzung von Computern ein größerer Prozentsatz von Studenten der Politikwissenschaft mit Methoden der empirischen Sozialforschung vertraut wird, kann man dagegen schwerlich etwas einwenden. Bei alledem bleibt ein Personalcomputer aber immer nur ein Hilfsmittel. Er kann einem Nutzer die Auswahl und Auswertung der Literatur ebensowenig ersparen wie die Auswahl der Daten, Variablen oder statistischen Verfahren. Auch das gründliche Studium der Methodenliteratur kann eine Statistiksoftware natürlich nicht ersetzen.

Teil III: Zugang zu den empirischen Daten

7. Kapitel: Funktion empirischer Daten

1. Daten als eine Form der Quelle

Zur Beantwortung der meisten sozialwissenschaftlichen Fragestellungen ist es erforderlich, die konkrete gesellschaftliche Wirklichkeit bzw. den befragten Ausschnitt dieser Wirklichkeit genau zu erfassen. Wir benötigen Informationen über unseren Gegenstand. Das Wesentliche eines wissenschaftlichen Vorgehens – neben dem schon häufig angesprochenen theoretischen Bezugspunkt und einer praktischen Problemrelevanz – ist, daß wir uns nicht auf beliebig gestreute Informationen verlassen, sondern daß die Informationen über unseren Forschungsgegenstand möglichst systematisch erfaßt und vollständig sind.
Schon im Teil II dieses Buches hatten wir darauf verwiesen, daß wissenschaftliche Arbeit in der Analyse von Quellen und Sekundärliteratur besteht. Wir hatten hinzugefügt, daß der Anteil des Quellenstudiums bzw. der Auseinandersetzung mit der Sekundärliteratur unterschiedlich sein mag. In extremen Fällen kann es wissenschaftlich relevante Studien geben, die sich ausschließlich auf eine Diskussion der Sekundärliteratur konzentrieren. Solche Studien sind legitim, wenn sie verwandte Begriffe, Theoriebildungen oder Argumentationsketten anderer Autoren untersuchen. Die Sekundärliteratur wird dann faktisch zur Quelle. Sie sind nicht legitim, wenn sie die Sekundärliteratur lediglich als Quellenersatz – als indirekte Aussage über Wirklichkeit – verstehen. Beinhaltet eine sozialwissenschaftliche Problemstellung eine Frage an den Gegenstandsbereich, so ist die Befragung des Gegenstandes auch durchzuführen, das heißt Quellenstudien werden zum Inhalt dieser wissenschaftlichen Arbeit zählen.
Nun haben wir bereits im Rahmen der Überlegungen zum Forschungsprozeß und zu den Arbeitstechniken die besondere Bedeutung der Quellen, ihre Erfassung und den Umgang mit ihnen in allgemeiner Form angesprochen. Wir sagten, daß die unterschiedlichsten Arten von Quellen für die Politikwissenschaft bestehen – von einem Staatsvertrag bis zu einem Statistischen Jahrbuch. Es gibt eine ungeheuer große Menge möglicher Informationen für sozialwissenschaftliche Studien – angefangen von der eigenen vorwissenschaftlichen Erfahrung, über Meinungen und Analysen anderer Autoren bis hin zu tabellarisch festgehaltenen Aussagen über einen Zustand oder Prozeß.

Eine ganz besondere Stellung unter den Informationen nehmen die *quantifizierbaren Informationen* ein, weil ihre Aussagen in aller Regel exakter und »härter« sind als qualitative Informationen, weil sie damit eher Vergleiche ermöglichen und weil sie massenhafte Erscheinungen, wie Abstimmungs- und Produktionsergebnisse, erst »begreifbar« machen.

Um dies an einem Beispiel zu verdeutlichen: Die qualitative Aussage, daß in der Bundesrepublik ein sehr kleiner Teil der privaten Haushalte einen Großteil des privaten Produktivvermögens besitzt, ist in quantitativer Aussage sehr viel informativer und »härter«. Dann lautet sie: 1960 hielten 1,7% der Haushalte in der Bundesrepublik 70% des priven Produktivvermögens (Bundesministerium für Arbeit und Sozialordnung, Sozialbericht 1970, S. 13).

Quantifizierte oder quantifizierbare Informationen kann man als *Daten* bezeichnen. Sozialwissenschaftliche Daten sind also in Zahlen ausgedrückte Informationen über soziale Tatbestände. Sie sind das Ergebnis systematischer und kontrollierter Beobachtungen sozialer Phänomene – ihres Verhaltens und ihrer Eigenschaften. Diese Beobachtung wird geleitet durch begrifflich strukturierte und theoretisch entwickelte Annahmen, die vor Eintritt in den Beobachtungsvorgang aufgestellt werden und hypothetischen Charakter haben, das heißt sich einer Korrektur durch die Beobachtungsergebnisse selbst unterwerfen müssen. Wir stoßen damit erneut auf erkenntnistheoretische und wissenschaftstheoretische Probleme, die wir bereits früher behandelt haben und daher hier übergehen wollen. Über die Probleme einer Auswertung der erarbeiteten Daten im Rahmen einer wissenschaftlichen Argumentation ist ebenfalls – wenn sicherlich auch nur einführend – in den vorstehenden Kapiteln gesprochen worden.
Techniken des Arbeitens mit sozialwissenschaftlichen Daten betreffen die *Gewinnung*, *Sammlung* und *Analyse* empirischer, quantitativer Informationen. Die Fragen der Interpretation, Hypothesen- und Theoriebildung auf der Basis dieses empirischen Materials fallen nicht unter diese Techniken und werden daher hier nicht weiter diskutiert. Auch eine theoretische Auseinandersetzung mit den verschiedenen Theorien sozialwissenschaftlicher Daten, ihrer Erhebung und Benutzung soll hier entfallen. Wir müssen lediglich kurz darauf hinweisen, daß das Arbeiten mit empirischen Daten nicht mit der empirisch-analytischen Methodologie gleichzusetzen ist, obwohl letztere es z. T. zu monopolisieren trachtet. Dem ist entgegenzuhalten, daß es z. B. auch eine marxistische Tradition empirischen Arbeitens gibt – so z. B. die Studie von Friedrich Engels zur Lage der arbeitenden Klasse in England – und daß auch Vertreter der kritischen Theorie empirisch arbeiten – so z. B. Jürgen Habermas u. a. in: Student und Politik. Inzwischen haben kritische Wissenschaftler eine ganze Fülle von empirischen Arbeiten vorgelegt.

Wir beschäftigen uns daher im Teil III dieses Buches fast ausschießlich mit den Techniken der Datengewinnung und -nutzung. Dabei sind zunächst kurz die verschiedenen Arten der *Datenerhebung* und die verschiedenen *Grundeinheiten* zu nennen. Die Erhebung der Daten kann entweder originär vom Forscher selbst durch Einsatz selbst konstruierter Fragebögen, Interviews, Inhaltsanalysen usw. vorgenommen werden. Wir sprechen dann von *primären Daten*. Die Erhebung der Daten kann aber auch vom Forscher in einem nachvollziehbaren Schritt erfolgen, wenn er auf bereits vorhandene frühere Befragungsergebnisse oder offizielle Statistiken zurückgreift. Wir sprechen dann von *sekundären Daten*. Über die primären und sekundären Daten und den Umgang mit ihnen wird das folgende Kapitel gründlicher Auskunft geben.

Die Grundeinheit der Daten kann einerseits das einzelne Individuum sein – dies ist besonders bei allen Arten von Interviews der Fall. Man spricht dann von *individuellen Daten*. Andererseits kann die Grundeinheit der Daten eine Gesamtheit von Individuen sein. Man spricht dann von *Aggregatdaten*. Das Durchschnittsalter einer Gruppe von Individuen ist z. B. ein solches Aggregatdatum. Es gibt Auskunft über ein Merkmal der Gesamtgruppe, das nur in Zahlen ausgedrückt werden kann und damit erfaßbar ist, wenn das jeweilige Alter aller Individuen der Gruppe bekannt ist, das aber zugleich eine Merkmalsausprägung annehmen kann, die keine der zur Gruppe gehörenden Individuen selbst besitzt.

Wenn in den Sozialwissenschaften nach Informationen gesucht wird, so kann sich diese Suche sowohl auf die Träger von Aktivitäten – wir sprechen von *sozialen Einheiten* oder im Rahmen von Untersuchungen auch von *Untersuchungseinheiten* – als auch auf die Eigenschaft der Träger – wir sprechen von *Merkmalen* – beziehen. Wir haben gerade gesehen, daß es unterschiedliche Formen sozialer Einheiten in wissenschaftlichen Untersuchungen geben kann:

1. Die als soziales Wesen betrachteten Individuen.
2. Bestimmte Produkte menschlichen Handels – und zwar sowohl materieller als auch immaterieller Art (z. B. Institutionen, aber auch Wertvorstellungen).
3. Zur Gruppe zusammengefaßte Pluralität von Individuen, seien dies nun flüchtige Zusammenschlüsse – wie die auf ein Transportmittel wartenden Passagiere – oder feste Verbindungen – wie es z. B. Familien sind.

So wie wir unterschiedliche Arten sozialer Einheiten kennen, so kennen wir auch, wie das Beispiel mit dem Durchschnittsalter zeigt, unterschiedliche Eigenschaften von sozialen Einheiten. Wir haben dabei zunächst grundsätzlich zwischen den Individualmerkmalen und den Gruppenmerkmalen zu unterscheiden.

Wir kennen folgende *Individualmerkmale:*

1. Merkmale, die das Sein oder Tun eines Individuums angeben.
2. Relationale Merkmale, die die Beziehungen eines Individuums zu anderen betreffen.
3. Kontextmerkmale, die die Zugehörigkeit eines Individuums zu einer Gruppe kennzeichnen.

Wir kennen folgende *Gruppenmerkmale:*

1. Aggregative Merkmale – auch analytische genannt –, sie lassen sich aus den Merkmalen der einzelnen Mitglieder der Gruppe ableiten – wir erinnern an das Beispiel des Durchschnittsalters.
2. Integrale Merkmale – auch globale genannt –, sie lassen sich nicht aus den Merkmalen der einzelnen Mitglieder der Gruppe ableiten – z. B. die Herrschaftsstruktur einer Gesellschaft.

Merkmale beziehen sich immer auf eine soziale Einheit. Es gibt nicht losgelöst das Durchschnittsalter x, sondern die genau beschriebene Gruppe von Individuen besitzt das Durchschnittsalter x.
Die Sozialwissenschaften benutzen also die Begriffspaare »primäre und sekundäre Daten« und »Daten über Individuen oder über Gruppen«. Diese beiden Begriffspaare, auf der einen Seite originäre bzw. sekundäre Daten, auf der anderen Seite individuelle bzw. gruppenspezifische Daten, überschneiden sich zum Teil. So sind die meisten originären Daten – also die vom Forscher selbst veranstalteten Befragungen, systematischen Beobachtungen, Experimente – zugleich individuelle Daten. Es gibt aber auch individuelle Daten, die nicht originär sind, so z. B. biographische Angaben aus offiziellen Handbüchern. Die meisten sekundären Daten – mit Ausnahme von früheren Befragungsergebnissen – sind zugleich Aggregatdaten, denn Ergebnisse von Volkszählungen, Wahlen, Wirtschaftsstatistiken sagen nichts über das Verhalten von bestimmten Individuen aus.

2. Das Messen und das Vergleichen von Informationen

In den Sozialwissenschaften interessiert sich die Forschung meist nur für einzelne Merkmale des Gegenstandes. Selbst wenn nach mehreren Merkmalen gefragt wird, wird die Zahl dieser Merkmale begrenzt sein. Man nennt eine Eigenschaft, nach der gefragt wird, eine *Merkmalsdimension.* Sie betrifft die Eigenschaft einer Menge von Untersuchungseinheiten. Jede Untersuchungseinheit hat dann eine *Merkmalsausprägung,* d. h. man kann sich die Untersuchungseinheit auf einer bestimmten Stelle dieser Dimension vorstellen. Also z. B. die Eigenschaft eines Individuums, x Jahre alt zu sein, als Merkmalsausprägung auf der Merkmalsdimension »Alter«. Häufig fragen die Sozialwissenschaften überhaupt

nur nach dem Vorhandensein oder Nichtvorhandensein einer Merkmalsausprägung einer Untersuchungseinheit auf einer Merkmalsdimension.
Merkmalsdimensionen müssen eindeutig bestimmt und abgegrenzt sein. Bei unserem Beispiel des Alters mag dies klar sein. Andere Merkmalsdimensionen sind schwierig zu bestimmen, so z.B. die Eigenschaft »besitzend« oder »demokratisch«. Ein Vergleich verschiedener sozialer Einheiten ist nur auf einer Merkmalsdimension möglich. Man kann nicht sinnvoll das Alter der einen Untersuchungseinheit mit der Haarfarbe der anderen vergleichen. Das eine Individuum ist nicht zweimal so alt wie das andere rote Haare hat. Ein Vergleich von Merkmalsausprägungen auf einer Merkmalsdimension wird um so genauere Ergebnisse bringen, um so genauer auf der Dimension die einzelnen Ausprägungsmöglichkeiten definiert und voneinander abgegrenzt werden. Eine Meßeinheit wie das Metermaß ist genauer als eine Meßeinheit, die Geschmacksabstufungen festlegen will. Auf jeden Fall muß für jede Merkmalsdimension die Klasse aller möglichen Merkmalsausprägungen eine vollständige und konsistente Reihe oder *Skala* bilden, so daß jeder Untersuchungseinheit auf jeder Merkmalsdimension höchstens eine Merkmalsausprägung und diese eindeutig zuzuordnen ist.
Merkmalsdimensionen, die mindestens zwei Ausprägungen besitzen, bezeichnet man auch als *Variable*. Wir unterscheiden zusätzlich *abhängige* und *unabhängige Variablen*. Die abhängige Variable wird auch als das zu Erklärende – das Explanandum – und die unabhängige Variable als das Erklärende – das Explanans – bezeichnet. Wenn also z. B. der Einfluß der sozialen Schichtzugehörigkeit auf das Wahlverhalten untersucht werden soll, so ist die Schichtzugehörigkeit das Erklärende und das Wahlverhalten dasjenige, was erklärt werden soll. Aber Vorsicht: Selten ist es eine einzige unabhängige Variable, die monokausal die abhängige Variable erklären kann. Meist sind es eine ganze Reihe von Faktoren, die für das Verhalten des Explanandum verantwortlich sind.
Nicht jede Variable wird so eindeutig bestimmt sein wie die Merkmalsdimension »Alter«. Wenn wir eben von der Merkmalsdimension »Schichtzugehörigkeit« sprachen, zeigt sich, daß eine klare Meßskala, die genaue Vergleiche erlauben würde, noch nicht vorliegt. Variablen müssen also, will man messen und vergleichen, operationalisiert bzw. operational definiert werden. Wir haben die Probleme einer operationalen Definition bereits im fünften Kapitel angesprochen und fassen daher nur kurz zusammen. Operationale Definitionen liegen vor, wenn man die einzelnen Schritte angibt, die einen vergleichenden Meßvorgang möglich machen. Im Falle der Schichtzugehörigkeit könnte dann soziale Schicht z. B. differenziert werden durch Angabe des Beschäftigungsverhältnisses – also Arbeiter, Angestellter, Beamter usw. –, durch Angabe des Berufs

des Vaters, durch Angabe des Einkommens, durch Angabe der Schulbildung usw.

Wir sind damit auf den Fall gestoßen, daß eine Variable komplexer Natur ist und im Grunde durch Angabe mehrerer Informationen bestimmt wird. Wir nennen diese einzelnen Informationen *Indikatoren*, die über einen *Index* zusammengefaßt werden können. Im Grunde ist die Variable »soziale Schicht« nicht eine eindimensionale Merkmalsdimension. Sie setzt sich vielmehr aus mehreren Teildimensionen zusammen, so daß die gesuchte Merkmalsausprägung auf der komplexeren Merkmalsdimension als das zusammengesetzte Ergebnis der Merkmalsausprägungen auf diesen Teildimensionen zu betrachten ist.

Nun gibt es in den Sozialwissenschaften häufig Fälle, bei denen eine Variable von hoher Komplexität ist. In solchen Fällen wird dann häufig der Weg gewählt, die Lage der Untersuchungsobjekte auf solchen komplexen Merkmalsdimensionen empirisch zu bestimmen, indem nur die Lage der Untersuchungsobjekte auf einer Teildimension bestimmt wird. Dies geht natürlich nur, wenn dieser ausgewählte Indikator mit allen anderen möglichen Indikatoren intern hoch korreliert. So kann z. B. der »Soziale Status« über den Indikator »Wohnungsausstattung« oder »Zweitwagenbesitz« erfaßt werden.

Wir haben bereits darauf verwiesen, daß Sozialwissenschaften zwischen quantitativen und qualitativen Begriffen unterscheiden. Quantitative Begriffe geben Auskunft über ein Maß, einen Grad oder ähnliches. *Qualitative Begriffe* sagen etwas über eine Qualität – z. B. demokratische Führung – aus. Für Vergleiche auf der Basis von Meßskalen sind fast ausschließlich quantitative Begriffe brauchbar, die Fragestellungen der Sozialwissenschaften aber richten sich meist auf qualitative Begriffe. Es liegt daher nahe, daß der Versuch gemacht worden ist, qualitative Merkmale von sozialen Einheiten auch meßbar zu machen. Der Ausweg, der in den Sozialwissenschaften gegangen wird, besteht darin, qualitative Merkmale quantifizierbar zu machen. Ein qualitatives Merkmal wie eine Einstellung gegenüber einer Entscheidung oder einem Wert läßt sich z. B. auf den impliziten Grad an positiver oder negativer Einstellung gegenüber dem Gegenstand reduzieren. So lassen sich Berufe nach ihrem Prestige in eine quantitative Ordnung bringen. Dieser Weg hilft uns zwar ein Stück weiter, wir sollten uns aber davor hüten, damit das Problem der qualitativen Merkmale gelöst zu sehen. Viele Begriffe werden sich einer solchen Quantifizierung widersetzen. Sie sind meist für die Forschung am interessantesten. Die Möglichkeiten der Quantifizierung bergen die Gefahr, daß die Forschung sich nur auf diejenigen Ausschnitte der Wirklichkeit konzentriert, die einem solchen Vorgang offenstehen, und andere wichtige Fragen übersieht.

Wenden wir uns dem *Meßvorgang* selbst zu. Das Messen befaßt sich mit

Beurteilung und Vergleich von Daten über Eigenschaftsdimensionen der gesellschaftlichen Wirklichkeit. Oder genauer: Messen heißt, den Eigenschaften/Merkmalsausprägungen einer sozialen Einheit/Untersuchungseinheit auf einer genau bestimmten Merkmalsdimension nach einem bestimmten Verfahren Zahlen zuzuordnen. *Skalen* sind Meßinstrumente, *Skalierungsverfahren* die Anleitung zu ihrer Herstellung.

Zunächst ist festzuhalten, daß in einem Meßvorgang nach unterschiedlichen Dingen gefragt werden kann:

1. Es wird gefragt nach einer bestimmten Merkmalsausprägung einer Untersuchungseinheit auf einer Merkmalsdimension zu einem bestimmten genau festgelegten Zeitpunkt.
2. Es wird gefragt nach dem Wandel von einer Merkmalsausprägung zu einer anderen einer Untersuchungseinheit auf einer Merkmalsdimension unter sonst gleichen Bedingungen.
3. Es wird gefragt nach dem Wandel von einer Merkmalsausprägung zu einer anderen einer Untersuchungseinheit auf einer Merkmalsdimension unter kontrollierter Veränderung der Bedingungen.

Jeder Meßvorgang, der wissenschaftlichen Ansprüchen genügen soll, steht dabei unter einer Reihe von Bedingungen:

1. Der Umfang der Klasse der Untersuchungseinheiten muß so bestimmt werden, daß möglichst eindeutig entscheidbar ist, ob eine soziale Einheit zu dieser Klasse gehört oder nicht.
2. Die Merkmalsdimension, über die im Forschungsprojekt Daten erhoben werden sollen, muß genau definiert sein, so daß klar ist, welche die Klasse der Beobachtungen ist, die mit Hilfe der festgelegten Methoden durchgeführt werden soll.
3. Es muß für das gesamte Forschungsvorhaben festgelegt werden, welche Datenerhebungsmethoden und welche Meßverfahren verwendet werden sollen.
4. Die situativen Bedingungen, unter denen der Meßvorgang abläuft, müssen dort, wo sie nicht Gegenstand der experimentellen Manipulation sein können, doch so weit bekannt sein, daß deren möglicher Einfluß auf die Ergebnisse des Meßvorgangs selbst kontrollierbar ist.

In diesen einführenden Überlegungen besteht nicht die Möglichkeit, die Probleme des Skalierungsverfahrens und die ganze Fülle der inzwischen in den Sozialwissenschaften entwickelten Skalen darzustellen. Wir müssen in diesem Zusammenhang auf die im Literaturverzeichnis angegebene weiterführende Literatur verweisen. An dieser Stelle sollen nur die wichtigsten Grundbegriffe und Skalen genannt werden.

1. Die *Nominalskala:* Es geht um die Zerlegung einer Menge in eine Menge von Teilmengen. So können z. B. die Beschäftigten einer Firma unterteilt werden in Arbeiter, Angestellte usw. Im Grunde kann mit einer Nominalskala lediglich eine Klassifikation erreicht werden.

Voraussetzung für die Brauchbarkeit einer solchen Klassifikation ist, daß die Abgrenzung der einzelnen Teilmengen klar ist und diese Teilmengen in sich so homogen wie möglich sind, so daß eine Überschneidung von Teilmengen ausgeschlossen wird und die Zuordnung der einzelnen Untersuchungseinheiten zu den Teilmengen nicht umstritten ist. Für zwei Untersuchungseinheiten muß entscheidbar sein, ob sie in bezug auf die zu untersuchende Merkmalsdimension dieselben oder verschiedene Merkmalsausprägungen besitzen, ob sie also Elemente derselben Merkmalsklasse sind oder nicht.

2. Die *Ordinalskala:* Sie baut auf der Nominalskala auf. Auch hier werden zunächst Teilmengen gebildet. Das Neue besteht darin, daß die Teilmengen nach dem Grad einer bestimmten Eigenschaft aufgeschlüsselt werden. So könnte man z. B. die unterschiedliche Schulbildung von Untersuchungseinheiten aufgliedern in eine Teilmenge niedriger, eine mittlerer und eine höherer Schulbildung. Die Ordinalskala bietet also die Möglichkeit, von einem »Mehr« oder »Weniger« einer bestimmten Eigenschaft von mehreren Untersuchungseinheiten in einem Vergleich zu sprechen. Der Umfang des »Mehr« oder »Weniger« läßt sich jedoch nicht in Zahlen ausdrücken. Es handelt sich bei einer Ordinalskala also faktisch um die Aufstellung einer Rangordnung, in der lediglich die Stellung einer Untersuchungseinheit relativ zu anderen Untersuchungseinheiten in bezug auf eine bestimmte Merkmalsdimension bezeichnet wird. Der Vergleich, der zu einer Rangordnung führt, erfolgt meist nicht auf der Basis eines objektiven Kriteriums im Sinne einer standardisierten Meßeinheit. Vielmehr liegen subjektive Bewertungen hinsichtlich eines zwar theoretisch definierbaren, aber nicht in einem objektiven Maßstab umsetzbaren Kriteriums vor.
3. Die *Intervall-* oder *Kardinalskala* und die *Ratioskala:* Sie baut auf der Ordinalskala auf, geht aber insoweit über sie hinaus, als sie nicht nur eine Rangordnung der Teilmengen aufstellt, sondern auch Angaben über exakte Unterschiede zwischen den Teilmengen macht. Sie nimmt also eine Rangordnung der Teilmengen nach quantitativen Intervallen vor, so daß eine Merkmalsausprägung nicht nur als »mehr«, »höher« oder »größer« bzw. »weniger«, »niedriger« oder »kleiner« differenziert werden kann, sondern auch bestimmbar ist, um »wieviel höher« usw. eine Merkmalsausprägung auf einer Merkmalsdimension ist. So würde z. B. das Einkommen einer Gruppe von Untersuchungseinheiten auf einer Intervallskala, bzw. exakter noch auf einer *Ratioskala* erfaßt werden können, da hier ein absoluter Nullpunkt alle mathematischen Operationen erlaubt. Es muß also bei Benutzung dieser Skalen ein Standardmaß für die Messung angegeben werden können. Dies ist in der Politikwissenschaft nur selten möglich. Eine

Aussage »Ein Staat ist x-mal demokratischer als sein Nachbar« ist nicht sinnvoll, da »demokratisch sein« kaum auf einer standardisierten Meßskala erfaßbar ist. Die Folge ist, daß Intervallskalen in der Politikwissenschaft relativ selten anzutreffen sind.

Diese kritische Würdigung der verschiedenen Meßskalen zeigt im Grunde, daß die Möglichkeiten eines standardisierten Vergleichs in der Politikwissenschaft gering sind. Natürlich hat es Versuche gegeben, diesem Dilemma zu begegnen. Dies hat zu verschiedenen Formen des Paarvergleichs, zu Polaritätsprofilen und differenzierteren Skalen – wie die Likert- oder die Gutmanskala – geführt. Wir wollen diese Formen des Vergleichs und der Messung nicht weiter ausbreiten, da ihr Verständnis gewisse mathematische Kenntnisse voraussetzt, die wir hier nicht einführen können. Auf jeden Fall sollte man vor einem allzu großen Optimismus, diese Instrumente würden für die wichtigen Fragen der Politikwissenschaft die Möglichkeit gemessener Aussagen erlauben, warnen.

8. Kapitel: Gewinnung und Analyse von Daten

1. Erhebungsarten und Statistik

Zwei Unterscheidungsmerkmale von Daten wurden oben bereits erwähnt. Einmal die *primären* (selbsterstellten) und die *sekundären* (fremderstellten) Daten. Anhand dieser beiden Datenarten werden wir das weitere Kapitel strukturieren. Zum anderen die *individuellen* Daten, die über das Verhalten Einzelner oder singuläre Ereignisse Auskunft geben, z. B. durch persönliche Interviews, und die *Aggregatdaten*, die Merkmale ganzer Gruppen zusammenfassen, wie z. B. Wahl- oder Wirtschaftsstatistiken.

Eine dritte Dimension wurde bisher nicht erwähnt, nämlich die Unterscheidung von Daten aus *Totalerhebungen*, bei denen alle Einheiten eines Untersuchungsobjekts erfaßt werden, und aus *Teilerhebungen*, bei denen eine repräsentative Auswahl von Einheiten erfaßt wird. Beide Erhebungsarten sind wichtige Mittel zur Erfassung quantitativer Informationen über die soziale Umwelt. Besonders zur Bewältigung von Wirtschaftsprozessen, gleich unter welchem ökonomischen System, sind solche quantitativen Informationen für die theoretische und praktische Arbeit unerläßlich. Das leuchtet am unmittelbarsten ein. Aber selbstverständlich sind auch unzählige andere Formen sozialer, politischer und ökonomischer Verwaltung und Planung ohne verläßliche Daten über die soziale Wirklichkeit etwa in der Rentenversicherung, Altersaufbau, Durchschnittseinkommen, Wohnungswesen usw. undurchführbar.

Totalerhebungen als sozio-ökonomische Informationsgrundlagen haben eine alte Tradition, da jedes Steuer- und Verwaltungswesen (*Census* des alten Rom) auf sie angewiesen ist. Die Bevölkerungsstatistik (Geburten- und Sterbetafeln) begann im 18. Jahrhundert und wurde im 19. Jahrhundert zunehmend mit Sozial- und Wirtschaftsstatistiken bei zentralen und später auch dezentralen staatlichen Stellen institutionalisiert.

Auf solchen amtlichen Totalerhebungen, die dann oft in Schriften und Jahrbüchern publiziert wurden, basieren erste wichtige Ansätze empirischer Sozialforschung, besonders in der Form der *Demographie.* Sie versuchte, aus der Bevölkerungsstatistik Aussagen und Theorien über Altersaufbau, Schichtung, Mobilität und Konzentration (Verstädterung) der Gesellschaft abzuleiten.

Klassische Beispiele dazu sind die Theorien von T. R. Malthus, der durch das ganze 19. Jahrhundert mit seiner (irrigen) Theorie vom überproportionalen Bevölkerungs- gegenüber dem Nahrungsmittelwachstum einflußreich blieb; oder von E. Durkheim, der seine Theorien über anomisches (abweichendes) Verhalten an Selbstmordstatistiken aufstellte und prüfte – eine Untersuchung (1897), die heute noch von Empirikern für eine vorbildliche gesamtgesellschaftlich orientierte Arbeit gehalten wird.

Noch heute sind amtlichen Totalerhebungen (vgl. Statistische Jahrbücher der BRD, der DDR oder der UNESCO und besonders der OECD) nicht nur unentbehrliche Mittel der Planung und Verwaltung, sondern auch wichtige Quellen sozio-ökonomischer Analysen. Hier verbinden sich Totalerhebungen mit sekundären und Aggregatdaten. Das heißt nun keineswegs, daß Totalerhebungen notwendig auf solche Daten beschränkt sind. Auch primäre Daten und Erhebungen stützen sich nicht selten auf Totalerhebungen, z. B. bei schriftlichen Fragebogenaktionen, die an sämtliche Mitglieder einer Untersuchungseinheit versandt werden. Die Fragebögen, die von allen Studenten bei der Immatrikulation ausgefüllt werden, bilden in diesem Sinne die Basis einer primären und individuellen Datensammlung.

Bekannteste und aufwendigste Form der Totalerhebung bleiben aber die in den meisten Staaten alle 10 Jahre (deshalb *Census*) stattfindenden Volkszählungen. Diese Aktionen sind so kostspielig und verlangen einen solchen Zeitaufwand für Vorbereitung und besonders für die Auswertung – die Daten sind trotz Automatisierung meist erst Jahre nach der Erhebung vollständig verfügbar –, daß man sich sogar im Rahmen der amtlichen Statistik in kürzeren Abständen mit *Teilerhebungen* (Mikrozensus) bzw. Stichprobenauswertungen begnügt. Die Mittel der Wahrscheinlichkeitsrechnung sind so weit fortgeschrittten, daß selbst für solche amtlichen Zwecke die Fehlerquoten von Repräsentativerhebun-

gen teilweise als geringer angesehen werden als die von Totalerhebungen. Auf die Gründe kommen wir später noch zu sprechen.
Noch zu Beginn dieses Jahrhunderts waren statistische Daten zwar »als Erkenntnisquelle für die mannigfachen Vorgänge des politischen und sozialen Lebens unentbehrlich«, aber nur als amtliche Totalerhebung denkbar:

Denn »zur statistischen Thatsache, dem schließlichen Ergebnis der statistischen Feststellung, (gehört) die Vollständigkeit aller einschlagenden Fälle, diese (ist) aber nur mit Hilfe der öffentlichen Gewalt zu beschaffen. Denn nur wenn die Gesamtheit der in Frage kommenden Erscheinungen eines Landes, eines Kreises, einer Gemeinde erhoben wird, ist die Bürgschaft für die unbedingte Richtigkeit der statistischen Zahl gegeben« (Brockhaus 1903, Bd. 15: 259f.).

Diese Überzeugung, die heute noch Grund für die Skepsis vieler gegenüber Repräsentativ-Befragungen ist, wurde in den folgenden Jahrzehnten durch die Entwicklung der mathematisch-statistischen Methoden obsolet. Die Wahrscheinlichkeitsrechnung ist heute so weit entwickelt, daß kein begründeter Zweifel an der mathematischen Zuverlässigkeit von Stichprobenverfahren angebracht ist. Trotzdem bleiben Fehlerquoten, wie bei Wahlumfragen und Hochrechnungen oft genug öffentlich demonstriert wird. Diese Fehlerquellen gehen allerdings nicht zu Lasten der Wahrscheinlichkeitsrechnung und des Prinzips der Repräsentativerhebung, sondern liegen an mangelhaften – meist aus Sparsamkeit – Stichproben, an schlechten – unterbezahlten – Interviewern sowie an der eigentlichen crux der Umfragen: dem Bezug zwischen Frageziel, Frageform, Antwort und Antwortauswertung.
Weist also das Untersuchungsobjekt eine übergroße Zahl von einzelnen Einheiten auf, wie die gesamte erwachsene Bevölkerung oder alle Studenten der Bundesrepublik oder alle politischen Meldungen in sämtlichen Medien der Bundesrepublik für eine bestimmte Zeit, dann ist eine *Teilerhebung*, d. h. eine repräsentative Stichprobe, angebracht, sofern – das ist die entscheidende Bedingung – die Fragestellung das Vefahren zuläßt. Bei einer kleineren Anzahl und großer Heterogenität der Einheiten wird eine Teilerhebung kaum vernünftige Ergebnisse bringen. Eine repräsentative Stichprobe aus der Gesamtheit der in der UNO vertretenen Staaten wäre beispielsweise sinnlos, da sich niemand für Meinung oder Struktur des »durchschnittlichen« Staates interessiert, sondern nur für ganz bestimmte Einzelne oder spezifische Gruppen. Hier kann höchstens mit statistischen Meßinstrumenten, die die *Streuung* zwischen arm und reich, groß und klein, industrialisiert oder nichtindustrialisiert messen, gearbeitet werden.
Teilerhebungen und Totalerhebungen sind beide nur benutzbar, wenn statistische Operationen und Methoden eingesetzt werden. Von dem

dadurch notwendigen Einbruch der Mathematik in die Sozialwissenschaft sollte sich niemand abschrecken lassen – schon gar nicht, wenn die Ablehnung mathematischer Prozeduren aus traumatischen Phobien gegenüber dem Schulfach herrührt. Eine Reihe brauchbarer Einführungen in sozialwissenschaftlich-statistische Methoden und Argumentation setzen nicht mehr als Grundkenntnisse in elementarer Logik, Arithmetik und/oder Mengenlehre voraus (vgl. z. B. Friedrichs 1982; Kromrey 1983; Mayntz u. a. 1978).

Für Totalerhebungen reicht – wie das Brockhaus-Zitat oben zeigte – die ältere *deskriptive Statistik*. Sie befaßt sich mit der Bewältigung und Organisierung großer Datenmengen – z. B. von Produktions-, Bevölkerungs- oder Wahldaten in Tabellen (»Statistiken«), graphischen Schaubildern, Kurven usw. sowie mit der Konstruktion von Verteilungsmaßnahmen – z. B. »Prozent«-Verteilungen, Durchschnitten, Mittelwerten, Streuungsmaßen usw.

Die »höhere«, schließende oder *analytische Statistik* basiert auf der Wahrscheinlichkeitstheorie. Obwohl deren mathematische Grundlagen schon im 17. Jahrhundert entwickelt wurden – nicht zuletzt durch das Interesse von Mathematikern an Glücks- und Würfelspielen –, datiert ihre praktische Anwendung erst in jüngere Zeit. Für die Sozialwissenschaften sind besonders folgende Anwendungen der analytischen Statistik wichtig:

1. Die Entwicklung von Regeln für das Ziehen von repräsentativen Stichproben bzw. für das Schließen von Stichproben auf Grundgesamtheiten.

   Anwendungen beispielsweise auch bei der wirtschaftlichen Qualitätskontrolle, für die nur Stichproben – jeder zehnte Kühlschrank – von zu prüfenden Produkten gezogen werden; oder beim Test von Medikamenten; oder konkreter in den Sozialwissenschaften bei der Stichprobenbestimmung für repräsentative Umfragen und bei »Hochrechnungen« von Wahlergebnissen.

2. Die Bestimmung des Grades von Wahrscheinlichkeit bzw. der Größe von Fehler- oder Irrtumsquoten bei statistischen Testverfahren.

   Dies wird z. B. öffentlich deutlich bei »Hochrechnungen« von Wahlergebnissen im Fernsehen, die zu einem bestimmten Zeitpunkt noch eine bestimmte (z. B. 1%) Fehlerquote aufweisen können; wichtig auch für die Entscheidung, ob die geringe Abweichung zwischen zwei Variablen über die statistisch mögliche Fehlerquote hinausgeht und damit erst interessant wird.

3. Die Prüfung statistischer Zusammenhänge von mehreren Variablen durch besondere Verfahren (Assoziations-, Regressions-, Korrelationsverfahren, Faktorenanalyse usw.).

   Durch diese relativ komplizierten Verfahren kann man die statistische Beziehung sowie die Erklärungskraft von zwei oder mehr Variablen sehr viel

exakter prüfen als beispielsweise durch die Interpretation von Prozentzahlen.
So kann die Korrelation von Stimmanteilen und sozialstrukturellen Variablen eine sehr viel aussagefähigere Meßzahl ergeben, als wenn man eine Menge Prozentwerte einer Tabelle zu diesen Variablen vergleicht.
Vergleiche zur Methodik dieser Verfahren Küchler (1979), Urban (1982); zur Anwendung solcher Techniken in der Wahlsoziologie siehe Kaase/Klingemann (1983).

Dies können an dieser Stelle nicht mehr als pauschale Hinweise auf die Möglichkeiten mathematisch-statistischer Verfahren für Erhebung und Analyse quantitativer Daten sein. Für die tiefer greifenden Fragen und die eingehendere Methodik muß auf die einschlägigen Einführungen in Theorie und Praxis der empirischen Sozialforschung verwiesen werden.

An Einführungen in mehr theoretische Fragen von der Position der kritischen Theorie s. Ritsert/Becker (1971), für die Methodologie des Kritischen Rationalismus s. Opp (1970), für eine mehr vermittelnde Position vgl. Hartmann (1970).
In die statistischen Methoden führen ein: Kennedy (1985), Diehl/Kohr (1983), Benninghaus (1974).
Grundlegendes Lehrbuch: Bortz (1989).
Zur Auffrischung der mathematischen Kenntnisse: Hamerle/Kemeny (1981).
Über die Forschungsmethoden der Politikwissenschaft informieren: Manheim/Rich (1986), Schmidt/Müller (1979).

Diese Literaturhinweise sind wirklich nur als erster Einstieg gemeint, denn hier existiert eine Fülle von parallelen Texten und Taschenbüchern; und es erscheinen ständig neue, über die man sich leicht in den entsprechenden Abteilungen wissenschaftlicher Buchhandlungen oder den Universitäts- und Institutsbibliotheken informieren kann.

2. Primäre Daten

Die Hauptformen der primären Datensammlung, d. h. also aller solcher quantifizierbarer Informationen über die soziale Wirklichkeit, die vom Forscher selbst erhoben werden, werden im folgenden Überblick analog einem Vorschlag von Galtung (1967: 110) gruppiert (vgl. auch Münch 1971: 26ff.). Ohne das dort benutzte Stimulus-Response-Schema zu sehr zu strapazieren, können mit dieser Tabelle die wichtigsten Datenerhebungsformen nach zwei Kriterien geordnet werden. Zuerst nach der *Situation*, in der die Daten entstehen: diese kann (1) ganz *informell* und »natürlich«, wie bei einem Informationsgespräch, oder (2) mehr *formell* sein, wie bei einem vorbereiteten Interview, d. h. es wird versucht, möglichst viele Störfaktoren unter »Laborbedingungen« zu kontrollieren bzw. auszuschalten; sie kann weiterhin (3) *unstrukturiert* sein, d. h. die

Tabelle 9: Hauptformen der Erhebung primärer Daten

	Artikulation:		
Situation:	nicht-verbale und verbale	verbale mündlich	schriftlich
informell	Beobachtung (teilnehmend)	Informations-gespräch	schriftliche Quellenauswertung (Inhaltsanalyse)
formell und unstrukturiert	Beobachtung (systematisch)	Interview (offen)	Fragebogen (offen)
formell und strukturiert	Experiment Simulation	Interview (standardisiert)	Fragebogen (standardisiert)

Art der Interaktion ist möglichst wenig vom Forscher manipuliert; oder (4) sie ist *strukturiert*, dann wird vom Forscher selbst möglichst viel »arrangiert«, wie bei einem vorbereiteten multiple-choice-Fragebogen. Die zweite Dimension nach der Situation betrifft die Art der *Artikulation*. Sie kann in *nichtverbalen* Akten (z. B. bei der Beobachtung des Ablaufs von Massendemonstrationen oder der Gestik politischer Redner) und in *verbalen* Akten erfolgen; die letzteren können noch in *mündliche* und *schriftliche* unterschieden werden. Tabelle 9 zeigt bei Kreuzung der beiden Kriterien Situation und Artikulation neun wichtige Formen der primären Datenerhebung.

Abstrakt läßt sich kaum entscheiden, welche Situation oder Artikulationsform für die sozialwissenschaftliche Erkenntnis »besser« ist. Natürlich ist die Chance der Präzisierung und Isolierung einzelner Faktoren sowie die Quantifizierungsmöglichkeit und Vergleichbarkeit der Daten um so größer, je stärker formalisiert und strukturiert die Situation ist und je unmittelbarer die Artikulationsform in das Datum eingeht, wie bei schriftlichen Befragungen. Aber andererseits wird die Chance der Präzisierung mit dem um so größeren Verlust an unmittelbarem Bezug zur sozialen Wirklichkeit erkauft. Deshalb muß nochmals betont werden, daß Verfeinerung der Meßwerkzeuge kein Selbstzweck sein kann, wenn darüber der Kontakt zu gesellschaftlichen Problemen verlorengeht. In jedem einzelnen Forschungsprogramm sind deshalb diese beiden Aspekte bei der Entscheidung für die Form der Datensammlung gegeneinander abzuwägen.

Der folgende Überblick wird die drei senkrechten Spalten von Tabelle 9 nacheinander vorstellen.

a) Beobachtung und Experiment

Beobachtung im allgemeinen (»naiven«) Verständnis ist die wichtigste Form der Erfahrung, die der Mensch braucht, um sich in seiner Umwelt zu orientieren. Eine wesentliche Rolle spielt sie im Sozialisierungsprozeß, denn das lernende Kind ahmt Verhaltensweisen nach und bestätigt sie durch seine Beobachtungsgabe. Beobachtung ist zugleich das älteste wissenschaftliche Verfahren überhaupt. Ohne sie wäre eine babylonische Astronomie oder eine antike Physik/Mechanik und Medizin undenkbar. Hier ist schon eine entscheidende Zäsur zur naiven Umweltbeobachtung vollzogen: es handelt sich nicht mehr um eine ungerichtete Antenne, die unterschiedslos alle Signale empfängt, sondern um eine zielgerichtete Methode, die sich technischer Hilfsmittel bedient.
Obwohl die Beobachtung in ihrer informellen Form sicher auch das älteste Verfahren der Sozialwissenschaft ist, haben sich erst spät spezifische Methoden der wissenschaftlichen Beobachtung durchsetzen können. Diese Methoden schwanken bis heute zwischen der subjektivistischen Scylla verstehender Betrachtung und der objektivistisch-szientistischen Charybdis naturwissenschaftlich-experimenteller Laborbeobachtung. In allen Formen bleibt die Beobachtung als Instrument der empirischen Sozialforschung die *planmäßige Erfassung sinnlich wahrnehmbarer und unmittelbar feststellbarer sozialer Tatbestände*, wobei der Forscher dem Untersuchungsgegenstand gegenüber eine *rezeptive Haltung* einnimmt. Das unterscheidet sie z. B. vom Interview. Einige wichtige Formen der Beobachtung werden kurz vorgestellt.

Für weitergehende Fragen muß die Fachliteratur benutzt werden, s. bes. die Taschenbuchausgabe des Handbuchs der empirischen Sozialforschung (König 1973, Bd. 1 u. 2) sowie die Aufsatzsammlung zu forschungstechnischen Fragen von König (1974a). Einen breiten Überblick bietet Roth (1987).

Teilnehmende Beobachtung. Klassisches Beispiel teilnehmender (Feld-)Beobachtung ist der Völkerkundler oder der empirische Ethnosoziologe, der sich nach Neu-Guinea begibt und versucht, von einem Volksstamm als Mitglied geduldet zu werden, um die soziale Struktur des Stammes »von innen heraus« zu erforschen. Er wird seine Beobachtungen tagebuchartig mehr oder weniger systematisch erfassen und später auswerten. In diesem Sinne sind auch manche Klassiker der politikwissenschaftlichen Literatur Resultat teilnehmender Beobachtung, so z. B. Alexis de Tocquevilles »Demokratie in Amerika« von 1835, das aus einer längeren Studienreise entstand. Autobiographische und Memoirenliteratur wird man aber nicht hier einordnen können, da die rezeptive und reflektierte Position des Beobachters fehlt. Dagegen sind sicher manche Reportagen des Schriftstellers Günter Wallraff – auch gegen den Willen der betroffenen Verwaltungen oder Betriebe, in denen er unerkannt recherchierte –

Beispiele teilnehmender Beobachtung. Trotz des mehr journalistischen Charakters wird hier eine Tradition der politisch engagierten Sozialwissenschaft deutlich – seit den amerikanischen »muck-rackers« der Jahrhundertwende mit ihren durchaus vergleichbaren sozio-politischen Reportagen.

Wie die Beispiele des Ethnologen, des Reiseberichterstatters und des »Sozialreporters« zeigen, ist teilnehmende Beobachtung zur Analyse »fremder«, schwer zugänglicher sozio-politischer Gruppen und Komplexe besonders geeignet, Komplexe, die »von außen« kaum richtig erkannt werden können. Objekt teilnehmender Beobachtung waren deshalb sowohl soziale Minderheitsgruppen, jugendliche »gangs« oder Sekten als auch Verwaltungen, Bürokratien und Planungsstäbe, Parteien, Gewerkschaften und politische Aktionsgruppen, wie neuerdings z. B. Bürgerinitiativen. In der *kritischen Theorie* wird in jüngerer Zeit gerade die teilnehmende Beobachtung als empirische Forschungsmethode favorisiert (z. B. Tudyka 1973: 31), weil sie besser als andere Techniken die Trennung von Theorie und Praxis, von Forschungsobjekt und Forschersubjekt zu überwinden geeignet sei. Der eine Bürgerinitiative oder einen Produktionsbetrieb erforschende Wissenschaftler könne so eigenes Interesse an Veränderung der Verhältnisse und sozialwissenschaftliche Analyse verbinden.

Diese unbestreitbaren Vorteile bringen aber auch Fehlerquellen mit sich, die nicht ignoriert werden dürfen. Generell gilt für die teilnehmende Beobachtung, daß die »kritische« Haltung gegenüber dem Untersuchungsgegenstand, die trotz aller Verbindung von Theorie und Praxis unerläßlich bleibt, bei zu starker Identifizierung verlorengehen kann.

Systematische Beobachtung. Dieser Gefahr wird durch stärkere Systematisierung der Beobachtung zu begegnen versucht. Dafür bieten sich in erster Linie drei Wege an: *erstens* durch stärkere Strukturierung und Standardisierung der Aufzeichnungstechniken, die z. B. fragebogenartig gezielt und vorbereitet ganz bestimmte Interaktionen und Eigenschaften erfassen; *zweitens* durch stärkere »Distanzierung« des Beobachters, obwohl teilnehmende und systematische Beobachtung sich nicht notwendig ausschließen; und *drittens* durch Abbau der Feldbeobachtung unter natürlicher Umgebung zugunsten der Labor-Beobachtung in einer vorbereiteten wissenschaftlichen Versuchsanordnung.

Die empirische Sozialpsychologie und Soziologie haben die systematische Beobachtung besonders für die Kleingruppenforschung ausgebaut. Aber auch die Betriebssoziologie, so die klassischen amerikanischen Untersuchungen in den Hawthorne-Werken Ende der zwanziger Jahre, benutzt systematische Beobachtungstechniken. Gerade diese Beispiele verdeutlichen aber das Hauptproblem solcher Verfahren: die Übertragung der speziellen Kleingruppen- und Untersuchungssituation auf die normale soziale Umwelt.

So wurde das »partizipatorische« Verhalten der im Betrieb eigens für die Untersuchung isolierten Hawthorne-Arbeiter gerade auch mehr durch ihre normalerweise ungewohnte Mitverantwortlichkeit beim Projekt stimuliert als durch materielle Arbeitsplatzverbesserungen und informelle Gruppenbeziehungen, wie Blumberg später herausfand (Blumberg 1969).

Neben solchen Fehlern der Interpretation bzw. der Ignorierung bestimmter Variablen kann bei allen Beobachtungsverfahren eine Fülle von Fehlurteilen eintreten, darunter am bekanntesten der *Halo-Effekt*, der den Beobachter dazu tendieren läßt, sich bei Untersuchungen vom bisherigen positiven oder negativen Verhalten der Probanden beeinflussen zu lassen. Die empirische Sozialforschung ist sich zunehmend solcher Fehlerquellen bewußt und sucht sie weitgehend zu kontrollieren bzw. auszuschalten. Für die weitergehenden Fragen muß wieder auf die einschlägige Fachliteratur, bes. König (1974a und 1973, Bd. 2), verwiesen werden.

Experiment. Eine stark systematisierte, formalisierte und unter Laborbedingungen stattfindende Beobachtung ist kaum mehr von einem sozialwissenschaftlichen Experiment zu unterscheiden. Die bewußte Manipulation der sozialen Situation durch Eingabe von *Stimuli* durch den Untersuchungsleiter macht den Unterschied zur Beobachtung aus.

Öffentlich bekanntgewordene und zugleich umstrittene Beispiele sozialwissenschaftlicher Labor-Experimente sind u. a. in der Aggressionsforschung Versuche, in denen Probanden aufgefordert wurden, andere Personen (die in Wirklichkeit Schauspieler waren) bei »falschen« Reaktionen mit elektrischen Stromstößen (scheinbar) zu »bestrafen«, bis für die Probanden offensichtlich die Grenzen physischer Belastbarkeit überschritten wurden.
Auch die Hamburger Versuche mit einer »camera silens«, einer total schall- und z. T. lichtisolierten Zelle, in der Reaktionen von Versuchspersonen beobachtet und getestet wurden, kann man an der Schwelle zwischen Laborexperiment und streng systematischer Beobachtung ansiedeln.

In der Politikwissenschaft sind Laborexperimente selten. Versuche von *»Feldexperimenten«* oder »natürlichen« Experimenten, bei denen die experimentelle Technik – d. h. die möglichst umfassende Kontrolle aller Faktoren bei kontrollierter Veränderung bestimmter Variablen – auf Vorgänge in der natürlichen sozialen Umwelt übertragen wird, sind noch nicht weit gekommen. Sie würden manche Nachteile der Laborsituation kompensieren, die durch die »künstliche« Umgebung bedingt sind.

Beispielsweise könnten die Veränderungen in einer politischen Organisation oder einer Gemeinde nach Eingabe eines *Stimulus* – einer organisatorischen oder gesetzlichen Innovation – analysiert werden bei Konstanthaltung bzw. Kontrolle aller übrigen Faktoren und dem Vergleich mit einer »unstimulierten« Kontrollgruppe.

Zwischen Feld- und Laborexperiment wird neuerdings häufiger die *Simulation* angesiedelt, die man auch als Quasi-Experiment bezeichnen kann. Sie ist unter den sozialwissenschaftlichen Techniken die am stärksten aus der Politikwissenschaft hervorgegangene, wenn man von der Wirtschaftswissenschaft einmal absieht, bei der sie heute unbestritten am meisten zu Hause ist. Ursprünglich zurückgehend auf militärische »Sandkastenspiele« und ökonomische Makromodelle und Managementspiele hat sie besonders in der Internationalen Politik und in der Planungstheorie und auch in der Wahlforschung einen wichtigen Platz.

Unter *Simulation* läßt sich verschiedenes subsumieren. Zunächst das »Spiel« einer (Entscheidungs-)Situation wie bei militärischen und diplomatischen Planspielen (crisis management) durch eine Gruppe von »Spielern«, die die Rollen der Akteure übernehmen. Solche Entscheidungsspiele sind jetzt sogar auf den gehobenen Spielzeugmarkt vorgedrungen. Durch den Einsatz von EDV konnte die abrufbare Information für die Spieler gegenüber herkömmlichen Planspielen drastisch erhöht werden, so daß computerunterstützte Simulationen praktiziert werden. Schließlich sind reine Computer-Simulationen möglich, besonders für ökonomische und planerische Entscheidungen (z. B. Steuerreform) oder z. B. auch für die Analyse von Auswirkungen eines bestimmten Wahlrechts auf ein gegebenes Wahlergebnis.

So kann man Simulationen als den Versuch verstehen, mit Hilfe des Prozeßmodells irgendeines empirischen Systems zu Informationen über reale Zustände eben dieses Systems zu kommen. Computergerechte Simulationsmodelle sind dann Nachbildungen realer operierender Systeme oder Situationen durch mathematische Gleichungen zu dem Zweck, die Auswirkungen unterschiedlicher Eingangsgrößen auf das System zu testen. Sicher ist hier die Gefahr des »Modell-Platonismus« an jeder Ecke gegeben. Aber die theoretischen, praktischen und auch propädeutischen Möglichkeiten dieser Methode scheinen noch lange nicht ausgeschöpft zu sein.

Literatur zur experimentellen Methode in der Sozialwissenschaft Campbell/Stanley (1963), Zimmermann (1972); zur Theorie und Anwendung der Simulation die zwei Bände von Harbordt (1974); speziell zur Simulation in der Internationalen Politik Kern/Rönsch (1972), kritisch Junne (1972), Bremer (1987).

b) Informationsgespräch und Interview

Die zweite und dritte Spalte von Tabelle 9 gibt im wesentlichen *Befragungsmethoden* wieder. Sie sind dann einzusetzen, wenn Beobachtungen allein, die das sich gerade ereignende soziale Verhalten erfassen,

nicht ausreichen, d. h. wenn die Ansichten, Meinungen und Motive von Menschen für sozio-politisches Handeln erfaßbar gemacht werden sollen. Dabei ist klar, daß Befragungen nie unmittelbar Aufschluß darüber geben, wie Menschen *wirklich* handeln, fühlen, denken, geschweige denn darüber, welchem »falschen Bewußtsein« sie erliegen. Es werden nur sprachliche, verbalisierte Informationen über diese Vorgänge vermittelt. Es wäre ein eklatanter Fehler, von der im Interview artikulierten Meinung unmittelbar auf das tatsächliche Verhalten oder seine Motive zu schließen. Diese Lücke versucht am stärksten das Tiefeninterview bzw. das psychoanalytische Gespräch zu schließen. Aber selbst dort ist die Diskussion über das Problem des eigentlichen »Sinns« und Informationsgehalts von Befragungen nicht abgeschlossen.
Befragungstechniken sind die verbreitetsten und elaboriertesten Methoden empirischer Sozialforschung. Zugleich existiert hierzu auch die breiteste Einführungs- und Spezialliteratur, so daß wir uns hier auf einen wirklich nur informierenden Überblick beschränken können (vgl. besonders König 1973, Bd. 2). Analog Tabelle 9 wird zunächst auf mündliche Befragungsmethoden eingegangen, danach auf schriftliche, ohne natürlich den engen Zusammenhang außer acht zu lassen.
Informationsgespräch. Die informellste und am wenigsten strukturierte Form der mündlichen Datenermittlung ist das Informationsgespräch bzw. die explorative Konversation, der Gebrauch von Informanten oder das Expertengespräch. Sowohl Einzel- als auch Gruppengespräche sind möglich. Da die Gesprächsteilnehmer alle Freiheit der intensiven Erörterung der interessierenden Punkte besitzen, kann der Informationsgehalt sehr viel höher sein als bei vorgegebenen Frage- und Antwortschablonen. Trotzdem ist auch hier eine gewisse Strukturierung – durch einen vorbereiteten Gesprächsleitfaden und Notizen oder Bandaufnahmen während des Gesprächs – unerläßlich.
Die Vorteile solcher informellen Interviews liegen in erster Linie in der Flexibilität, »Tiefe« und Individualität der Befragung. Diese Methode ist deshalb besonders aus klinisch-psychologischen Interviews und der ethnosoziologischen Feldarbeit entwickelt worden. Im explorativen Stadium von Untersuchungen, bei Experten- und »Eliten«-Interviews hat die Methode einen wichtigen Platz. Eingeschränkt wird die Verwendbarkeit allerdings durch einige Nachteile: die Qualifikation der Interviewer muß sehr hoch sein, oft ist sie mit einem Projektverantwortlichen identisch, wodurch natürlich viele beeinflussende Faktoren eindringen können; sie wird durch den hohen Anspruch sehr zeitraubend und teuer; bei größeren Populationen wird die Datenmenge der Protokolle ungeheuer groß und schwer zu bewältigen, so daß eine quantifizierende Auswertung kaum möglich ist.
Interview. Das Interview sucht *die planmäßige Erhebung von Informationen*

durch gezielte Fragen, um Einstellungen, Meinungen, Fakten und Motivationen zu erforschen. Das *offene* (auch nichtstrukturierte oder -standardisierte) Interview schreibt stärker als das Informationsgespräch Form und Folge der Fragen vor, legt den Befragten aber nicht auf Antwortalternativen fest. Das *standardisierte* (auch strukturierte, vorcodierte oder geschlossene) Interview präsentiert einen Katalog von vorgegebenen Ja-Nein- oder Multiple-choice-Fragen. Allen Befragten werden genau dieselben Fragen und Antwortmöglichkeiten vorgelegt. In der kommerziellen Umfrageforschung ist dieses vollstandardisierte Interview die gebräuchlichste Methode, da es bei großen Datenmengen und unausgebildeten Interviewern die schnellste (billigste) Auswertung und größte Vergleichbarkeit zuläßt. In der sozialwissenschaftlichen Forschung dominieren halbstrukturierte Interviewformen, die geschlossene Fragen mit offenen kombinieren, z. B. durch die Nachfrage: »Warum sagen Sie das?«
Forschungsprobleme der Interviewtechnik betreffen besonders die *Fragenformulierung*, den *Fragebogenaufbau* und die *Interviewsituation*. Die Umsetzung einer bestimmten relevanten und interessanten Fragestellung bzw. einer theoretischen Forschungsfrage in die formulierte Interviewfrage ist die entscheidende und kritische Phase der ganzen Interviewtechnik. Hier muß zu Untersuchendes verbalisiert und in die Sprachebene des zu Befragenden transponiert werden, d. h. also die Forschungsfrage wird operationalisiert. Die Rückübersetzung der Antwort oder »Meinung« des Befragten in die Fragestellung muß bereits vorher festgelegt werden. Die Aussagekraft solcher »Meinungen« wird besonders von der kritischen Theorie relativiert, da Meinungsmanipulation und falsches Bewußtsein bei der unkritischen Anwendung dieser Methoden unberücksichtigt bleiben. Trotzdem wurden in der bekannten Frankfurter Untersuchung »Student und Politik« (Habermas u. a. 1961) halbstrukturierte Interviews intensiv als empirische Materialbasis genutzt.
Außer diesen grundsätzlichen Problemen müssen bei der Fragenformulierung zahlreiche forschungspraktische Probleme berücksichtigt werden, wie besonders die der Beeinflussung durch suggestive, stereotype oder schwer verständliche Fragen. Der *Fragebogenaufbau* wirft ebenfalls viele technische Probleme auf, die z. B. seine optimale Länge, die Mischung und Verschlüsselung der Fragen oder den Einsatz von Eröffnungs-, Erholungs- und Kontrollfragen betreffen.
Die *Interviewsituation* enthält mehr technisch und theoretisch ungelöste Probleme als der ganze übrige Prozeß der Befragung. Denn die soziale Situation von Interviewer und Befragtem birgt kaum kontrollierbare Aspekte und übt einen schwer durchschaubaren Einfluß auf die Gültigkeit und Zuverlässigkeit der Interviewdaten aus. Nicht nur kann selbstverständlich der Interviewer den Befragten beeinflussen durch sein Geschlecht, Alter, Kleidung und soziale Statusmerkmale, durch Beto-

nung, Gestik und Mimik beim Fragen usw., sondern der Befragte selbst beeinflußt wiederum durch seine Person und sein Verhalten den Interviewer. Daraus ergibt sich ein schwer entwirrbares Knäuel von Einflüssen auf die Antworten, das auch durch möglichst starke »Standardisierung« der Fragetechnik oder durch »Randomisierung« (Zufallsstreuung) der Störfaktoren nicht völlig aufgefangen werden kann. Ein Arbeiter reagiert weiterhin auf das Interview durch einen Studenten völlig anders als ein Beamter. Diese Einflüsse der sozialen Situation beim Interview dürfen deshalb nicht nur als »Störquellen« behandelt werden, sondern müssen von vornherein bewußt in den Forschungsplan eingesetzt werden. Der Ausweg von manchen kommerziellen Meinungsforschern, telefonische »Blitzumfragen« durchzuführen, besticht zwar auf den ersten Blick, da durch die größere Anonymität manche Störquellen ausgeschaltet werden. Aber er eignet sich nur bei bestimmten Zielgruppen, nämlich den Telefonbesitzern. Seit dem der Telefonbesitz in fast allen Haushalten Standard geworden ist, hat die Telefonumfrage einen immer größeren Stellenwert bekommen, da sie schneller und billiger ist und manche Interaktionen der Interview-Situation dabei entfallen.

Für politikwissenschaftliche Forschungsarbeiten ist allerdings nicht die repräsentative Bevölkerungsumfrage, wie für die Soziologie und für die Demoskopie, sondern die gezielte *Expertenbefragung* typischer. Hier dominieren nicht-standardisierte und qualitative Interviews, die mehr durch einen Gesprächsleitfaden als durch einen Fragebogen gesteuert werden. Die Auswertung solcher Experteninterviews ist allerdings nicht einfach, will man nicht alle Standards der intersubjektiven Überprüfbarkeit über Bord werfen.

Zu den letzteren Problemen vgl. bes. Mayntz/Holm/Hübner (1972: 144ff.); zu Interviewtechniken allgemein außer fast allen einschlägigen Einführungen in die empirische Sozialforschung bes. König (1974b und 1973, Bd. 2); anschaulich informiert Porst (1985).

c) Fragebogen und Inhaltsanalyse

Die dritte Spalte unserer Tabelle 9 *vereint verbale und schriftliche Artikulationsformen* sozialer Wirklichkeit und ihre Erhebungsarten. Die Reihenfolge der Vorstellung, die bisher von informell zu hochstrukturiert fortschritt, werden wir hier umkehren, um den engen Bezug der schriftlichen Befragung zum Interview nicht zu verlieren. Die informelle, nicht quantifizierende Benutzung von schriftlichen Quellen wurde bereits oben im Teil II, 6. Kapitel, Abschnitt 4 erläutert und kann deshalb hier wegfallen. Die quantitative Inhaltsanalyse wird in der Tabelle zugegebenermaßen mit einer gewissen Gewalt an dieser Stelle lokalisiert, da sie sehr stark formalisiert sein kann. Trotz dieses systematischen Schönheitsfehlers wird sie dann am Schluß des Überblicks über Techniken der primären Datenerhebung stehen.

Fragebogen. Alle schriftlichen Befragungen, bei denen der Befragte seine Antworten eigenständig zu Papier bringt, sollen als Fragebogenmethode verstanden werden – im Gegensatz zur mündlichen Befragung beim Interview. Amtliche Formulare und Erhebungsbögen bis zur Steuererklärung wenden das Fragebogenprinzip an. Interview und Fragebogen ähneln sich stark; von den drei wichtigsten Forschungsproblemen der Interviewtechnik – Fragenformulierung, Fragebogenaufbau und Interviewsituation – sind die beiden ersten fast identisch auf schriftliche Befragungen zu übertragen. Unterschiedlich wird es erst bei der Befragungssituation. Probleme der sozialen Situation »Interview« fallen hier weg. Der Befragte füllt selbständig und anonym seinen meist durch die Post zugeschickten Fragebogen aus. Zusätzliche Vorteile ergeben sich durch die Einsparung von Zeit und Geld für die Interviewer und die dadurch mögliche größere »Population« der Befragung, die sich deshalb manchmal sogar auf Totalerhebungen der ganzen Zielgruppe – z. B. alle Studenten einer Hochschule während der Immatrikulation oder Rückmeldung – stützen kann, statt, wie die meisten Interviews, nur auf repräsentative Teilerhebungen. Dem stehen aber wesentliche Nachteile gegenüber:

- die Befragung ist unpersönlicher, es können kaum Verständnishilfen gegeben werden;
- der Befragte kann nicht kontrolliert und beobachtet werden, während er antwortet;
- es bleibt unsicher, ob die Zielperson überhaupt den Fragebogen selbst ausgefüllt hat;
- die Rücklaufquote der Antworten ist meist gering und dazu repräsentativ verzerrt, da z. B. Personen mit besserer Schulbildung häufiger antworten.

Manchen Schwierigkeiten kann man durch schriftliche Gruppenbefragung (Klassenzimmerinterviews) begegnen. Diese Methode läßt sich aber nur bei fest umrissenen Zielgruppen, die man irgendwo versammeln kann, anwenden.

Inhaltsanalyse (content analysis). Techniken der Inhaltsanalyse in den Sozialwissenschaften gehen auf zwei Traditionen zurück: einmal auf die ersten systematischen Versuche der »Zeitungswissenschaft«, der Vorgängerin der heutigen Publizistik und (Massen-)Kommunikationsforschung, der schon Max Weber 1910 empfahl, »mit Schere und Kompaß« den Inhalt von Zeitungen auf quantifizierbare Veränderungen der Inhalte zu durchforsten; zum anderen auf die sprachwissenschaftliche Textstatistik, die Wortschatz und Syntax von Texten quantitativ erfaßt (»auszählt«), um Autoren zu identifizieren oder Werke zu datieren.

Im großen Umfang wurde die Inhaltsanalyse in den Sozialwissenschaften zuerst durch amerikanische Wissenschaftler im Zweiten Weltkrieg eingesetzt, die im Regierungsauftrag nationalsozialistische Propaganda erforschten (bes. H.D. Lasswell u.a.). Seitdem wurde die Methode besonders in der Kommunikationsforschung technisch ungemein ausdifferenziert und z.T. computergerecht mathematisiert, ohne daß sich freilich Theoretiker und Praktiker bis heute über den eigentlichen realen Ertrag gemäß der »Verhältnismäßigkeit der Mittel« einig sind.
Mayntz u.a. (1972: 151) definieren die Inhaltsanalyse als eine Forschungstechnik, *»die sprachliche Eigenschaften eines Textes objektiv und systematisch identifiziert und beschreibt, um daraus Schlußfolgerungen auf nichtsprachliche Eigenschaften von Personen und gesellschaftlichen Aggregaten zu ziehen«*. »Text« heißt dabei nicht, daß es sich nur um vorliegendes Material, wie Zeitungen, Fernsehmeldungen usw., handeln muß. Es kann ebenso auch ein besonders für ein Projekt aufgenommenes verbalisierbares Material (z.B. durch Interviews oder Film) sein. Weiter sagt die Definition ausdrücklich, daß *Inhalts*-Analyse eben nicht nur quantitativ Worte zählt – obwohl oft so positivistisch mißverstanden –, sondern Inhalte und *Bedeutungen* ermitteln will. Die semantischen und sprachtheoretischen Probleme, die damit notwendigerweise auftauchen, können hier nicht weiter verfolgt werden (vgl. dazu kritisch Ritsert 1972).
Die Vorgehensweise einer Inhaltsanalyse soll an einem Beispiel illustriert werden:

Eine Untersuchung (H. Schatz 1971) geht von der Problemstellung des politischen Einflusses der Massenmedien aus und wirft die Fragestellung auf, ob durch Fernsehnachrichten eine »Politisierung der Unpolitischen« bewirkt wird.
Diese Fragestellung könnte sicher durch verschiedene bzw. mehrere Methoden untersucht werden, z.B. durch systematische *Beobachtung* von Tagesschau-Konsumenten oder durch *Interviews* mit Fernsehzuschauern und -machern oder durch einen *experimentellen* Vergleich der unterschiedlichen Wirkung von Zeitungs- und Fernsehnachrichten auf zwei Gruppen.
Der Autor entschied sich für eine Inhaltsanalyse – hauptsächlich sicher aus pragmatischen Gründen, da hier Material aus einer größeren, öffentlich finanzierten Studie aus der Zeit der Großen Koalition vorlag.
Nach der Bestimmung von leitenden Hypothesen und konkreteren Fragestellungen muß nun das relevante Textmaterial bestimmt werden, d.h. ob z.B. *alle* Nachrichten eines bestimmten Zeitraums oder eine *Stichprobe* gezogen wird. Die einzelnen Untersuchungseinheiten müssen festgelegt werden, also ob Worte, Sätze oder ganze Meldungen die kleinste Einheit bilden. Der schwierigste nächste Schritt ist dann die Entwicklung des inhaltsanalytischen *Kategorienschemas*, das in einem *Codeplan* resultiert, mit dem jede einzelne Einheit unter möglichst differenzierenden und qualifizierenden Kriterien erfaßt wird. Das heißt, es soll nicht nur gezählt werden, wie oft das Wort oder das Bild »Franz Josef Strauß« oder

»Bundestag« vorkommt, sondern auch festgehalten werden, in welchem Kontext und mit welchen Wertungen es erscheint.
Mit diesem Codeplan kann dann die eigentliche empirische Arbeit der Auswertung jeder einzelnen Fernsehnachricht beginnen, um damit das – am besten auf Lochkarten übertragbare – Ausgangsmaterial für die Auswertung der Analyse zu erstellen.

An einführender Literatur zur Technik der Inhaltsanalyse vgl. bes. Merten (1983); Silbermann in König (1973, Bd. 2); Mayntz/Holm/Hübner (1972); kritisch mit dem Versuch der Begründung einer qualitativen Inhaltsanalyse als »empirisch-aktueller Ideologiekritik« Ritsert (1972).

3. Sekundäre Daten

Wir sprechen von sekundären Daten, wenn vom Wissenschaftler nicht selbst auf ein bestimmtes Untersuchungsziel hin erhobenes Material benutzt wird. In Handbüchern und Einführungen der Methoden der empirischen Sozialforschung wird dabei meist nur an *Sekundäranalysen* älteren sozialwissenschaftlichen Datenmaterials gedacht. Auf solche Sekundäranalysen von primären Daten, wie wir sie in den vorhergehenden Abschnitten dargestellt haben, wird zunächst eingegangen. Gerade für die Politikwissenschaft und für jede propädeutisch und pädagogisch arbeitende Sozialwissenschaft, die nicht über eigene Computerbatterien gebietet, ist eine zweite Form sekundärer Daten wichtiger: die aus offiziellen Statistiken und Datenhandbüchern herausziehbare Information. Auf sie wird der letzte Abschnitt eingehen.

a) Aus früheren Erhebungen und Datenbanken

Einige Jahrzehnte empirischer Sozialforschung in den Industriestaaten haben ein immenses Datenmaterial angesammelt. *Sekundäranalysen*, d. h. Auswertungen eines bereits vorliegenden Materials unter einem neuen Bezugssystem, bieten sich an, besonders da seit den letzten beiden Jahrzehnten das Material zunehmend auf standardisierten Datenträgern (Lochkarten, Magnetbändern, Disketten) verfügbar ist. Jede einzelne auf ein bestimmtes Ziel angesetzte Datenerhebung kann meist nur einen Teil der möglichen Variablen auswerten und korrelieren – nämlich die, die im Zentrum der Fragestellung liegen. Daraus ergibt sich ein großes Reservoir für Sekundäranalysen einzelner früherer Untersuchungen unter veränderten Fragestellungen, die durchaus neue Erkenntnisse vermitteln können. Darüber hinaus eröffnet sich ein in seinen Möglichkeiten kaum abschätzbarer Bereich der Verbindung von Daten aus zeitlich und räumlich unterschiedlichen Erhebungen zu neuen, komparativen Sekundäranalysen. Drittens kann der sekundäre Nachvollzug älterer und klassischer Projekte der empirischen Sozialforschung nicht nur ein wichtiges Mittel des »forschenden Lernens« sein, sondern oft auch überraschende Fehler und neue methodische Probleme zutage fördern. Sekundäranalysen werden besonders dann erleichtert, wenn die Daten in zentralen *Datenbanken* gesammelt und verfügbar gemacht werden.

In der Bundesrepublik ist auf diesem Sektor das »Zentralarchiv für empirische Sozialforschung an der Universität zu Köln« führend, besonders, weil es nicht nur Daten einer beachtlichen Zahl von empirischen Untersuchungen verfügbar macht, sondern weil es auch die Informationen auf den Datenträgern zu vereinheitlichen sucht und darüber hinaus alle übrigen mit den Untersuchungen zusammenhängenden Materialien (Protokolle, Veröffentlichungen usw.) archiviert.

Allerdings sind einer Euphorie der Sekundäranalyse enge Grenzen gesetzt. Denn den Vorteilen, zu denen besonders auch die Wirtschaftlichkeit gehört, die es auch einem fortgeschrittenen Studenten ermöglicht, ohne einen umfangreichen Apparat an größeren empirischen Projekten zu arbeiten, diesen Vorteilen stehen gewichtige Nachteile gegenüber:

- für neue Fragestellungen ist man gezwungen, alle alten Grundhypothesen und Operationalisierungen, die auch in »deskriptive« Daten einfließen, zu übernehmen;
- die eigentliche Datenerhebung kann nicht mehr kontrolliert werden, alte Fehler vervielfachen sich; und schließlich
- die Vergleichbarkeit der Daten aus unterschiedlichen Erhebungen ist außerordentlich begrenzt, da meist unterschiedliche Grundannahmen, Frageformulierungen und Operationalisierungen vorgenommen werden.

Über Sekundäranalysen informiert Hyman (1972); vgl. auch die mit Datensätzen des Zentralarchivs arbeitenden Titel von Herz/Wieken-Mayser (1979) und Norpoth (1980).

b) Aus offiziellen Statistiken und Handbüchern

Eine gegenüber Sekundäranalysen primärer Daten noch viel einfacher zugängliche Quelle sind offizielle statistische Publikationen, statistische und politische Jahrbücher sowie wissenschaftliche Datenhandbücher. Aus zehn Jahrgängen beispielsweise der Statistischen Jahrbücher der Bundesrepublik, der DDR und der UNESCO, die in jeder besseren Instituts- und Universitätsbibliothek vorhanden sind, läßt sich mit einem Minimum an Aufwand eine so ungeheure Menge von politischen,

sozialen, ökonomischen und Bildungsdaten – dazu im zeitlichen und räumlichen Vergleich – herausholen, wie sie über eigene primäre Datenerhebung völlig unerreichbar wäre.
Allerdings ist man hier fast völlig auf *Aggregatdaten*, also Daten, die Merkmale ganzer Gruppen zusammenfassen, angewiesen und kann nicht mit *Individualdaten* über Verhalten und Eigenschaften einzelner, wie bei der primären Datenerhebung durch Interviews usw. arbeiten. Der Nachteil wird z. T. dadurch kompensiert, daß die zeitliche und räumliche Vergleichbarkeit den meisten Individualdaten überlegen ist: Statistiken über Wahlbeteiligung, Arbeitslosigkeit, Kindersterblichkeit, Produktionsziffern sind international und über lange Zeiträume ohne weiteres vergleichbar. So ergibt sich hier viel stärker die Möglichkeit, die *komparative* und *historische Dimension* in empirische Untersuchungen einzubeziehen.

Quellen für solche sekundären Aggregatdaten sind nicht nur die amtlichen Statistischen Jahrbücher, sondern auch andere statistische Veröffentlichungen von Organisationen und Ministerien (z. B. Sozialbericht 1973, Materialien zur Lage der Nation 1971/1972). Weiterhin periodische politisch-wirtschaftliche Handbücher, wie z. B. »Political Handbook of the World«, »The Statesman's Yearbook« oder der »Fischer Weltalmanach«. Ebenfalls verwendbar können periodische historische Faktensammlungen sein, wie besonders »Keesings Archiv der Gegenwart«, und biographische Hand- und Jahrbücher *(Who's who)*. Eine neue und in Zukunft vielleicht wichtigere Sparte bilden wissenschaftliche Publikationen, die aus der systematischen Sammlung von international vergleichenden Statistiken und Daten bestehen, wie z. B. Russet u. a., World Handbook of Political and Social Indicators, New Haven 1964, und Banks/Textor, A Cross-Polity Survey, Cambridge/Mass. 1963 und Taylor/Jodice (1984) sowie Flora (1982, 1987).

Die Möglichkeiten dieser Datensammlungen werden bisher viel zu wenig genutzt, da empirische Sozialforschung zu einseitig als Behaviorismus, d. h. Verhaltensforschung von Individuen und Gruppen, betrieben wurde. Anwendungsbereiche für die Forschung mit diesen sekundären Aggregatdaten bestehen z. B. in:
- Wahl- und Parteienforschung, wo sie bisher schon intensiver genutzt wurden, besonders in der französischen Tradition der Wahlgeographie;
- Politische Ökonomie, Wirtschaftspolitik, vergleichende Wirtschaftslehre, die neben der Grundstruktur der ökonomischen Systeme ganz zentral auf die Arbeit mit Produktions-, Sozial-, Einkommens-, Vermögens- usw. Daten und Statistiken angewiesen ist;
- Bildungspolitik und Bildungsökonomie, die bisher stark vernachlässigt wurden;
- Vergleichende Regierungslehre: Beispiel dazu sind die oben erwähnten »Materialien zur Lage der Nation« für vergleichende Daten aus

BRD und DDR; allzu simple Skalen, z.B. »demokratischer bis undemokratischer« Staaten, wie Banks/Textor (1963) benutzen, sollten allerdings vermieden werden;
- Internationale Politik, Friedens- und Konfliktforschung: hier bieten sich Auswertungen z.B. des UN-Abstimmungsverhaltens, Vergleiche der Militärstatistiken, Rüstungshaushalte usw. für die empirische Analyse an.

Natürlich muß auch hier vor einer unkritischen Verwendung dieses Datenmaterials bzw. Instrumentariums gewarnt werden. Wie bei der Sekundäranalyse hat der Forscher hier keinen Einfluß auf die Konstituierung der Daten. Er muß sich auf das gerade verfügbare und für andere Zwecke gesammelte Material beschränken. Die amtlichen Totalerhebungen (Volkszählungen) sind lange nicht so zuverlässig, besonders im internationalen Vergleich, wie es zunächst scheinen mag. »Student«, »Beamter« oder »Arbeitslosigkeit« kann in Statistiken der BRD, der DDR, der USA und Nepals etwas ziemlich Verschiedenes bedeuten. Und schließlich entstehen sehr komplizierte methodische Probleme bei dem Schluß von Aggregatdaten auf individuelle oder Gruppeneigenschaften, wie es z.B. häufig bei der Interpretation von Wahlergebnissen vorkommt. Es ist unzulässig aus einem Wahlergebnis von 60% SPD-Stimmen in einem Wahlkreis mit 60% Arbeitern zu schließen, »die Arbeiter« hätten SPD gewählt. Ebensogut könnten 20% Arbeiter und die 40% übrige Bevölkerung des Wahlkreises SPD gewählt haben. Dieser »ökologische Fehlschluß« wird allenthalben noch begangen – vollständig läßt er sich nur mit konkreten Befragungsergebnissen, also primären Individualdaten, ausschalten.

Im ganzen sind aber die Möglichkeiten empirischer Aggregatdaten für die politik- und sozialwissenschaftliche Arbeit, gerade auch für kleinere Projekte während des Studiums, viel zu wenig ausgeschöpft. Die Verbindung möglichst mehrerer und unterschiedlicher Erhebungsarten, also von primären und sekundären, Aggregat- und Individualdaten aus Teil- und Totalerhebungen, ist auf jeden Fall die beste und zuverlässigste, aber natürlich auch anspruchvollste und teuerste Methode der Überprüfung relevanter, gesellschaftlicher Fragestellungen an die empirische Wirklichkeit.

Literaturverzeichnis

Diese Auswahlbibliographie zur Einführung, Arbeitstechnik und Forschungspraxis ist wie das Buch in drei Hauptteile gegliedert. Aus Raumgründen konnte nicht immer in der bibliographisch vorgeschriebenen Vollständigkeit zitiert werden. Um die im Text zitierten Titel besser aufzufinden, wurde die Jahresangabe vorgezogen.
Für die weiterführende Literatur wurden besonders Einführungen, Bibliographien, Handbücher und grundlegende Werke berücksichtigt, die in Bibliotheken leicht zugänglich sind.

Teil I: Praktisch-theoretischer Orientierungsrahmen

I.1 Bibliographien

Bermbach, U., 1973: Hamburger Bibliographien zum Parlamentarischen System der Bundesrepublik Deutschland (mit Ergänzungslieferungen), Opladen

Bibliographie zur Zeitgeschichte: Beilage der Vierteljahreshefte für Zeitgeschichte, Stuttgart 1953ff.

Bracher, K.D., u. A. Tyrell (Hrsg.), 1982: Bibliographie zur Politik in Theorie und Praxis, Düsseldorf

Lengenfelder, H. (Hrsg.), 1984: Handbuch der Bibliotheken. Bundesrepublik–Österreich–Schweiz, München

I.2 Nachschlagewerke

Assmann, G., u.a. (Hrsg.), 1983: Wörterbuch der marxistisch-leninistischen Soziologie, Opladen

Ballerstedt, E., u. W. Glatzer, 1975: Soziologischer Almanach, Frankfurt a.M.–New York

Bayer, E., 1960: Wörterbuch zur Geschichte, Stuttgart

Bracher, K.D., u. E. Fraenkel (Hrsg.), 1969: Internationale Beziehungen, Frankfurt a.M.

Bundesministerium für Arbeit u. Sozialordnung, 1977: Wirtschaftlicher u. sozialer Wandel in der Bundesrepublik Deutschland. Gutachten der Kommission für wirtschaftlichen u. sozialen Wandel, Göttingen

Claußen, B., u. K. Wasmund (Hrsg.), 1982: Handbuch der politischen Sozialisation, Hamburg

Dorsch, F., 1959: Psychologisches Wörterbuch, Hamburg

Eichhorn, W., u.a., 1971: Wörterbuch der marxistisch-leninistischen Soziologie, Opladen

v. Eynern, G., u. C. Böhret, 1979: Wörterbuch der politischen Ökonomie, Opladen
Fisch, H. (Hrsg.), 1973: Sozialwissenschaften. Gesellschaft–Staat–Wirtschaft–Recht, Frankfurt a. M.
Fraenkel, E., u. K. D. Bracher (Hrsg.), 1957: Staat und Politik, Frankfurt a. M.
Fricke, D. (Hrsg.), 1970: Die bürgerlichen Parteien in Deutschland, 2 Bde., Leipzig–Berlin
Fuchs, W., u.a. (Hrsg.), 1978: Lexikon zur Soziologie, Opladen
Greiffenhagen, M., u. a. (Hrsg.), 1981: Handwörterbuch zur politischen Kultur der Bundesrepublik Deutschland, Opladen
Görlitz, A., 1973: Handbuch zur Politikwissenschaft, 2 Bde., Reinbek
Handbuch der Psychologie, 1958ff., Göttingen
Handbuch der Sozialwissenschaften, 1953ff., Tübingen–Göttingen
Hartfiel, G., u. K.-H. Hillmann, 1982: Wörterbuch der Soziologie, Stuttgart
Hofstätter, P., 1957: Psychologie, Frankfurt a. M.
Kernig, C. D., u. a., 1972: Sowjetsystem u. demokratische Gesellschaft, 6 Bde., Freiburg
Klaus, G. u. M. Buhr (Hrsg.), 1972: Marxistisch-leninistisches Wörterbuch der Philosophie, 3 Bde., Reinbek
König, R. (Hrsg.), 1958: Soziologie, Frankfurt a. M.
Lexikon der Pädagogik: 1952ff., Freiburg
Lautmann, R., u. a., 1973: Lexikon zur Soziologie, Opladen
Mickel, W., 1983: Handlexikon für Politikwissenschaft, München
Neumann, F. (Hrsg.), 1977: Politische Theorien und Ideologien, Baden-Baden
Nohlen, D. (Hrsg.), 1980: Lexikon Dritte Welt, Baden-Baden
Nohlen, D., 1983ff.: Pipers Wörterbuch zur Politik, 6 Bde., München
Schäfers, B., 1976: Sozialstruktur und Wandel der Bundesrepublik Deutschland, Stuttgart
Sontheimer, K., u. H. H. Röhrig, 1977: Handbuch des politischen Systems, München
Staatslexikon: 1957ff., Recht, Wirtschaft, Gesellschaft, Freiburg
Stern, C., u. a., 1971: Lexikon zur Geschichte u. Politik im 20. Jahrhundert, 2 Bde., Köln
Stöss, R., 1984: Parteienhandbuch, 2 Bde., Opladen
Thaysen, U., 1976: Parlamentarisches Regierungssystem in der Bundesrepublik Deutschland, Opladen
Theimer, W., 1981: Lexikon der Politik, Stuttgart u. a.
Voigt, R. (Hrsg.), 1983: Handwörterbuch zur Kommunalpolitik, Opladen
Wende, F. (Hrsg.), 1981: Lexikon zur Geschichte der Parteien in Europa, Stuttgart
Woyke, W. (Hrsg.), 1980: Handwörterbuch Internationale Politik, Opladen
Ziegenfuß, W., 1956: Handbuch der Soziologie, Stuttgart

I.3 Einführungen

Abendroth, W., u. K. Lenk (Hrsg.), 1971: Einführung in die politische Wissenschaft, München
Ackermann, P., u. a., 1980: Politik. Ein einführendes Studienbuch, Hamburg

v. Alemann, U., 1973: Parteiensysteme im Parlamentarismus, Düsseldorf
v. Alemann, U., u. E. Forndran (Hrsg.), 1984: Interessenvermittlung u. Politik, Opladen
Bellers, J., u. R. Robert (Hrsg.), 1988: Politikwissenschaft I – Grundkurs, Münster
Berg-Schlosser, D. u. a., 1981: Einführung in die Politikwissenschaft, München
v. Beyme, K., 1980: Die politischen Theorien der Gegenwart, München
v. Beyme, K., 1982: Parteien in westlichen Demokratien, München
Blanke, B., U. Jürgens u. H. Kastendiek, 1975: Kritik der Politischen Wissenschaft, 2 Bde., Frankfurt a. M.
Böhret, C., u. a., 1979: Innenpolitik und politische Theorie, Opladen, 3. Aufl. 1988 (neubearb. u. erw.)
v. Brandt, A., 1973: Werkzeug des Historikers, Stuttgart
Buse, M. J., 1975: Einführung in die Politische Verwaltung, Stuttgart
Esser, J., 1975: Einführung in die materialistische Staatstheorie, Frankfurt a. M.
Flechtheim, O.K., 1958: Grundlegung der Politischen Wissenschaft, Meisenheim a. Glan
Forndran, E., H. J. Hummell u. H. Süssmuth (Hrsg.), 1978: Studiengang Sozialwissenschaften, Düsseldorf
v. d. Gablentz, O.H., 1965: Einführung in die Politische Wissenschaft, Köln–Opladen
Görlitz, A., 1972: Politikwissenschaftliche Propädeutik, Reinbek
Grauhan, R.R., u. W.D. Narr, 1973: Studium der Sozialwissenschaft – demonstriert an der Politikwissenschaft. Ein Entwurf, in: Leviathan 1, S. 90–134
Günther, K., 1975: Innenpolitik. Eine Einführung, Stuttgart u. a.
Hättich, M., 1969: Grundbegriffe der Politikwissenschaft, Darmstadt
HDS Autorenteam der Hochschulinitiative Demokratischer Sozialismus, 1977: Zur Einführung in die Theorie des Demokratischen Sozialismus, Frankfurt a. M.
Hesse, K., 1976: Grundzüge des Verfassungsrechts der Bundesrepublik Deutschland, Heidelberg–Karlsruhe
Hofmann, W., 1969: Grundelemente der Wirtschaftsgesellschaft, Reinbek
Horkheimer, M., u. Th. W. Adorno, 1972: Soziologische Exkurse, Nach Vorträgen und Diskussionen, Institut für Sozialforschung, Frankfurt
Israel, J., 1977: Die sozialen Beziehungen, Reinbek
Kammler, J., 1971: Gegenstand und Methode der Politischen Wissenschaft, in: W. Abendroth u. K. Lenk (Hrsg.), Einführung in die politische Wissenschaft, München, S. 9–24
Kastendiek, H., 1977: Die Entwicklung der westdeutschen Politikwissenschaft, Frankfurt a. M.
Kirn, P., 1963: Einführung in die Geschichtswissenschaft, Berlin
Kress, G., u. D. Senghaas (Hrsg.), 1972: Politikwissenschaft, Frankfurt a. M.
Kühnl, R., 1973: Gesellschaftswissenschaften, in: W. Mangel: Kritischer Studienführer, S. 25–37
Lange, M.G., 1961: Politische Soziologie, Berlin–Frankfurt a. M.
Lehmbruch, G., 1972: Einführung in die Politikwissenschaft, Stuttgart
Lenk, K., 1975: Politische Wissenschaft, Stuttgart
Mackenzie, W. J. M., 1972: Politikwissenschaft, hrsg. v. der Unesco, Frankfurt a. M.

Massing, P., u. V. Stanslowski, 1983: Politische Ideen in der Bundesrepublik, Stuttgart u. a.
Müller, F. F., u. M. G. Schmidt, 1979: Empirische Politikwissenschaft, Stuttgart
Narr, W.-D., u. F. Naschold, 1971: Theorie der Demokratie, Stuttgart
Naschold, F., 1969: Systemsteuerung, Stuttgart
Naschold, F., 1970: Politische Wissenschaft, Freiburg
Naßmacher, K.-H., 1977: Politikwissenschaft I, Düsseldorf
Naßmacher, K.-H., 1979: Politikwissenschaft II, Düsseldorf
Noack, P., 1981: Was ist Politik?, München
Oberndörfer, D. (Hrsg.), 1966: Wissenschaftliche Politik, Freiburg
Röhrich, W., 1978: Politik als Wissenschaft, München
Schlangen, W., 1974: Theorie der Politik, Stuttgart
Schneider, H. (Hrsg.), 1967: Aufgabe und Selbstverständnis der Politischen Wissenschaft, Darmstadt
Seiffert, H., 1972: Einführung in die Wissenschaftstheorie, 2 Bde., München
Sontheimer, K., 1974: Grundzüge des politischen Systems der Bundesrepublik Deutschland, München
Stammer, O., u. P. Weingart, 1972: Politische Soziologie, München
Sternberger, D., 1961: Der Begriff des Politischen, Frankfurt
Studium und Beruf: 1972, Informationen für Abiturienten und Absolventen der Fachhochschulen, Frankfurt a. M.
Tudyka, K., 1973: Kritische Politikwissenschaft, Stuttgart
Wiesendahl, E., 1981: Moderne Demokratietheorie, Frankfurt a. M.–Berlin–München
Zorn, W., 1973: Einführung in die Wirtschafts- und Sozialgeschichte des Mittelalters und der Neuzeit, München

I.4 Grundlegende Werke

Adorno, Th. W., u. a., 1950: The Authoritarian Personality, New York
Adorno, Th. W., u. a., 1969: Der Positivismusstreit in der deutschen Soziologie, Neuwied
Albert, H., 1968: Traktat über kritische Vernunft, Tübingen
v. Alemann, U. (Hrsg.), 1974: Partizipation–Demokratisierung–Mitbestimmung, Düsseldorf
v. Alemann, U. (Hrsg.), 1981: Neokorporatismus, Frankfurt a. M.
v. Alemann, U., u. R. G. Heinze (Hrsg.), 1981: Verbände und Staat, Opladen
Apel, K. L., u. a., 1971: Hermeneutik und Ideologiekritik, Frankfurt a. M.
Bergsträsser, A., 1961: Politik in Wissenschaft und Bildung, Freiburg
Bermbach, U., u. F. Nuscheler (Hrsg.), 1973: Sozialistischer Pluralismus, Hamburg
v. Beyme, K. (Hrsg.), 1986: Politikwissenschaft in der Bundesrepublik Deutschland – Entwicklungsprobleme einer Disziplin, Opladen
Böhret, C., 1985: Zum Stand und zur Orientierung der Politikwissenschaft in der Bundesrepublik Deutschland, in: H.-H. Hartwich (Hrsg.): Policy-Forschung in der Bundesrepublik Deutschland, Opladen, S. 216–330
Bolte, K. M., D. Kappe u. F. Neidhart, 1974: Soziale Ungleichheit, Opladen

Claessens, D., A. Klönne u. A. Tschoepe, 1970: Sozialkunde der Bundesrepublik Deutschland, Düsseldorf–Köln
Cobban, A., 1953: Decline of Political Theory, in: Political Science Quaterly, Jg. 68, S. 321–337
Dahl, R. A., 1973: Die politische Analyse, München
Ebbighausen, R., 1981: Politische Soziologie, Opladen
Edelmann, M., 1976: Politik als Ritual, Frankfurt a. M.–New York
Ellwein, Th., 1983: Das Regierungssystem der Bundesrepublik Deutschland, Opladen
Etzioni, A., 1975: Die aktive Gesellschaft, Opladen
Fenske, H., u. a., 1981: Geschichte der politischen Ideen von Homer bis zur Gegenwart, Königstein/Ts.
Fetscher, I., 1982: Vom Wohlfahrtsstaat zur neuen Lebensqualität, Köln
Feyerabend, P., 1986: Wider den Methodenzwang, Frankfurt a. M.
Forndran, E., 1970a: Probleme der internationalen Abrüstung, Frankfurt–Berlin
Forndran, E., 1970b: Rüstungskontrolle. Friedenssicherung zwischen Abschrekkung und Abrüstung, Düsseldorf
Forndran, E., 1971: Abrüstung u. Friedensforschung. Kritik an E. Krippendorff, D. Senghaas, Th. Ebert, Düsseldorf
Forndran, E., 1981: Abrüstung u. Rüstungskontrolle, Berlin
Forndran, E., 1984: Die Stadt- u. Industriegründungen Wolfsburg und Salzgitter. Entscheidungsprozesse im nationalsozialistischen Herrschaftssystem, Frankfurt a. M.–New York
Forndran, E., F. Golczewski u. D. Riesenberger (Hrsg.), 1977: Innen- u. Außenpolitik unter nationalsozialistischer Bedrohung, Opladen
Forndran, E., u. G. Krell (Hrsg.), 1984: Kernwaffen im Ost-West-Vergleich, Baden-Baden
Forndran, E., u. P. J. Friedrich (Hrsg.), 1979: Rüstungskontrolle u. Sicherheit in Europa, Berlin
Fraenkel, E., 1974: Deutschland u. die westl. Demokratien, Stuttgart u. a.
Fromm, E., 1976: Haben oder Sein. Die seelischen Grundlagen einer neuen Gesellschaft, Stuttgart
Galtung, J., 1971: Gewalt, Frieden und Friedensforschung, in: D. Senghaas (Hrsg.): Kritische Friedensforschung, Frankfurt, S. 55–104
Galtung, J., 1975: Strukturelle Gewalt, Reinbek
Gieseke, H., 1976: Gesellschaft und Politik in der Bundesrepublik, Frankfurt a. M.
Gleick, J., 1988: Chaos – die Ordnung des Universums, München
Grauhan, R.-R., u. R. Hickel (Hrsg.), 1978: Krise des Steuerstaats?, Opladen (Leviathan Sonderheft, 1/1978)
Greiffenhagen, M. (Hrsg.), 1973: Demokratisierung in Staat und Gesellschaft, München
Grottian, P. (Hrsg.), 1980: Folgen reduzierten Wachstums für Politikfelder, Opladen
Grottian, P., 1985: Politologin oder Politologe – Suche nach einer neuen Identität, in: I. Fetscher u. H. Münkler (Hrsg.): Politikwissenschaft, Reinbek, S. 637–648
Grube, F., u. G. Richter (Hrsg.), 1975: Demokratietheorien, Konzeptionen und Kontroversen, Hamburg

Guggenberger, B., u. U. Kempf (Hrsg.), 1978: Bürgerinitiativen und repräsentatives System, Opladen
Guggenberger, B., 1980: Bürgerinitiativen in der Parteiendemokratie, Stuttgart–Berlin
Habermas, J., 1968: Strukturwandel der Öffentlichkeit – Untersuchungen zu einer Kategorie der bürgerlichen Gesellschaft, Neuwied–Berlin
Habermas, J., u. a., 1969: Student und Politik, Neuwied
Habermas, J., 1973: Legitimationsprobleme im Spätkapitalismus, Frankfurt a. M.
Habermas, J., 1981: Erkenntnis und Interesse, Frankfurt a. M.
Habermas, J., 1981: Theorie des kommunikativen Handelns, 2 Bde., Frankfurt a. M.
Hartkopf, G., u. E. Bohne, 1983 u. 1984: Umweltpolitik, 2 Bde., Opladen
Hartwich, H.-H., 1970: Sozialstaatspostulat und gesellschaftlicher status quo, Köln–Opladen
Hartwich, H.-H. (Hrsg.), 1985: Policy-Forschung in der Bundesrepublik Deutschland, Opladen
Hartwich, H.-H. (Hrsg.), 1987: Politikwissenschaft – Lehre und Studium zwischen Professionalisierung und Wissenschaftsimmanenz, Opladen
Hauff, V., u. F. W. Scharpf, 1975: Modernisierung der Volkswirtschaft, Frankfurt a. M.–Köln
Hennis, W., 1963: Politik als praktische Philosophie, Neuwied
Hennis, W., 1968: Politik als praktische Wissenschaft, München
Hennis, W., 1973: Die mißverstandende Demokratie, Freiburg
Hennis, W., u. a. (Hrsg.), 1977: Regierbarkeit, Studien zu ihrer Problematisierung, Stuttgart
Hofmann, W., 1974: Ideengeschichte der sozialen Bewegung des 19. und 20. Jahrhunderts, Berlin–New York
Hondrich, K. O., 1972: Demokratisierung und Leistungsgesellschaft, Stuttgart
Huber, J., 1982: Die verlorene Unschuld der Ökologie, Frankfurt a. M.
Jaeggi, U., 1973: Kapitel und Arbeit in der Bundesrepublik, Frankfurt a. M.
Jänicke, M. (Hrsg.), 1978: Umweltpolitik, Opladen
Kaack, H., 1971: Geschichte und Struktur des deutschen Parteiensystems, Köln
Kaase, M., u. H.-D. Klingemann, 1983: Wahlen und politisches System, Opladen
Klages, H., u. Kmieciak, P. (Hrsg.), 1979: Wertwandel und gesellschaftlicher Wandel, Frankfurt a. M.
Kremendahl, H., 1977: Pluralismustheorie in Deutschland, Leverkusen
Kluxen, K. (Hrsg.), 1967: Parlamentarismus, Köln–Berlin
Lehmbruch, G., 1976: Parteienwettbewerb im Bundesstaat, Stuttgart u. a.
Leibholz, G., 1960: Das Wesen der Repräsentation und der Gestaltwandel der Demokratie im 20. Jahrhundert, Berlin
Löwenthal, R., u. H.-P. Schwarz (Hrsg.), 1974: Die zweite Republik, Stuttgart
Ludz, P. C., 1968: Parteielite im Wandel, Köln–Opladen
Luhmann, N., 1981: Politische Theorie im Wohlfahrtsstaat, München–Wien
Lyotard, J. F., 1986: Das postmoderne Wissen – Ein Bericht, Wien
Maier, H., 1966: Die ältere deutsche Staats- und Verwaltungslehre, Neuwied–Berlin
Maier, H., 1971: Politik als Gegenstand wissenschaftlicher Forschung, in: L. Reinisch (Hrsg.): Politische Wissenschaft heute, München, S. 1–14

Marquard, O., 1981: Abschied vom Prinzipiellen, Stuttgart
Massing, O., 1974: Politische Soziologie, Frankfurt a.M.
Massing, O., u. P. Reichel (Hrsg.), 1977: Interesse und Gesellschaft, München
Miliband, R., 1972: Der Staat in der kapitalistischen Gesellschaft, Frankfurt a.M.
Mintzel, A., 1983: Die Volkspartei, Opladen
Münch, R., 1982: Basale Soziologie, Opladen
Myrdal, G., 1971: Objektivität in der Sozialforschung, Frankfurt
Narr, W.-D., u. F. Naschold, 1971: Theorie der Demokratie, Stuttgart
Naschold, F., 1969: Organisation und Demokratie, Stuttgart u.a.
Nuscheler, F., u. W. Steffani, 1972: Pluralismus, Konzeptionen und Kontroversen, München
Oberndörfer, D. (Hrsg.), 1971: Systemtheorie, Systemanalyse und Entwicklungsländerforschung, Berlin
Offe, C., 1972: Strukturprobleme des kapitalistischen Staates, Frankfurt a.M.
Olson, M., 1968: Die Logik des kollektiven Handelns, Tübingen
Opp, K.-D., 1970: Methodologie der Sozialwissenschaft, Reinbek
Popper, K.W., 1966: Logik der Forschung, Tübingen
Poulantzas, N., 1974: Politische Macht und gesellschaftliche Klassen, Frankfurt a.M.
Raschke, J. (Hrsg.), 1982: Bürger und Parteien, Opladen
Reichel, P., 1984: Politische Kultur in Westeuropa, Frankfurt a.M.
Röhrich, W., 1977: Politische Soziologie, Stuttgart u.a.
Röhrich, W., 1981: Die repräsentative Demokratie, Opladen
Rohe, K., 1978: Politik, Stuttgart u.a.
Rudzio, W., 1977: Die organisierte Demokratie – Parteien und Verbände in der Bundesrepublik, Stuttgart
Rupp, H.K., 1982: Politische Geschichte der Bundesrepublik Deutschland, Stuttgart u.a.
Scharpf, F.W., 1975: Demokratietheorie zwischen Utopie und Anpassung, Kronberg/Ts.
Schmidt, M.G., 1982: Wohlfahrtstaatliche Politik unter bürgerlichen und sozialdemokratischen Regierungen, Frankfurt a.M.–New York
Schumpeter, J.A., 1975: Kapitalismus, Sozialismus und Demokratie, München
Schwarz, H.P., 1966: Vom Reich zur Bundesrepublik, Neuwied
Shell, K.L., 1981: Liberaldemokratische Systeme, Stuttgart u.a.
Steffani, W. (Hrsg.), 1971: Parlamentarismus ohne Transparenz, Opladen
Steffani, W., 1979: Parlamentarische u. präsidentielle Demokratie, Opladen
Sontheimer, K., 1966: Zum Begriff der Macht als Grundkategorie der politischen Wissenschaft, in: Oberndörfer, D. (Hrsg.): Wissenschaftliche Politik, Freiburg, S. 197–209
Sontheimer, K., 1984: Grundzüge des politischen Systems der Bundesrepublik Deutschland, München
Thaysen, U., 1976: Parlamentarisches Regierungssystem in der Bundesrepublik, Stuttgart u.a.
Touraine, A., 1972: Die Postindustrielle Gesellschaft, Frankfurt a.M.
Voegelin, E., 1959: Die neue Wissenschaft der Politik, München
Vogel, B., D. Nohlen, R.-O. Schultze, 1971: Wahlen in Deutschland, Berlin–New York

Weber, J., 1977: Die Interessengruppen im politischen System der Bundesrepublik Deutschland, Stuttgart u. a.
Welsch, W. (Hrsg.), 1988: Wege aus der Moderne – Schlüsseltexte der Postmoderne, Weinheim
Wichard, R., 1983: Demokratie und Demokratisierung, Frankfurt
Wittkämper, G.W., 1988: Politikwissenschaft und Beruf, in: J. Bellers u. R. Robert (Hrsg.): Politikwissenschaft I – Grundkurs, Münster, S. 276–316
Zeuner, B., 1970: Innerparteiliche Demokratie, Berlin (Zur Politik und Zeitgeschichte, Heft 33/34, Herausgeber und Redaktion: Landeszentrale für politische Bildungsarbeit Berlin in Verbindung mit dem Otto-Suhr-Institut an der Freien Universität Berlin)

Teil II: Forschungsprozeß und Arbeitstechniken

Albert, H. u. K. Stapf (Hrsg.), 1979: Theorie und Erfahrung, Stuttgart
Arbeitsgruppe Bielefelder Soziologen (Hrsg.), 1978: Alltagswissen, Interaktion und gesellschaftliche Wirklichkeit, 2 Bde. Reinbek
Bachmann, H., 1984: Bundesausbildungsförderungsgesetz – BAföG, hrsg. v. Deutschen Studentenwerk, Bad Honnef
Bauer, E., 1965: Ratschläge für die wissenschaftliche Arbeit und Publikation, München
Beer, U., 1967: Methoden der geistigen Arbeit, Tübingen
Beer, K., 1967: Die Technik des schriftlichen wissenschaftlichen Arbeitens, Nürnberg
Bochenski, J.M., 1959: Die zeitgenössischen Denkmethoden, München
Böttcher, W. u. J. Zielinski, 1973: Arbeitsanleitung für Studium und Selbststudium, Düsseldorf
Caselmann, Ch., 1964: Vom Abiturienten zum Studenten, Stuttgart
Drtina, J., 1961: Der Schlagwort-Katalog, Leipzig
Fill, K., 1965: Einführung in das Wesen der Dezimalklassifikation, Berlin
Fleischhach, C., 1965: Bibliographisches Grundwissen, Leipzig
Förderungsmöglichkeiten für Studierende, 1984
Fuchs, H., 1966: Kommentar zu den Instruktionen für die alphabetischen Kataloge der Preußischen Bibliotheken, Wiesbaden
Graumann, C.F. (Hrsg.), 1964: Denken, Köln
Guhl, P., 1984: Prüfungen im Rechtsstaat, Bad Honnef
Harbeck, G., 1970: Einführung in die formale Logik, Braunschweig
Hasselhorn, M. (Hrsg.), 1982: Wirkungsvoller lernen und arbeiten, Heidelberg
Henninger, W. (Hrsg.), 1984: Das Uni Buch für Studienanfänger, Königstein/Ts.
Henninger, E., u. H. Linder (Hrsg.), 1983: Das Umsteigerbuch für arbeitslose Hochschulabgänger, Königstein/Ts.
Heyde, J.E., 1970: Technik des wissenschaftlichen Arbeitens, Berlin
Jäggy, W., 1964: Das Manuskript, Basel
Junne, G., 1976: Kritisches Studium der Sozialwissenschaften, Stuttgart u. a.
Kaufmann, F., 1956: Methodenlehre der Sozialwissenschaften, Wien

Kepplinger, H.M., u.a., 1976: Informationen suchen und finden, Freiburg–München
Kliemann, H., 1973: Anleitung zum wissenschaftlichen Arbeiten, Freiburg
Koch, W., 1966: Die Doktorarbeit, München
Kröber, W., 1972: Kunst und Technik der geistigen Arbeit, Heidelberg
Kügemann, W.F., 1973: Kopfarbeit mit Köpfchen, München
Poenicke, K., 1964: Materialsammlung und Gestaltung von Manuskripten für Universitäten und Verlag, Berlin
Riedel, J., 1962: Arbeiten und Lernen, Braunschweig
Roloff, H., 1970: Lehrbuch der Sachkatalogisierung, Leipzig
Rothacker, E., 1965: Logik und Systematik der Geisteswissenschaften, München
Schmidt, H.B., 1958: Die Fallmethode, Essen
Schrader, A., 1973: Einführung in die empirische Sozialforschung, Stuttgart
Schumann, D. (Hrsg.), 1960: Das Manuskript, Wilhelmshaven
Seidenspinner, G., 1971: Wissenschaftliches Arbeiten, Aichach
Seiffert, H., 1972: Einführung in das wissenschaftliche Arbeiten, Braunschweig
Spandl, O.P., 1971: Die Organisation der wissenschaftlichen Arbeit, Braunschweig
Spandl, O.P., 1977: Methodik und Praxis der geistigen Arbeit, Ehrenwirth
Stachowiak, H., 1969: Denken und Erkennen im Kybernetischen Modell, Wien
Standop, E., 1981: Die Form der wissenschaftlichen Arbeit, Stuttgart u.a.
Tannebaum, R.S., 1988: Computing in the Humanities and Social Sciences. Vol. I: Fundamentals, Rockville, MD
Totok, W., u.a., 1966: Handbuch der bibliographischen Nachschlagewerke, Frankfurt a.M.
Wagner, W., 1978: Uni-Angst und Uni-Bluff, Berlin
Weitzel, R., 1962: Bibliographische Suchpraxis, Stuttgart
Werneburg, R., 1956: Rationelle Karteiführung, Berlin
Werneck, T., u. F. Ullmann, 1973: Moderne Arbeitstechnik, München
Zielke, W., 1969: Schneller Lesen, besser Lernen, München

Teil III: Zugang zu den empirischen Daten

v. Alemann, H., 1984: Der Forschungsprozeß, Stuttgart
Alker, H.R., 1965: Mathematics and Politics, New York
Atteslander, P., 1984: Methoden der empirischen Sozialforschung, Berlin
Banks, A.S., u. R.B. Textor, 1963: A Cross-Polity Survey, Cambridge, Mass.
Benninghaus, H., 1979: Deskriptive Statistik, Stuttgart
Bortz, J., 1989: Statistik für Sozialwissenschaftler, Berlin–Heidelberg–New York
Bremer, S.A. (Hrsg.), 1987: The Globus Model. Computer Simulation of Worldwide Political and Economic Developments, Frankfurt
Brosius, G., 1988: SPSS/PC$^+$ Basics and Graphics. Einführung und praktische Beispiele, Hamburg
Campbell, D., u. J. Stanley, 1963: Experimental and Quasi-Experimental Designs for Research, Chicago

Diehl, J.M., u. H.U. Kohr, 1983: Deskriptive Statistik. 5. Aufl., Frankfurt
Durkheim, E., 1973: Le suicide, dt. Der Selbstmord, Neuwied
Der Fischer Weltalmanach, 1966, hrsg. von G. Fochler-Hauke, Frankfurt
Fischer, A., u. H.-U. Kohr, 1980: Politisches Verhalten und empirische Sozialforschung, München
Flora, P., u. a., 1982, 1987: State, Economy and Society in Western Europe 1815–1975. A Data Handbook, 2 Bde., Frankfurt
Friedrichs, J., 1982: Methoden empirischer Sozialforschung, Opladen
Galtung, J., 1967: Theory and Methods of Social Research, New York
Glatzer, W., u. W. Zapf, 1984: Lebensqualität in der Bundesrepublik, Frankfurt–New York
Hamerle, A., u. P. Kemény, 1981: Einführung in die Mathematik für Sozialwissenschaftler, München
Harbordt, S., 1974: Computersimulation in den Sozialwissenschaften, 2 Bde., Reinbek
Hartmann, H., 1970: Empirische Sozialforschung, München
Herz, Th.A., u. M. Wieken-Mayser, 1979: Mobilität in der Bundesrepublik. Arbeitsbücher zur sozialwissenschaftlichen Methodenlehre, Frankfurt
Hyman, H.H., 1972: Secondary Analysis of Sample Surveys. Principles, Procedures, Potentialities, New York
Junne, G., 1972: Spieltheorie in der internationalen Politik, Düsseldorf
Kähler, W.-M., 1990: Statistische Datenanalyse mit SPSS/PC^{+}. Eine Einführung in Grundlagen und Anwendung, Braunschweig
Kennedy, G., 1985: Einladung zur Statistik, Frankfurt
Kern, L., u. H.-D. Rönsch (Hrsg.), 1972: Simulation internationaler Prozesse, Sonderheft 3 der Politischen Vierteljahresschrift, Opladen
Kern, H., 1982: Empirische Sozialforschung, München
König, R. (Hrsg.), 1973: Handbuch der empirischen Sozialforschung, Bd. 1–4, München–Stuttgart
König, R. (Hrsg.), 1974a: Beobachtung und Experiment in der Sozialforschung (Praktischen Sozialforschung 2), Köln–Berlin
König, R. (Hrsg.), 1974b: Interview (Praktische Sozialforschung 1), Köln–Berlin
Koolwijk, J. v., u. M. Wieken-Mayser, 1975: Techniken der empirischen Sozialforschung, 8 Bde., Oldenburg
Kriz, J., 1981: Methodenkritik empirischer Sozialforschung, Stuttgart
Kriz, J., 1983: Statistik in den Sozialwissenschaften, Opladen
Kromrey, H., 1983: Empirische Sozialforschung, Stuttgart u. a.
Küchler, M., 1979: Multivariate Analyseverfahren, Stuttgart
Manheim, J.B., u. R. Rich, 1986: Empirical Political Analysis: Research Methods in Political Science, New York
Mayntz, R., u. a., 1978: Einführung in die Methoden der empirischen Soziologie, Opladen
Merten, K., 1983: Inhaltsanalyse. Einführung in Theorie, Methode und Praxis, Opladen
Münch, W., 1971: Datensammlung in den Sozialwissenschaften, Stuttgart
Müller, F., u. M.G. Schmidt, 1979: Empirische Politikwissenschaft, Stuttgart–Berlin

Norpoth, H., 1980: Wählerverhalten in der Bundesrepublik. Arbeitsbücher zur sozialwissenschaftlichen Methodenlehre, Frankfurt
Opp, K.-D., 1976: Methodologie der Sozialwissenschaften, Opladen
Palumbo, D. J., 1969: Statistics in Political and Behavioral Science, New York
Political Handbook of the World (erscheint jährlich): Parliaments, Parties, and the Press, New York
Porst, R., 1985: Praxis der Umfrageforschung: Erhebung und Auswertung sozialwissenschaftlicher Umfragedaten, Stuttgart
Ritsert, J., 1972: Inhaltsanalyse und Ideologiekritik, Frankfurt
Ritsert, J., u. E. Becker, 1971: Grundzüge sozialwissenschaftlich-statistischer Argumentation, Opladen
Roth, E. (Hrsg.), 1987: Sozialwissenschaftliche Methoden, München
Russet, B. M., u. a., 1964: World Handbook of Political and Social Indicators, New Haven
Schatz, H., 1971: »Tagesschau« und »heute« – Politisierung des Unpolitischen? in: R. Zoll (Hrsg.): Manipulation der Meinungsbildung, Opladen, S. 109–123
Schmidt, M., u. F. Müller, 1979: Empirische Politikwissenschaft. Stuttgart
Schrader, A., 1973: Einführung in die empirische Sozialforschung, Stuttgart
The Statesman's Yearbook (erscheint jährlich seit 1864): Statistical and Historical Annual of the States of the World, London
Statistical Yearbook – Annuaire Statistique, 1949ff.: hrsg. v. dem Statistical Office of the United Nations, New York
Statistisches Jahrbuch der DDR, 1956ff.: hrsg. v. der Statistischen Zentralverwaltung, Berlin (Ost)
Statistisches Jahrbuch für die Bundesrepublik Deutschland, 1952ff.: hrsg. v. Statistischen Bundesamt, Wiesbaden
Taylor, Ch. L., u. D. A. Jodice, 1984: World Handbook of Political and Social Indicators, 2 Bde., Frankfurt
Topitsch, E. (Hrsg.), 1980: Logik der Sozialwissenschaften, Königstein/Ts.
Urban, D., 1982: Regressionstheorie und Regressionstechnik, Stuttgart
Zimmermann, E., 1972: Das Experiment in den Sozialwissenschaften, Stuttgart

Nachwort zur Methodik der Politikwissenschaft

Unsere „Methodik der Politikwissenschaft“ ist ursprünglich Anfang der siebziger Jahre, genauer zwischen 1972 und 1973, aus der Studienreform entstanden. Am Bonner Seminar für Politikwissenschaft waren wir damals als junger wissenschaftlicher Nachwuchs davon überzeugt, dass die klassischen Proseminare mit relativ zufälligen themenorientierten Titeln von systematischen Grundkursen zur Einführung in das Fach abgelöst werden müssten. So entstanden fünf Grundkurse, neben der Einführung in die Methodik eine Einführung in die Theorie (Schlangen), eine Einführung in die Innenpolitik (Günther), eine Einführung in die Außenpolitik (Hütter) und eine Einführung in die Verwaltungswissenschaft (Buse). Wir konnten damals nicht ahnen, dass unsere "Methodik der Politikwissenschaft“ sich zu einem Longseller entwickeln würde, der nun, nachdem wir vor 30 Jahren, 1972, den Grundkurs gegründet haben und ihn 1974 erstmals publizierten, in die 6. Auflage geht. Wir können diesen Erfolg auch nicht so genau erklären, denn wir sind als Autoren natürlich parteiisch. Aber wir freuen uns über die nachhaltige Nachfrage, und wir haben uns bemüht durch einige Bearbeitungen in dieser langen Zeit das ursprüngliche Lehrbuch an die Bedingungen der neuen Lehre anzupassen. Ob uns das gelungen ist, werden die Rezensenten, aber mehr noch die Rezipienten, nämlich die Studierenden der Anfangssemester unseres Faches Politikwissenschaft entscheiden.

Gemeinsam mit dem Verlag haben wir uns diesmal entschlossen, keine Satz für Satz Überarbeitung vorzunehmen. Wenn man eine aktuellere Einführung in die Politikwissenschaft wählen will, wird man vom Markt gut bedient. Offensichtlich gibt es ein Bedürfnis, im knappen Format des Taschenbuchs methodische Grundlagen der Politikwissenschaft, arbeitstechnische Hinweise und forschungspraktische Tipps vermittelt zu bekommen. Dabei ist klar, dass ein wirkliches Methodenlehrbuch unser Text nicht bieten kann. Auch hier hat es in den letzten Jahren beträchtliche Verbesserungen gegeben, ohne dass die Politologen so ganz das Vorurteil Lügen strafen konnten, dass sie doch eigentlich Methodenmuffel sind. Blickt man herüber zur Nachbarwissenschaft Soziologie, so florieren dort Dutzende von Methoden-Kompendien. Allerdings halten sich auch andere Bezugswissenschaften, wie z. B. die Geschichtswissenschaft oder die Rechtswissenschaft, mit ausdifferenzierten Methodologien eher zurück.

Was hat sich alles in der deutschen Politikwissenschaft seit den neunziger Jahren getan, was berichtenswert ist? Nicht so unheimlich viel, könnte man etwas vorschnell resümieren, wenn man die langfristige Geschichte der Politikwissenschaft ins Auge nimmt. Denn die wesentliche Entwicklung der Politikwissenschaft zu einer normalen Wissenschaft (Thomas Kuhn), zu einer professionalisierten Sozialwissenschaft, das hat sich schon bis in die neunziger Jahre verfestigt. Nach diffusen Vorläufen in der Weimarer Republik ist die deutsche Politikwissenschaft erst nach dem Zweiten Weltkrieg und dem Schock des Nationalsozialismus mit Hilfe amerikanischer Politikwissenschaftler wirklich 1949/1950 etabliert worden. Sie sollte eine Demokratiewissenschaft sein, die Defizite der demokratischen politischen Kultur aufzuarbeiten habe. Als es 1961 erste antisemitische Schmierereien an Synagogen gab, wurde dieser Auftrag überprüft. Haben wir genug getan für die politische Bildung in der Bundesrepublik? So wurde gefragt. Es gab einen zweiten Schub der Etablierung von Politikwissenschaft an den deutschen Universitäten in Richtung auf eine in Forschung und Lehre engagierte Fachwissenschaft. Die Studentenbewegung der achtundsechziger Jahre tat ihr Übriges, damit eine Verbreiterung der Politikwissenschaft an den Hochschulen Platz griff. Die siebziger und achtziger Jahre brachten eine Konsolidierung und Etablierung der Politikwissenschaft in Deutschland. Alte Streitigkeiten über den richtigen Ansatz wurden zunehmend obsolet.

Die Aufspaltung der Politikwissenschaft in drei verschiedene Ansätze, die auch in diesem Buch noch ausführlich referiert werden, wurde zunehmend blutleer. Hatte es noch in den fünfziger und sechziger Jahren drei Schulen gegeben, die Freiburger und Münchener Schule als normativ-ontologische, die Marburger Schule als kritisch-marxistische und die Köln-Mannheimer Schule als empirisch-analytische, so wurde nun zunehmend von der „Narretei" der Schulen gesprochen. Die normativ-ontologische Richtung konnte keine Prägekraft entwickeln. Die kritisch-materialistischen und marxistisch inspirierten Wissenschaftler hatten spätestens nach dem Zusammenbruch des Kommunismus von 1990 wenig zu vermelden. Aber auch die empirisch-analytische strenge Schule der empirischen Wissenschaft liberalisierte sich. Der Streit um die Werturteilsdebatte trat in den Hintergrund. Ergebnisse sind seitdem gefragt. Forschungsergebnisse, die überzeugen und die plausibel sind. Die Methode ist dagegen sekundär, wenn sie nur seriös und nachvollziehbar ist. Qualitative und quantitative Methoden ergänzen sich seither miteinander, statt sich gegenseitig zu polarisieren.

Die Politikwissenschaft hat sich in Deutschland seit den neunziger Jahren konsolidiert. Sie ist zu einer normalen Wissenschaft geworden. Die weltanschaulichen Grabenkämpfe haben sich reduziert. Auch in der Wahrnehmung der Fachinteressen hat sich Pragmatik eingestellt. Die „Deutsche Vereinigung für Politische Wissenschaft" (DVPW) ist der autoritative Fachverband, die Anfang der achtziger Jahre gegründete „Deutsche Gesellschaft für Politikwissenschaft" (DGPW) eine Ergänzung für Fachdiskurse, ohne die Leitfunktion der DVPW grundsätzlich in Frage stellen zu wollen. Das Gesamtangebot der Serviceleistungen der DVPW kann unter der Internetadresse www.dvpw.de abgefragt werden. Hier entwickelt sich eine neue Dimension, denn die digitalen Angebote der Politikwissenschaft vervielfältigen sich immer schneller. Die DVPW kooperiert mit einem Projekt des Bundesforschungsministeriums, um ein umfassendes Portal für politikwissenschaftliche Inhalte anzubieten. Dies wird unter www.politikon.org erreichbar sein. Hier sollen in Zukunft politische Inhalte wie Seminarinhalte, Literatur, Lehrtexte erhältlich sein. Aber hier wird es auch Konkurrenz geben, denn die DFG hat ein Forschungsprojekt unterstützt, das Internetangebote der Politikwissenschaft und der Friedensforschung in digitaler Bibliothekszugangsform integrieren soll (www.pp-guide.de).

Sicherlich ist die Digitalisierung der Wissenschaft die bemerkenswerteste Innovation seit den neunziger Jahren. Jeder Studierende kann heute mit seinem digitalen Bibliothekskatalog dies nachempfinden und in weiteren Recherchen realisieren. Gerade in der Politik sind die Internetangebote explodiert. Alle Regierungen, alle Parlamente, alle Parteien bieten ein umfangreiches Angebot an Daten, Dateien und Informationen über das Internet an. Hier entsteht die Verführung, einen normalen Gang in die Bibliothek, zu ihren Katalogen und an ihre Regale gar nicht mehr zu unternehmen. Davor kann nur nachdrücklich gewarnt werden. Einen Aufsatz im Internet gefunden zu haben, heißt noch lange nicht, auch seine Argumente zu kennen. Das kennen wir aber schon länger seit der Erfindung des Kopierautomaten. Kopiert heißt nicht kapiert. Bibliographiert heißt deshalb auch noch lange nicht, einmal in einer Suchmaschine kurz ein Suchwort eingegeben zu haben. Trotz einiger Warnungen gilt dennoch: Die Möglichkeiten der elektronischen und digitalen Recherche in der Politik haben sich in einer fantastischen Weise vervielfältigt. Nicht nur die Regierungen, Parteien und Verbände, sondern auch die Medien und einige unabhängige Institutionen bieten Zugänge an, von denen man vor zehn Jahren nur träumen konnte (z. B. die Bundeszentrale für politische Bildung unter www.bpb.de oder auch unabhängige Anbieter wie www.politik-digital.de usw.).

Als die DDR zusammenbrach, haben viele politische Beobachter moniert, dass die Politikwissenschaft keinerlei vorausschauende Orientierung gegeben habe. Welcher Politikwissenschaftler hätte denn welt-

weit den totalen Zusammenbruch des Kommunismus wirklich realistisch prognostiziert? Die Zweifel an der Prognosekapazität der Sozialwissenschaften waren also real und durchaus überzeugend. Um so mehr florierte eine neue Forschungsrichtung, nämlich die Transitions- und Transformationsforschung, die im Nachhinein zu erklären versuchte, warum es zur Wandlung hätte kommen müssen. Auch im internationalen Maßstab waren politische Prognosen wieder gefragt, ob die vom Ende der Geschichte, die sich schnell als obsolet erwies, oder vom Kampf der Kulturen, der weiterhin umstritten ist. Politikwissenschaftliche Expertise war zunehmend seit den Neunziger Jahren gerade in der Problematik der Globalisierung gefragt, um Orientierung zu bieten und Erklärung zur Verfügung zu stellen. Aber auch in der Innenpolitik hat die Politikwissenschaft einen Schritt nach vorne gemacht. Die Erklärung des Wahlsiegs von 1998 durch Gerhard Schröder, die verblüffenden Erfolge der Schill-Partei in Hamburg, die Probleme der Parteien mit ihren Stammwählern und die neue Prominenz der Wechselwähler: All dies ist in den späten neunziger Jahren von den Medien zunehmend thematisiert und durch politikwissenschaftliche Experten allenthalben kommentiert worden. Die öffentliche Performanz von Politikwissenschaftlern in Fernsehen, Zeitungen und Hörfunk ist seit der Mitte der neunziger Jahre deutlich angestiegen und damit wiederum auch ein *issue* der fachwissenschaftlichen Debatte geworden. Sollen professionelle Politikwissenschaftler in den Medien sich äußern? Sollen sie Themen mediengerecht aufbereiten und zuspitzen?
Aber auch in der internen politikwissenschaftlichen Debatte gab es seit der Mitte der neunziger Jahre einige Innovationen. Die Lehre wurde angesichts der internationalen Debatte um gestufte Studiengänge reformiert. Auch in diesem Lehrbuch dominieren noch die Debatten um einen Magisterstudiengang oder einen Diplomstudiengang. Was soll man wählen? Was bringt mehr Chancen auf dem zukünftigen akademischen Arbeitsmarkt? Neue gestufte Studiengänge aus dem Bachelor und dem Master sind seit Ende der neunziger Jahre en vogue. Die Bildungspolitik in den Ländern beabsichtigt, möglicherweise in absehbarer Zeit die gesamte Studienstruktur auf die gestuften Studiengänge aus Bachelor und Mater umzustellen. Ausgangspunkt dieser Überlegungen ist die plausible Tatsache, dass deutsche Studienabsolventen um viele Jahre älter sind als ihre Kommilitonen in anderen europäischen Ländern. Aber das ist nur die eine Seite, die die sozialwissenschaftlichen Studiengänge angeht. Schaut man sich die deutsche Universität genauer an, existieren zwei Welten zwischen den geistes- und sozialwissenschaftlichen Studiengängen einerseits, die als „weiche" Studiengänge in der Regel 14-18 Semester dauern, und den „harten" naturwissenschaft-

lichen, medizinischen, technischen, juristischen und ökonomischen Studiengängen andererseits, die sehr viel verschulter ein präziser definiertes Leistungsvolumen abfordern. Insofern betrifft die Studienreform nicht ein teilweise missverstandenes Anlehnen an angloamerikanische Vorbilder, sondern einen Kongruenzversuch in der deutschen Universitätslandschaft insgesamt. In der Politikwissenschaft sind eine Reihe von Bachelor-Angeboten begründet worden, andere Universitäten konzentrieren sich stärker auf spezialisierte Master-Angebote (z. B. zu European Studies). Hier ist die Entwicklung im Fluss. Es ist aber anzunehmen, dass nach der jetzigen hochschulpolitischen Lage den gestuften Studiengängen die Zukunft gehören wird.

Wie sieht also die Zukunft der deutschen Politikwissenschaft aus? Wer weiß das wirklich? Sie wird sich als eine professionalisierte Sozialwissenschaft weiter bewähren und ausdifferenzieren. Der Arbeitsmarkt für PolitikwissenschaftlerInnen ist nicht problematischer geworden als in der Vergangenheit. Alle diejenigen, die sich schon während ihres Studiums über Praktika, Auslandsaufenthalte oder Projekte in arbeitsmarktnahe Bereiche begeben, haben eine gute Chance. Gerade auch in den Großunternehmen, in Beratungsfirmen und in der New Economy gibt es Chancen, die in der Vergangenheit, als Politologen nur im öffentlichen Dienst Unterschlupf suchten, nicht gesehen wurden. PolitikwissenschaftlerInnen haben insofern möglicherweise bessere Chancen als die zu diffus ausgebildeten SoziologInnen, wenn sie konkrete Berufschancen schon neben ihrem Studium ausfindig machen. Gerade auch im Consulting-Bereich sind kreative WissenschaftlerInnen in Zukunft gefragt.

Die Zukunft der Politikwissenschaft ist allerdings nichts ohne eine Vergewisserung der Vergangenheit. Kürzlich hat Wilhelm Bleek (2001) die erste Geschichte der deutschen Politikwissenschaft überhaupt vorgelegt. Er kann eindrucksvoll demonstrieren, wie breit das Fundament einer theoretischen, empirisch engagierten Politikwissenschaft schon in den vergangenen Jahrhunderten in Deutschland gewesen ist. Wuchern wir mit diesem Pfund! Arbeiten wir mit an der Zukunft der deutschen Politikwissenschaft.

Ulrich von Alemann/Erhard Forndran

Düsseldorf/Magdeburg im April 2002

Register